도서출판 대장간은
쇠를 달구어 연장을 만들듯이
생각을 다듬어 기독교 가치관을
바르게 세우는 곳입니다.

대장간이란 이름에는
사라져가는 복음의 능력을 되살리고,
낡은 것을 새롭게 풀무질하며, 잘못된 것을
바로 세우겠다는 의지가 담겨져 있습니다.

www.daejanggan.org

Copyright ⓒ Jacques Ellul

Original published in France under the title ; *Contre les violents*
Copyright ⓒ Éditions de la Table Ronde, 1972

Used and translated by the permission of la Table Ronde.
Korean Edition Copyright ⓒ 2012 Daejanggan Publisher. in Daejeon, South Korea.

폭력에 맞서

지은이	자끄 엘륄
옮긴이	이 창 헌
초판발행	20112년 5월 1일
펴낸이	배용하
편집	박민서
등록	제364-2008-000013호
펴낸곳	도서출판 대장간
	www.daejanggan.org
	대전광역시 동구 삼성동 285-16
	전화 (042) 673-7424 전송 (042) 623-1424
ISBN	978-89-7071-258-1

이 책의 한국어판 저작권은 La Table Ronde와 독점 계약한 대장간에 있습니다.
기록된 형태의 허락 없이는 무단 전재와 복제를 금합니다.

 값 8,000원

폭력에 맞서

폭력을 행사하는 사람들에 맞서

자끄 엘륄 지음
하 태 환 옮김

Contre les voilents

Jacques Ellul

차 례

역자 서문 • 7

편집자 서문 • 11

들어가는 글 • 15

제1장 전통적인 견해들 • 19
　　| 타협 | 비폭력 | 폭력 | 수렴과 확산 |

제2장 폭력에 우호적인 그리스도인들 • 49
　　| 가난한 사람을 선택함 | 폭력 | 근본적인 전제들
　　| 세 가지 가능한 입장들 | 그리스도인의 폭력 참여의
　　성격들 | 신학적 성찰들 |

제3장 폭력 앞에 선 기독교 현실주의 • 107
　　| 필연성으로서의 폭력 | 폭력의 법칙
　　| 폭력은 두 종류인가? | 이상주의들을 거절함 |

제4장 믿음의 싸움 • 157
　　| 필연성과 정당성 | 기독교 급진주의 | 사랑의 폭력 |

요약 • 212
엘륄의 저서-연대기순 • 222

역/자/서/문

자끄 엘륄의 책은 번역하기도 읽기도 쉽지 않다. 일단 프랑스어 원서가 프랑스인이 읽기에도 녹록지가 않다. 그러니 번역하는 처지에서는 동등한 의미가 있는 우리말 표현을 찾기란 더더욱 어렵다. 쉽게 말할 수 있는 표현도, 같은 의미가 있는 문장도 여러 가지 다른 표현을 써서 동어반복이라는 느낌이 들기도 한다. 그럼에도, 엘륄의 책이 주는 감동은 독보적이다. 그것은 내가 존경하는 신학자인 위르겐 몰트만의 책이 주는 감동만큼이나 신선한 것이다. 이 두 신학자에게는 공통점이 있다. 그것은 짧은 내 생각에는 하나의 아쉬움이기도 하다. 이렇게나 옳은 말을, 이렇게나 진리의 말을, 이렇게나 감동적인 말을 왜 그렇게 어려운 언어를 사용해서 표현했는가 하는 것이다. 이들이 표현을 조금만 더 쉽게 했다면 이미 기독교 세계는 이들의 사상에 흠뻑 빠져들었을지도 모르겠다.

　번역하면서 여러 가지로 생각이 많았고 고민도 많았다. 기독교 서적들을 포함하여 세상에 얼마나 많은 이상한 잡설들이 베스트셀러가 되고 있는가. 그런데 이분들의 책은 그러한 책들에 비하면 한참이나 덜 알려졌다. 몰트만이 무슨 농약이름이냐고 묻는 사람조차 있으니…. 엘륄 역시 한때 『뒤틀려진 기독교』라는 책으로 한국 교계에 신선한 반향을 일으킨 적이 있다. 하지만, 잠시 뿐이었다. 한국 교계는 굳건히 자신들의 입장, 자신들의 고집을 밀고 간다. 그리고 한국의 그리스도인이라 하는 사람들 역시 너무나도 순종적으로 거기에 자신을 맡긴다. 그들에게는 고민이 없다. 아니 고민은 있더라도 너무나 수동적으로 교회의 처분에 자신을 맡긴다. 그래서 그 고민은 결국 해결되지 않거나 해결이 아닌 세뇌라는 방식으로 묻혀 버리고 만다. 그리고 하나님께서 진정으로 바라시는 길과는 어느 정도(?) 다른 길로 가더라도 절대로 의문을 가지지 않는다. 의문을 가진다는 것은 정해진 교의에 사로잡힌 교회와 맞서 싸워야 하는 일이며 그것처럼 그리스도인에게 두려운 일은 없기 때문이다.

미안하게도 엘륄의 책은 그러한 의문으로 가득한 책이다. 그리고 그 가득한 의문에 대해 세뇌가 아니라 대화라는 방식으로 문제에 접근한다. 그가 다루는 것은 단지 멋대로 해석하기 쉬운 성서 본문만은 아니다. 그는 성서 본문과 기독교 정신을 해석하고 행동해 온 교회사를 장식해 온 수많은 선배의 이야기를 우리에게 해 준다. 단순히 그리스도인의 윤리는 이렇다. 성서가 그렇게 말한다. 교회가 그렇게 말한다 하는 것이 아니라 정말 교회사 속에서 역사 속에서 사람들이 어떻게 성서를 해석해 왔고 어떻게 고민해 왔고 어떻게 행동해 왔는지를 조곤조곤 설명해 주는 것이다. 그리고 단순히 자기가 하고 싶은 말만 하는 것이 아니라 자신의 견해와 반대되는 사람들의 주장을 가감 없이 날 것 그대로 소개한다. 그리고 그 주장, 그 행동이 어떤 결과를 가져왔는지 객관적으로 알려줌으로써 독자로 하여금 더 고민하게 하고 더 생각하게 한다. 나 역시 이 책을 번역하면서 엘륄의 입장에 완전히 동의하지는 않았음에도 그의 입장을 충분히 이해할 수 있었고 공감할 수 있었다. 그리고 더불어 교회사의 수많은 인물의 처지까지도 이해할 수 있었다.

바로 그런 면에서 엘륄의 책들은 그에게 동의하지 못하겠다 싶은 생각을 하는 사람들에게마저도 가치 있는 시간을 선사한다. 이 책을 읽으면 생각이 더 자라게 되며 더 자유로워진다. 생각만 더하고 고민만 더하고 강요된 결론으로 마음을 불편하게 하는 책이라고 생각하지 않아도 된다. 엘륄의 책은 그런 불편한 책이 아니다.

『폭력에 맞서』의 원제는 *Contre les voilents*, 즉 『폭력을 행사하는 사람들에 맞서』이다. 원제를 그대로 가져가면 제목으로는 적절치 않을 정도로 긴 문구가 된다. 물론 사실상 내용은 줄인 제목과 원제목에 큰 차이는 없다. 엘륄이 이 책에서 반대하는 것은 단지 폭력 뿐만은 아니다. 엘륄이 궁극적으로 주장하는 것이 단순히 비폭력이라고 생각하는 것은 너무나 단순화된 생각일 뿐이다. 물론 제목이 말하는 대로 엘륄은 물리적으로만 보자면 절대적인 비폭력을 주장한다. 그러나 그것이 다가 아니다. 엘륄은 또한 "영적인 폭력"을 주장하는데 이것이 이 책에서 궁극적으로 하고자 하는 말이다. 그것은 다른 말로 하면 "사랑의 폭력"으로서 적극적으로 이 땅에 기독교적 사랑을 실천에 옮기고 사람들에게 그것을 강요하는 것이다. 폭력은 강요하지도 않고 강요당하지도 않지만 사랑은 감히 강요하고 강요당하겠다는 것이다. 그것은 "남에게 폐만 끼치지 않고 살면 그만"인 이웃 어느 나라의 윤리와는 다른 것으로 남에게 적극적으로 사랑의 폐를 끼치겠다는 것이다. 남의 삶에 간섭하겠다는 것이자 이웃과 세상에 간섭하겠다는 것이다. 감히 기독교적 윤리로 그리스도의 사랑으로 말이다. 세상을 변화시키는 것은 결코 물리적 폭력으로는 가능하지 않지만, 사랑의 폭력으로는 가능하다는 것이다.

그렇게 보자면 그것은 하나의 영적인 혁명이라고도 불릴 만한 것이다. 사실 바르트를 비롯한 제도권의 신학자들이 주장하는 완전한 비혁명의 설교는 피가 뜨거운 청춘 그리스도인들에게는 정말 인기가 없을 수밖에 없다. 모든 혈기(?)를 죄악시하는 오늘날의 목회자님들 역시 하나님께서 왜 젊음의 피를 그렇게 뜨겁게 만들었는지 전혀 모르고들 계신 것 같다. 하나님께서 인간의 피를 뜨겁게 만드신 이유는 사랑에 삶을 바치라고 그렇게 하신 것이다. 그리고 그것이 세상과 담을 쌓고 유유자적 목가적인 종교생활을 즐기라는 뜻이 아님은 분명하다. 하나님은 우리를 영적인 혁명, 사랑의 혁명으로 부르셨다. 그것은 참여하는 믿음이며 검 대신 나의 목을 내놓는 믿음이다. 물론 그렇게 하는 것이 훨씬 더 어려울 수 있다. 그리고 피가 뜨겁지 않은 분들에게는 불편하게 들리는 말일 수도 있다. 그럼에도 불구하고 뜨거웠던 예수의 피는 안도현의 시 『너에게 묻는다』처럼 우리에게 이렇게 말씀하고 있다.

연탄재 함부로 발로 차지 마라.
너는
누구에게 한 번이라도 뜨거운 사람이었느냐

편/집/자/서/문

초판 이후 30년이 지나 '확신을 주는' 한 책을 다시 낸다는 것은 오늘날에도 타당한 것일까?
삶의 조건들이 바뀌었다.

- 그러한 책은 상황에 따른 글일 뿐, 오늘날 잊힌 사실을 환기시키는 것은 (스탈린주의, 히틀러주의, 알제리 전쟁 등등처럼) 단지 역사가들의 관심을 끌 수 있을 뿐이다.
- 그러한 책은 기독교나 비폭력 영역에서 사적인 증언에 관계된 것이며 이러한 "도덕적" 담론은 초월적 주제들만큼의 무게는 없다.
- 어떤 이들은 그러한 책을 당장 "철학자"…도덕가의 작품으로 분류할 것이다….

자끄 엘륄의 계획은 달랐고 오늘날까지 이 작품의 타당성은 유효하다.
이 책은 역사가 정확한 과학이 아닐뿐더러 좋은 과학자는 학문을 이끄는 가치들에 대해 명쾌한 입장을 가진 사람임을 아는 한 역사가이자 학자의 작품이다…. 이 책은 다른 한편으로 우리 사회의 경향들에 대해 완벽하게 알고 있으며 우리 현재와 미래의 열린 관점에서의 종합의 능력을 갖춘 한 사회학자의 작품이다…. 마찬가지로 이 책은 개인의 윤리적 취향이 아닌 확신에 의해 쓰인 책으로 그 확신은 우리의 세상이 윤리적 고찰로 미처 얻지 못한 것이며 오늘날 윤리적 지표를 세우는 혁명적인 것이다.

결국, 이 책은 급진적이고 타협 없는 한 그리스도인의 작품으로 과거와 현재의 그리스도인들의 태도들을 비판하고 질책한다. 이것은 근거 없는 논쟁도 복잡한 신학 담론도 아니며 책임 있고 의미 있는 말씀의 탐구다.

- 이 책은 누군가 말했듯 다른 그리스도인들을 곤경에 빠뜨리려고 쓴 책이 아니라는 점에서 책임 있는 글이며,
- 이 책은 전혀 기독교적이지 않은 정치적 선택을 지지하거나 이데올로기적 동력을 가진 것이 아니라는 점에서 의미 있는 글이다.

그렇게 이 책은 자끄 엘륄의 다른 책들과 마찬가지로 도발적이다. 도발적이라 함은 이 책이 대화를 요청하며 요구한다는 것이다.

- 이 책은 그리스도인들에게 사랑에 대한 요청 및 강권이다. 이 책의 3장과 4장을 읽고 묵상한다면, 오직 그리스도인들에게 말하는 글임을 알 수 있을 것이다. 그러나 그것은 마치 여러 가지로 다른 입장을 가진, "실제의" 사람들에게 말하듯 구성되어 있다.
- 이 책은 그러나 비그리스도인에게 역시 그러하다. 왜냐하면, 이 책은 한 그리스도인이 어떤 근거로 말하고 있는지 알게 해 줌과 동시에 그리스도인과 비그리스도인의 차이로부터 어떤 진정한 대화가 생겨날 수 있는지 알려줄 수 있기 때문이다.

결국, 자끄 엘륄은 보편적으로 보이는 기독교 윤리를 찬양하는 것을 경계한다…. 우리는 오늘날 윤리… 세세윤리 그리고 자유주의 사회, 기술사회 그리고 세계사회의 윤리에 대하여 말하는 목소리들을 듣기 시작한다.

이 책은 하나의 살에 박힌 가시로서 폭력을 보편적이자 필연성으로 보는 일반적인 관점… 그리고 참을 수 없는 폭력의 본모습에 정당화의 옷을 입히고자 하는 시도에 대한 이의제기다.

이브 엘륄 Yves ELLUL

들어가는 글

　오늘날은 결코 폭력의 시대는 아니다. 그러나 폭력에 대한 의식의 시대다. 역사가 언제나 폭력의 산물이었고 도덕적 당위와 폭력의 현실의 모순은 항상 존재하는 만큼 우리는 그것을 잘 알고 있고 변한 것은 아무것도 없다. 우리 시대를 다른 때보다 더 폭력적이라고 볼 수는 없다. 고문들은 항상 존재했지만, 우리 경찰에 의한, 우리 반란에 의한 그리고 우리 군대에 의한 고문들은 항상 있었던 것들보다 더 나빴던 것은 아니다. 폭력의 빈도는 항상 같은 수준이었고 서구 문명이 진보했다 하더라도 낙관은 금물이다. 19세기 후반기에는 엄밀히 말해서 살인의 빈도는 감소했다. 그리고 국가는 폭력을 법적인 형태로 인간에게 부여된 최대한도의 보증이라는 절차로 단죄하였다. 그러나 인류는 다시 대규모로 폭력에 사로잡혔다. 1959년 이탈리아 전쟁솔페리노에서는 하루에 4만 명이 죽었다과 미국 남북전쟁의 대학살을 잊어서는 안 된다. 1914년의 전쟁제1차 세계대전-역주은 평화회복 및 폭력의 조절이라는 확신에 종지부를 찍었다. 하지만, 모든 지나간 문명에서 폭력은 즉각적이고 직접적인 방식으로 이루어져 왔던 것으로 보인다. "먼저 쏘고 나서 무엇을 쐈는지 보라." 그것은 인간 조건 그 자체였고 윤리학자는 전투를 동물적 본능의 수준으로 간주했다. 오늘날 폭력은 절대 줄어들지 않았고 더 나빠진 것도 아니지만, 현상에 대해 보다 전체적이고 일반적으로 바라보는 방식의 새로움이 등장했다. 인간은 폭력을 행시키는 것으로 만족하지 않고 폭력을 옹호하며 자신의 주변에 거대하고 세계적이며 항상 갱신되는 보편적인 폭력의 현장을 본다.

이 "의식화"에 있어 내가 주목하는 것은 다음의 세 가지 면면이다.

사람들은 점차 한 인간을 구하는데 드는 엄청난 수고와 폭력의 편리함 사이에 놓인 모순의 우스꽝스러움을 이해해가고 있다. 한편으로는 위험에 처한 한 등반가를 구하려고 모든 노력을 기울이며 다른 한편으로는 고문하고 때리고 모든 사람에 대해 폭력을 행사하기를 주저하지 않는다. 반세기 전 몇몇 지성인들이 지적한 바 있는 이러한 부조리는 모든 사람의 눈앞에 놓여 있는 것이다.

두 번째 면면은 폭력의 일반화에 대한 발견이다. 경제적이고 심리적인 이 폭력은 물질적 폭력보다 더 심각하며 그것으로부터 우리는 자연히 광고 또는 선전, 대기업들의 기업전쟁, 사회 구조의 단순한 작용에 의한 심리적 억압, 자동차 운전자 상호 간의 폭력, 청중을 향한 선생 또는 사제의 테러에 가까운 설교, 사용자와 노동자 상호 간의 용서할 수 없는 잠재적 폭력 등등의 '대공세'를 생각한다. 우리는 이제부터 그러한 현상을 어디에서나 볼 수 있다. 그것은 단지 조직폭력배나 '전경', 군인이나 혁명가의 경우만이 아니라 모든 사회가 경험하는 것으로 평화적인 시위에서조차 그러하며 폭력에 의해 폭력 위에 세워진 사회는 그 자체로 폭력에 의해 자신을 표현하며 확증하고 정당화한다.

세 번째 면면은 사실상 사람들은 모든 행위에서 앞선 폭력이 존재한다는 이유로 자신을 정당화한다는 것이다. 내가 몰로토프 칵테일[1]을 던지는

---

1) [역주] "몰로토프 칵테일(cocktail Molotov)"은 수제 폭탄의 별칭으로 가연성 연료로 제조하여 터지면서 연소하게 한 것이다. 우리말로는 화염병.

이유는 나 자신이 선생, 아버지, 고용주로부터 이루어지는 앞선 폭력의 피해자이기 때문이다. 그러나 선생이 억압을 가한다면 그것은 그가 그에게 질문을 끊임없이 던지는 학생들의 (소란스러운) 폭력의 피해자이기 때문이기도 하다. 그리고 전경은 몰로토프 칵테일이 있는 곳에 '고무총탄'을 사용할 것이다…. 그렇게 모든 폭력은 대응폭력이라는 이름으로 정당화된다. 그리고 세상의 누구도 누가 그것을 시작했는지 알아낼 도리가 없다. 확실히 아버지인가? 미안하지만, 생후 8일 지난 아기가 보채기 시작할 때, 그리고 며칠 밤을 그 부모의 안면을 방해하는 동안, 화가 난 아버지가 아기의 볼기를 때릴 때까지 (일반적으로 그건 해결책이 아니지만!) 그 아기는 아마도 자신을 태어나게 한 것에 대하여 폭력을 행사했던 것은 아닐까. 그리고 마침내 "사람들이 그들 자신이 행한 경악할 일들의 공모자가 되고 마는 것은 가장 나쁜 문화현상 중 하나다."가스카르: Gascar 또한 나는 이 의식화에 몇 가지를 덧붙일 것이다.

사실상 우리는 그렇게 폭력의 보편화 앞에서 이번 게임은 내 차례라고 하는 유혹을 경험한다. 우리는 지금 그렇게나 분명하게 모든 것이 폭력으로 건설되었음을 알며, 그렇게나 명백하게 비폭력의 시도들이 질식당하고 있음을 본다. 우리는 그렇게나 강하게 우리가 모두 폭력의 피해자라는 것을 경험하며, 그렇기에 우리보다 더 억압받는 사람들을 구하러 가야 할 필연성을 느낀다. 어떻게 우리는 그렇게 형성된 사회학적 압력에 저항할 것이며, 어떻게 대응폭력을 행사하는 사람들이 되지 않을 수 있겠는가?

그러나 그리스도인은 어떻게하면 반드시 비폭력적이 될 수 있을지 그리고 어떻게 폭력적이 될 수 밖에 없는지 자문할 것이다. 정의롭고 순전하며 참된 도덕적 영적 태도는 도대체 어디쯤 위치하는 것일까?

제1장

전통적인 견해들

1장 전통적인 견해들

사회에 존재하는 폭력에 대하여 신학자들 및 교회 간 견해의 일치가 있었던 적은 없다고 하는 사실을 상기하는 것은 아마도 불필요한 일은 아닐 듯싶다. 오늘날 사람들은 예전보다도 더 국가에 의한 폭력을 당연한 것으로 받아들일 뿐만 아니라 어떤 방식으로든 그것을 인정하며 권력에 대항하는 어떤 반역적 시도도 거부하려는 태도를 견지한다. 그러나 비폭력을 주장해온 사람들 또는 혁명의 폭력에서 멀찌감치 거리를 두어온 사람들이 오직 그리스도인들뿐이라는 생각은 사실과는 다르다. 이 두 종류의 사조는 그들의 대표자들, 신학자들, 소종파들로부터 기원한다. 문제를 살펴보려면 간단히 이 다양한 입장들을 다루고 넘어가자.

타협

주 후 1세기부터 로마제국의 그리스도인들은 정치권력 및 질서와 정의로 다스린다는 박해자들의 바로 앞에서 살았다. 이 시대로부터 그들은 국가의 가치를 확증하는 성서 본문과 함께 또는 적어도 이러한 제도의 신적인 기원을 제공하는 공적인 정치권력의 바로 앞에서 살았던 것이다. 물론 우리는 로마서 13장 및 병행 텍스트들에 대한 셀 수 없이 많은 주해를 참조하지는 않을 것이다. 그러나 그리스도인들이 그 텍스트들로부터 다소간 정치권력을 정당한 것으로 받아들이는 경향이 있음을 우리는 이해하여야 한다. 그럼에도, 이 국가라는 것은 끊임없이 박해자가 되었으며 국가 내부와 외부의 적들에게 폭력을 행사하였음은 이들에게 분명해 보였다. 왜냐하면, 결국 전쟁이란 것을 순수하고 단순한 폭력으로 간주하였고 공권력이 하는 일들 역시 수많은 노예를 십자가에 못박는 일이었기 때문이다. 그러므로 이 권력이 이러한 폭력을 행사함에서 하나님의 동의를 받았다고 어떻게 받아들일 수 있겠는가? 물론 권력은 칼을 가질 권리가 있음을 사람들은 인정한다. 그러나 모든 상황에서 그것이 유효하였던가? 여러 신학적 견해들이 이 질문 때문에 생겨났는데, 예를 들어 서양 중세를 지배한 정치적 아우구스티누스주의[2]는 비잔틴을 지배했다. 이 신학적 구조물들에서 놀랄만한 것은 그것이 전혀 – 국가가 하나님이 원해서 하나님의 질서에 따라 존재하는 것인 동시에 또한 심연으로부터 올라온 짐승이자 큰 바빌론이라고 보는 – 성서적 관점에 의하지 아니한다는 점이다. 그와 동시에 국가는 악한 자들을 벌주고 착한 자들을 보호하는 칼이지만 또한 박해자들과 불의한 자들의 힘의 원천이기도 하다. 이 두 진실이 충돌하는 것을 견딜 수 없어한 사람들은 차라리 정치권력의 태생적 정당성을 선택하였으며 어떠한 조건으로 국가는 정당하며 언제 그 정당함이 멈추는지를 성찰하는 것을 최소화한 채 그러한 선택을 받아들이기 시작했던 것이다. 그로부터 사람들은 그리스도인들과 교회는 이러한 상황에서 살아갈 수밖에 없다는 타협 속에서 국가와 기관의 행위들을 묵인하는 궤변에 빠졌다. 국가는 급속히 교회의 후견인이 되며 그 반대도 마찬가지다. 황제는 "외방의 주교"로 임명되었으며 국가는 교회의 결정을 집행하는 세속의 팔이 될 수 있었다. 교회는 정치적인 목소리를 내는 땅의 권세가 되었다. 세상은 영적인 권력과 세속적인 권력, 이 둘로 나뉘었다. 그럼에도, 교회는 국가를 심판할 능력을 갖추고 있다고 큰소리쳤다. 국가가 정당했을 때 그렇

---

[2] [역주] "정당전쟁"(bellum justum)은 아우구스티누스의 정치사상의 성격을 말해준다. 아우구스티누스의 이 정당전쟁론으로 말미암아 생겨난 것이 신성로마제국이었다. 그것은 간략하게 표현한다면 "정당한 목적이 있다면 전쟁행위는 정당화된다"는 것이다. 당시 사람들이 이 '정당한 목적'에 '하나님 나라의 확산'을 포함했음은 물론이다.

게 말했던 교회였다. 교회는 군주가 폐위될 때까지 다양한 형태의 저주를 남발했다.

교회는 국가에 진리를 말할 수 있는 유일한 가능성이었지만 기독교세계라는 체제 안에서 교회가 자주 자신의 이익을 위하여 즉 자신의 재산과 인물을 보호하기 위하여 권력을 남용했음을 우리는 인정하지 않을 수 없다. 교회가 약한 자들을 보호하기 위해 또한 권력자들 간의 평화를 구축하기 위하여 자신의 권력을 사용했다면 정의로울 수 있었다. 중세 시대에 그런 의미에서의 교회의 투쟁은 생각만큼 어려운 일은 아니었다. 그러나 이러한 제한되고 통제된 기존의 정치권력이 사용한 것은 결국 폭력이었다. 로마로부터 이어져 온 전통에 기대어 교회 법률가들과 신학은 오늘날까지 영향을 미치는 사상적 견해의 총합을 구축했다. 그리고 폭력에 대해 사람들은 세 가지 대전제를 떠올린다. 무엇보다도 내부적인 폭력에서 사람들이 가장 먼저 말하는 것은 국가는 인간과 본성을 공유하고 있지 않으며 하나님의 손으로부터 칼을 받은 이상 그가 강제하고 단죄하고 죽일 때에 사용하는 것은 폭력이 될 수 없다는 것이다. 사람들은 그렇게 폭력과 공권력을 구별한다. 그것은 하나님이 세우신 기관이며 그가 정의롭지 못한 일을 할 때에조차도 그는 하나님이 원해서 존재하는 것이다. 그러므로 그가 행하는 가장 무자비한 일조차도 콜레라 또는 개인의 잔악함에는 비교될 수 없다. 개인은 자신의 충동을 억제하지 못해 폭력을 범하는 것이다. 국가는 법치국가가 아니라 할지라도 완전히 다른 것에 복종하고 있으며 악마화되었을지라도 그러다고 말한 사람은 칼 바르트였다. 국가는 하나님의 뜻을 어쨌거나 실행하고 있다는 것이다. 그것은 폭력이 아니다. 폭력과 공권력의 차이를 보증하는 것은 제도다. 그리고 신학자 수아레즈Suarez가 제기한 문제를 우리는 안다. 사람은 정당하게 그 이웃을 살해할 수 없다. 두 사람이 모였더라도 백 사람이 모였더라도 일만 명이 모였더라도 마찬가지다. 하지만, 판사는 정당하게 사형선고를 내릴 수 있다. 무슨 차이가 있는가? 말할 필요도 없이 정당한 이 권력은 인간이 아닌 국가의 기초에서 비롯하기 때문이다. 공권력과 폭력의 차이가 거기 있다. 그러나 여기서 멈추어서는 안 되는 이유는 물론 국가가 당연히 정의롭지는 않기 때문이다. 당연한 근거란 없다. 이 국가 자체가 정의로운가 아닌가를 구별해야 한다. 왜냐하면, 사형선고를 내리는 사람그리고 그것을 집행할 권리를 가진 사람이 폭군일 수도 있고 압제자일 수도 있기 때문이다. 정의로운 사람이라 할지라도 오판에 의한 유죄선고의 가능성도 있다. 그러므로 국가가 정의로운 법에 따라 굴러가는가 아닌가? 그리고 여기서는 그 법들이 정의로운지 말할 수 있는 영적인 권력이 있는지 여부를 구별하여야 한다. 칼뱅 그 자신도 이러한 여전히 궤변으로 보이는 명제를 받아들였다. 그리고 또한 우리는 다스리는 자가 정당한3) 절차에 의해 권력을 얻었는가 또는 순전히 그것을 폭력으로 정복해 얻었는가 하는 것을 따져야 한다. 폭력으로 얻었다면 그는 폭군이며 불의하다. 그럼에도, 그의 권력은 폭력 없이 정당하게 사람들을 유죄 판결할 권리를 가지게 된다. 한편, 폭력으로 권력을 얻고 나서 왕은 권력을 정의롭게 사용하며 결국 정당성을 얻게 된다. 결국, 이 공권력의 사용이 법에 맞는 것인지 우리는 알아야 한다. 우리는 여전히 로마에서 기원한 제도로부터 이러한 확신을 찾는다. 사형선고가 미리 정해진 절차에 따라 이루어지는 그 순간부터, 유죄 여건을 미리 예시한 범죄의 경우, 기존의 법들을 적용함으로써 그것은 정당성을 얻게 된다. 우리는 국가

---

3) [역주] 이 '정의로운'과 '정당한'에 해당하는 프랑스어는 같은 단어 juste로서 프랑스어에서 뿐만 아니라 라틴어 어원에서도 같은 의미로 사용되고 있으며 엘륄 자신도 그러한 라틴어 어원의 의미에 충실하게 사용하고 있다. 이 책에서는 상황에 따라 '정의로운' 또는 '정당한'으로 번역하였으나 뜻의 연결성을 위해 '올바른'으로는 옮기지 않았음을 일러둔다. 또한, 본문에는 juste 이외에도 '정당한'으로 번역할 수밖에 없는 단어들이 몇 있으나 (예를 들어 valable, régime 등등) 뜻은 대동소이하므로 juste와 구별하지 않고 '정당한'으로 옮겼음을 일러둔다.

에 이 법들에 맞는 결정만을 요구할 수 있다. (때때로 그것이 정당하지 못하다 여겨질 때 그것에 대한 판단은 교회에 맡긴다.) 어쨌든 강제를 결정할 경우라도 법에 맞을 때 그것은 정당하다 말할 수 있다. 법에 맞지 않는다면 그것은 폭력은 아니지만, 정당하지 못한 공권력의 문제가 된다. 그에 대하여 칼뱅 역시 미묘한 입장의 차이가 있긴 하지만 일반적으로 그 시대의 지배적인 입장을 받아들였다. 우리조차도 이러한 생각 대부분을 보존하고 있으며 세속에 대한 영적인 권력의 우위성 및 국가에 대한 교회의 단죄라는 개념을 폐기한 이후에도 그러하다. 그러나 이러한 관점 아래서조차 현대의 그리스도인들은 이러한 국가가 유효하고 정당하며 정의로운 공권력을 행사할 능력이 있다고 전제하면서 국가를 판단하며 그에게 해야 할 일을 맡기려는 유혹을 항상 받는다.

그렇게 사람들은 국가의 일과 폭력은 다른 것이었다고 설명하며 국가 영역의 폭력을 없애고자 하며 권력과 그리스도인들 간의 공존 가능한 타협점을 찾으려고 했다.

폭력의 두 번째 면면에 대한 해법도 대동소이하다. 그것은 전쟁에 대한 것이다. 당연히 정치권력이란 그 외부의 적들에 시달리게 마련이다. 그것의 결과는 전쟁이다. 전쟁은 반드시 해야 하는 것이었을까? 매우 급속하게 (주 후 314년 아를르Arles 교구회의에서 이미) 교회는 국가가 전쟁할 가능성을 제거하는 것이 불가능함을 이해했다. 그리고 그것은 신의 뜻으로 간주하였다…. 따라서 전쟁은 불가피한 것이 되었다. 그러나 여전히 그것은 받아들일 수 없는 폭력인가? 그때로부터 사람들은 정당한 전쟁이라는 궤변에 빠지기 시작했다. 그 과정의 연속적 단계들 및 기준들을 분석하는 것은 무의미하다. 그라티아누스Gratien[4] 및 토마스 아퀴나스Thomas

---

4) [역주] 그라티아누스(Flavius Gratianus, 359년 - 383년 8월 25일)는 서방 로마 제국을 다스린 황제로 그는 과거 로마의 다신교적 전통에서 벗어나 기독교 우위를 강조한 황제이다.

d'Aquin의 분석과 함께 정점을 찍은 그러한 생각이 곧 가톨릭교회의 전통적인 교리가 되었음을 상기해 보자.5) 그것은 폭력의 지배를 수호하고자 하는 확신이었으며, 정의 및 평화의 질서조차 폭력으로 유지할 수 있다는 확신, 방식 혹은 목적에 따라 폭력은 좋은 것일 수도 나쁜 것일 수도 있다는 확신이었다. 그렇게 자명하게 내려진 정당전쟁에 대한 신학자들의 처방은 그러한 자명한 신학적 토대를 갖추고 있을 수밖에 없다. 그러므로 그들을 따르면 전쟁이 정당하려면 일곱 가지 요건을 갖추어야 한다. 즉,

- 전쟁을 수행하고자 하는 목적이 정당해야 하며,
- 권력자의 정당한 의도가 존재해야 즉, 정당한 적의에 의한 것이어야 하며,
- 전쟁이 최후의 수단이어야 즉, 모든 평화를 향한 노력이 무위로 돌아갔을 때만,
- 전시에 상대방을 무찌르기 위해 취해진 평화적 수단 역시 정당해야 하고,
- 전쟁 자체에 의해 촉발되는 악보다 전쟁을 통해 인류가 얻으리라 예상되는 혜택이 더 큰 경우,
- 승리가 확실한 경우,
- 전쟁 종료 시 평화조건이 정의롭고, 새로운 전쟁을 유발하지 않게 할 경우.

이 간략히 정리한 역사를 돌아봄에서 정당전쟁의 이상에 대한 이러한 설명에 특별히 분석이나 비판을 가할 필요는 없다. 단지 오늘날보다는 중세에서 모든 사람이 '정의'의 개념을 그렇게 이해했다는 것이고 한편으로는 당시의 이러한 생각이 기독교적이라기보다는 보다 로마법적이고 아리스토텔레스석이었다는 것이다. 또한, 이 조건들은 분명하게 보이는 전쟁

---

5) B. DE SOLAGES, *La Théologie de la juste guerre*, 1956.

이라는 사실, 그 상황에는 맞는 것이었지만 근대 이후 시대의 전쟁, 즉, 모든 것을 파괴하고 전장을 황폐화하는 오늘날의 전쟁에 이 일곱 가지 기준을 단순히 적용한다는 것은 완전히 난센스다. 그럼에도, 사람들은 여전히 이 정당전쟁이라는 생각을 놓지 못한다. 최근에 나온 입장은 다음 세 가지다. 가톨릭의 처지에서 그것은 필연성의 문제라는 생각으로 인류에 대한 더 큰 악을 방지하기 위해 극단적으로 제한된 전쟁은 정당하다. 그러나 물론 이 더 큰 악이 무엇인지 판단하는 것은 모호하다. 어떤 이들에게는 공산주의의 확산일 수도 있고 어떤 이들에게는 자본주의 국가에 의한 제3세계 착취일 수 있다. 칼 바르트K. Barth조차도 정당전쟁의 이상을 유지하지만, 그 조건은 **울티마 라시오**ultima ratio즉, "최후의 수단"이다. 국가가 존속해야 하는 이상 스스로에 대한 방어권으로서의 전쟁은 정당할 수밖에 없으나 평화적인 방법을 모두 사용한 이후에야 무력을 사용할 수 있다는 것이다. 전쟁은 모든 희생적 수단, 모든 절차를 거친 이후에 예외적으로 제한된 상황에서 이루어져야 정당하다. 그러나 그럴 경우도 만족스러운 것은 아니다. 대개 평화를 위한 이러한 절차, 이러한 노력을 적용하는 것조차도 침략자들이 더 잘 전쟁을 준비하는 데 이용될 수 있다. 예를 들면, 1938년 뮌헨 조약 또는 1935년 에티오피아를 침공한 이탈리아의 전쟁에의 불개입 등등에서 프랑스와 영국의 현명하고 정당한 태도를 생각해 볼 수 있다. 그리고 그럼에도, 1939-1945년의 전쟁을 더 끔찍하게 만들었던 것은 그러한 태도였다. 모든 사람은 1934-1935년 이후 히틀러와 무솔리니에 맞서 개입영국과 프랑스가-역주했다면 이 두 체제는 악을 저지르기도 전에 붕괴했을 것임을… 그리고 수백만 명의 목숨을 구했으리라는 것을 안다![6]

[6][역주] 정치학자들이 "유화정책"을 비판할 때 가장 대표적으로 드는 예로 나치 독일과 파시스트 이탈리아가 동유럽과 아프리카를 차례로 침공해 세력을 넓히던 무렵(1930년대 후반) 유

결국, 그리스도인들의 최근 입장은 정당전쟁이라는 것이 무엇인지 정의하는 것을 대체로 포기하는 것이다. 우리는 전쟁을 강요당하며, 기독교적 질서에 따라 국가에 순복하여 전쟁을 받아들인다. 그러나 그리스도인들에 있어 특징적인 것은 그리스도인들은 상대방에 대한 적의 없이 전쟁에 참여하여야 한다는 것이다. 적을 죽일지언정 미워해서는 안 된다. 이를 "기독교적 역설"이라고 했다. 적을 사랑하는 것과 그에게 해를 가하는 것의 동시성은 불가능해 보인다…. 나는 그것이 절대적으로 불가능하다고는 말하지 않는다. 전투 중에서조차 "죽이고 죽는 것" 외의 모든 것은 금지되어 있다. 또한, 오늘날 아주 먼 거리에서 사람을 죽일 수 있는 수단들을 가지고 멀리 있는 적을 집단적으로 죽이는 행위는 사랑과 관계없다. 그런 사랑이라면 그것은 단지 감상주의이자 말치레에 불과하다. 그러나 무엇보다 근대적으로 보이는 이러한 태도는, 사실 그 역시도 매우 전통적인데, 예를 들어 이단에 대한 가톨릭교회의 태도가 그러했던 것이다. 교회는 이단을 단죄하면서 그들을 벌한다 하지 않고 구한다고 했다. 그에 맞서 자신을 스스로 보호한다는 것이 아니라 그를 진리로 이끈다는 것이었고, 그의 이단 행위에도 불구하고 그를 사랑하기 때문에 그를 그 이단으로부터 빼내려고 죽음을 선고한다는 것이었다. 난 여기에 대해 그저 빈정거리는 것이 아니다. 파문은 레메디움 아미니*remedium amini*즉, "영혼의 치료"라 명명되었다. 그리고 단죄받은 자의 구원을 위해 오토-다-페|*auto-da-fé*:신앙의 행위가 선포되었다. 이 교리 역시 같은 의미를 담고 있음을 우리는 어렵지 않게 알 수 있다.

결국, 이러한 관점에서 발전한 마지막 입장에 따르면, 국가가 행사하는 폭력은 공권력이므로 정당하며 (때때로 불의하다 할지라도) 또한 국가가

럽 각국들과 미국은 불개입을 선언했고 이는 2차 세계대전의 근본적인 원인이 되었다고 평가한다. 만일 서구 열강이 이 침공들에 개입했다면 전쟁은 국지전으로 끝났거나 일어나지 않을 수 있었다는 것이다.

원칙적으로 하나님의 종이므로 국가에 대한 모든 반란은 받아들일 수 없다는 것이다. 여기에는 몇 가지 반론이 있을 수 있는데 예를 들어 전술한 바 교회는 국가에 반대할 권리를 가질 수 있다는 것이다. 칼뱅 역시 "공직자"들의 반대할 권리를 인정했지만, 항상 합리적이고 신중하며 적법한 것이어야 한다고 말했다. 한편, 이 주제는 국가에 대해 절대적으로 적용되는 것은 아니며 다른 한편으로 그 수단이 폭력에 의한 것이어서는 안 된다. 개인의 행위, 그것은 항상 하나의 폭력이므로 비난할만한 행동이다. 쿠데타, 반란 등등의 모든 행위는 신학적으로 거부된다. 현존하는 권위들은 하나님의 뜻에 의한 것인 만큼 (이 용어에 대해서는 해석의 여지가 있으나 그 해석들은 결국 다음과 같은 결론을 내린다.) 모든 반란은 하나님 자신에게 대한 반란이다. 이것이 바로 칼뱅과 루터의 입장이다. 칼뱅은 "혁명가들"을 공격했고 그들을 "미친 짐승들"이라고 비난했다. 또한, 그는 어떤 폭정이라도 반란으로 말미암은 무질서보다 가치 있다고 평가했다. 루터는 농민 전쟁 시의 그 자신의 태도로 잘 알려졌다. 사실 그러한 종류의 사고방식에서는 인간이 폭력을 행사할 때 국가가 그에 대해 모든 수단을 쓸 정당성을 당연한 것으로 여긴다.

하지만, 지배적인 것으로 여겨지는 이러한 신학적 입장은 타협에 의한 해법인 것으로 보인다. 우리는 그것을 필연성으로 이해할 수도 있다. "우리는 사회에 잘 적응하며 살아야 한다. 우리는 극단적으로 비타협적인 태도가 가능했던 첫 세대 그리스도인들의 시대에 살고 있지 않다. 상황에 맞추어 살아야 하며 견딜 것은 견뎌야 한다. 그런데 이러한 사회에서 정치권력은 존재하며 그것은 긍정적인 구실을 하기도 한다. 교회를 보존하며 국가에 새 의미를 부여함으로써 기독교적 요구의 날카로움을 좀 둥글게 하고 타협에 의한 해법을 찾는 것이 더 낫다." 이러한 생각은 신약의 서신서들 중 정치권력에 대해 긍정적으로 말한 몇몇 본문들을 과대평가하게 한다. 이러한 입장은 일반적으로 신학자들에 의해 교회 인사들에 의해 그리고 제도로서의 교회에 의해 지지가 된다.

비폭력

앞의 입장과는 반대로 비폭력의 입장은 굳건하다. 여전히 우리는 그 기원으로 거슬러 올라가는, 그리고 교회들 속에서 멈추지 않고 존속되어 온 기독교적 입장의 면전에 서 있다. 사람 사이의 관계에 대한 예수의 가르침에서 근거를 찾을 수 있다. 원수를 사랑하라, 왼쪽 뺨을 내밀어라… 예수는 극단적인 제한을 명하는 계명 "너는 살인하지 말지니라"에서 시작하여 비폭력과 악에 대한 무저항까지 말한다. 체포될 때 베드로에게 방어하지도 말라고 말했으며 도울 준비가 되어 있는 "열두 군단의 천사들"을 부르는 것도 거절했다. 길게 말할 것도 없이 이는 잘 알려진 문구다. 그러나 그것은 4세기까지 그리스도인들의 일반적인 입장이자 교회의 공식적인 입장이었고 공적인 영역에서도예를 들면 군 복무 그러했던 것으로 보인다.[7] 초기 교회와 그 이후의 교회에서, 물론 정치권력에 대한 순복과 존중이 있었지만, 인간애와 이방인에 대한 존중의 이유로 말미암은 전쟁 및 군 복무의 거부가 있었다. 그리스도인들은 명백하게 전쟁의 공포를 표명했다고 증언한 락탄티우스의 진술은 본질적으로 명료할 뿐만 아니라 진실하기까지 하다.『신의 기관』*Les Institutions divines*: '교회는 제도'라는 락탄티우스의 책-편집자주 군 복무를 거절하는 것은 그러므로 단순히 지역적인 공동체를 넘어선 모든 이들의 의지에 기초한 것이다. 그럼에도, 군대에는 그리스도인들이 있었던 것으로 보인다. 어쨌든 어떤 본문, 어떤 비문도 주 후 2세기 말까지는 명확하게 그러한 것을 증언하고 있지 않다. 그것에 대해 최초로 말한

---

[7] 이후의 이어지는 글은 HORNUS의 뛰어난 역사적 연구에서 발췌한 것이다, *Évangile et laborum*, 1960.

사람은 테르툴리안Tertullien으로 그는 그 사실그리스도인의 군 복무-역주을 정죄하였다. 그의 시대의 여러 본문을 보면 그리스도인들은 강요에 의하지 아니하고는 입대하지 않았으며 입대 자체가 교회의 승인을 받지 못했던 것으로 보인다. 게다가 3-4세기 제국의 군사적 요구가 증가함에 따라 갈등은 폭발한다. 3세기 말이 되자 아프리카에서는 군 복무의 거절을 주도한 수많은 순교자가 나타난다. 막시밀리아누스Maximilien의 경우는 다음의 유명한 말과 함께 가장 잘 알려진 예다. "나는 군인이 될 수 없다. 나는 그리스도인이기 때문에 악을 행할 수 없다." 어떤 이들은 군 복무를 일단 받아들였지만, 곧 양심의 가책 때문에 그것을 거절하였고, 신앙적 결단에 따라 탈영을 하거나 순교자가 되는 쪽을 선택했다. 콥트교회[8)]에서도 그러한 사실이 발견되는데 거기에서 역시 갈등을 주도하던 이들은 그리스도인들이었다. 갈리아 지방에서도 마찬가지였으며, 군인이자 군인의 아들로 회심 이후 군 복무를 거절했고 신학적 관점에서 놀랄만한 발언을 남기며 죽음을 받아들인 뚜르Tours의 성 마르티누스St. Martin,[9)] 가 특히 그러했다. 그러므로 지역은 다양해도 그리스도인들의 태도는 - 물론 보편적인 것은 아니었지만 - 대동소이했던 것으로 보인다. 그러나 4세기에 이르자 이 입장은 약화한다. 마지막 군인 순교자들은 군 복무를 더는 직접적으로 거부하지 않고 단지 그리스도인들을 향한 전투의 경우만 거부했다….

교회의 공식적인 태도는 당시 군대 자체를 단죄한 것으로 보인다. 테르툴리아누스만이 아니고 알렉산드리아의 클레멘트Clément d'Alexandrie 및 사

---

8) [역주] 마가에 의해 세워졌다고 알려진 역사 깊은 이집트의 교회로 가장 오래된 역사를 가진 교회에 속한다. 정교회 양식의 예배를 드리며 이집트 인구의 약 5-10 퍼센트에 이를 정도의 광범위한 교세를 가지고 있다.
9) [역주] 성 마르틴으로 우리에게 잘 알려진 이 군인 성자는 어느 날 아미앵(Amien) 성문 앞에서 추위에 떠는 거지를 발견하고 자신의 망토를 반으로 잘라 나누어주었다. 그날 밤 그의 꿈에 나타난 분은 그가 나누어준 반쪽 망토를 걸친 그리스도였다. 그가 꿈에서 깨자 망토는 원래대로 복원되어 있었다.

도전승이라 불리는 교회의 규칙을 담은 텍스트2세기는 검을 가진 자는 출교되어야 하며 군인이 되고자 하는 신자가 있다면 교회가 받아들여서는 안 된다고 말한다. 왜냐하면 "그가 하나님을 업신여겼기 때문"이다. 그럼에도 불구하고 이러한 공식적인 전승에서 사람들은 막 회심한 군인 신자는 군 복무 중이므로 그냥 군인으로 남아도 된다는 입장을 받아들인다. 그러나 공직자는 공직에서 사임하여야 한다. 이러한 입장은 4세기까지 공식적인 입장이었던 것으로 보인다. 그러나 정상참작은 보다 강화된다. 예를 들어 공권력에 의해 강제로 군인이 된 그리스도인은 단죄받지 않는다고 인정하기에 이른다. 마찬가지로 사람들은 평화 시기군인이 되는 것이 허용되는 시기와 그리스도인이 전쟁을 거부하여야 하는 전시를 구별하기 시작한다. 병사militare와 전사bellare는 그렇게 해서 구별되었다. 엘비라Elvire 교구회의 그리고 이후에 열린 니케아 공의회는 이러한 정상참작을 인정한다. 그리스도인이 군인이 되어서는 안 된다고 하는 원칙은 몇몇 예외와 관용을 허용하는 데 이르게 된다. 그리고 이는 잘 적용되었던 것으로 보인다. 이러한 예는 사실상 켈수스가 그리스도인들을 고발한 근거가 되기도 했다. 그들은 인류의 적이며 그들의 조국인 제국을 방어하기를 거절하고 군 복무로부터 도망간 사람들, 군대를 약화시킨 사람들이라는 것이다.

이러한 태도는 콘스탄티누스의 회심에 이르러 폐기된다. 아를르 공의회 이후 그리스도인들은 전과는 반대로 군 복무의 의무를 지게 되었고 아우구스티누스는 지상의 도성을 방어할 필요성을 역설한 위대한 신학자가 되었다. 그러나 폭력에 대한 거절의 흐름은 교회 안에 항상 남아 있었다. 양심에 의한 병역 거부는 비폭력의 일반적 태도 중 하나일 뿐이다. 아시시의 프란시스코François d'Assise가 동물에게조차 폭력을 행사하기를 거부했다는 이야기를 상기할 필요까지야 있을까? 구비오의 늑대 이야기[10]는 특히나

---

10) [역주] 프란시스코와 구비오의 늑대에 관한 아주 유명한 이야기가 전해지고 있다. 구비오 마

의미심장하다. 그리고 이러한 원리에 기초한 프란시스칸 운동의 놀랄만한 성공은 교회의 신자들에게 이러한 "복음적 온유함"에 대한 인식이 여전히 살아있음을 잘 보여준다. 그와 마찬가지로 (리옹의) 발도 형제단11) 및 이단 운동들, 요아힘 형제단Joahimites과 가난한 삶의 형제단Frères de la Pauvre Vie 등등은 진정한 복음적 공동체주의를 설교하는 동시에 절대적인 비폭력을 실천하였으며, 묵시적 환상을 통해 "가난하고 순전한 종교적 질서가 세상의 신비스러운 지배를 곤간히 할 것"이라고 말했디. 그러니 이리한 흐름은 절대적으로 순전한 것은 아니었고 그들은 가난한 자들을 드높이는 것을 통해 부유한 자들을 단죄하려 했으므로 그들의 추종자들 일부는 부유한 자들에 대한 폭력적인 투쟁을 위해 온유함의 이상을 저버렸다. 또한, 라이데의 요한Jean de Leyde12)은 복음적 영성공동체의 목소리에 이끌려 비

을은 프란시스코가 자주 방문하기를 좋아했던 곳이었다. 그러나 한동안 그 마을 주민들은 몸집이 크고 사나운 늑대가 무서워 밤에는 물론 낮에도 혼자서는 마을을 나서기를 끔찍할 정도로 두려워하고 있었다. 늑대는 지나가는 사람들을 덮치곤 했던 것이다. 프란시스코는 이 소식을 듣고서 마치 한 형제가 빗나가 말썽을 피우는 다른 형제를 보러 가듯 무엇이 잘못되었는지를 알아보려고 그 마을로 가는 중이었다. 늑대가 불쑥 뛰쳐나와 프란시스코에게 덤벼들자 그는 늑대에게 엄하게 호통쳤고 늑대는 순식간에 양처럼 온순하고 부드러워지게 되었다. 그는 늑대에게 다시는 사람들을 공격하지 말도록 다짐까지 받았다. 그러고 나서 프란시스코는 구비오 마을 주민들에게 그러한 사실을 말해 주었다. 그는 늑대가 굶주려 있다는 것을 설명해 주었고 마을 사람들로 하여금 그 늑대에게 먹이를 주고 늑대를 해치지 말 것을 당부했다. 사람들은 마지못해 이 말을 따랐다. 프란시스코는 늑대를 구비오로 데려갔고 이곳에서 늑대는 수년 동안 마을 사람들에게 많은 사랑을 받으며 행복하게 살았다. 늑대가 죽었을 때 사람들은 성대한 장례식을 치르고 그를 묻어 주고 그를 위한 상을 세우기도 했다. 이러한 방식으로 프란시스코는 인간과 동물이 모두 같이 살아가도록 변화시키는 그리스도의 능력을 보여주었다. 구비오의 늑대에 관한 이야기 속에서 프란시스코는 인간과 나머지 피조물들 사이의 올바른 관계를 재정립하고 창세기의 본질적 비전인 조화를 회복시켜야 함을 감지했던 것이다.(정홍규 신부의 『푸른 평화이야기』에서 발췌.)

11) [역주] Valdo (1130-1217)는 오늘날의 종교개혁 신학과 유사한 사상을 가지고 형제단을 만들어 프랑스 남부 리용 지방을 중심으로 활동했다. 1194년 스페인 국왕 알폰소 2세의 박해가 시작되면서 형제단은 산속으로 숨어들어 갔고 1848년 신앙의 자유를 얻을 때까지 700년을 버티며 순교와 박해를 받았다. 발도의 신학사상은 루터에게 영향을 미쳤다고 알려졌다.

12) [역주] 태어난 지명을 따서 라이데의 요한으로 알려진 한스 보트홀트(Hans Bockhold)는 뮌스디의 아나뱁티스트 지도자였다. 뮌스터의 시도로 파송된 그는 뮌스터를 회심시켰다. 마티스가 처형되자 그는 스스로 "시온의 왕"임을 선언하고 재산과 사람(부인)을 공유하는 공동체주의를 발전시켰다. 뮌스터가 가톨릭 군대에 의해 점령되자 그는 고문으로 죽었다.

폭력을 주장했으나 "성도들의 도시"를 방어하기 위해 폭력을 사용하자는 목소리에 끌려들어 가고 말았다. 결국, 교회 내에서의 이러한 입장은 1914년의 정쟁 이후 세상 곳곳에서 증가한 양심에 의한 거부 및 비폭력 운동들과 함께 예외적인 활력을 되찾는다. 이러한 입장을 붙든 교회들은 침례교회, 오순절 교회 그리고 여호와의 증인이었다. 프랑스에서는 개혁교회에서는 양심에 의한 거부의 태도가 하나의 예언자적인 소명으로 인정되었다.

그러나 다양한 여러 입장을 우리는 구별하여야 한다. 어떤 이들은 "너는 살인하지 말지니라"는 계명을 절대화하는 것으로 충분하다 여긴다. 거기에는 어떠한 정상참작도 없다. 우리에게 놓인 하나님의 법은 어떠한 성찰도 없이 모든 것에 대해 적용되는 그러한 금지사항이 아니다. 그것은 그 이상의 무엇이다. 비폭력은 그 자체 또는 절대화된 어떤 행동의 가치가 아니라 이웃에 대한 진정한 사랑의 정당한 표현으로서의 비폭력 행동수단이라는 가치를 가진다. 그러므로 선과 악, 압제자 또는 침략자 간의 구별이 있을 수 없다. 그들을 폭력적 수단으로 제압해서는 안 되는 이유는 이 폭력이 당연히 사랑에 반하기 때문이다. 우리에게는 악을 넘어서야 하는 사랑의 힘이, 사랑의 질서에 의해 정의의 질서를 초월해야 하는 당위가 있다. 이는 인간의 마음을 변화시키는 분은 하나님이라는 확신에 근거하는 것이다. 그것은 성령의 행위 안에서 제한 없는 믿음의 태도이며 하나님의 뜻을 이루는 것은 인간의 폭력이 아님을 안다는 것이다. 또한, 그것은 순종 안에서의 희생이며 하나님의 행동이 스스로 나타날 것을 믿으며 드리는 희생이자 악한 자에 대한 무저항이다. 그리고 이 태도는 두 가지 입장으로 이어진다. 하나는 비폭력적인 사람됨에 관계된 것이다. 우리는 비폭력은 '외적인' 태도가 될 수 없다고 믿는 경향이 있다. 다시 말해 그러한 것은 사람의 마음속에서의 일이라는 것이다. 사람은 자신의 마음을 평화롭게 함으로써 평화로운 사람이 되고 하나님의 사랑을 경험함으로써 그 사랑을 표현할 수 있다. 그러나 또한 우리는 비폭력의 인격적 실천을 통해 그 사회적 외연을 넓힐 수 있다. 비폭력의 교리를 믿으면서도 폭력적인 인격을 지닌 사람은 아무 의미도 없으며 그의 행동 역시 아무런 가치가 없다.

또 다른 입장은 사회가 군사 문제를 과대평가하는 것에 관련되어 있다. 우리는 사실상 군대나 경찰이 모든 사회적 폭력에 개입하는 것을 확실히 당연하다 여긴다. 사회적인 억압이 있으면 다시 말해 국가의 불의가 있다면 그것은 군사적 강제로 이루어지는 것이다. 왜냐하면, 행동 수단을 금지하는 국가 또는 사회질서는 불의와 억압으로는 스스로 존속할 수 없기 때문이다. 그것은 정의의 목소리가 아니고서는 성립할 수 없다. 모든 비폭력의 문제는 그러므로 한편으로는 국가가 폭력적인 도구를 사용하는 것을 막는 것이며 다른 한편으로는 (입장이야 조금씩 다르겠지만) 희생, 비협조, 시민 불복종 등등을 통해 결과적으로 그 폭력에 대응하지 않는 것이다. 방식이야 어찌 됐든 그것은 권력과는 완전히 다른 행동방식을 선택하는 것이다. 그런데 사람들은 완전한 비폭력을 하나의 허구로 생각하면서도 타협점을 찾아내는데 있어서는 오히려 전혀 타협이 없다. 왜냐하면, 다음의 고전적인 이의제기가 옳다고 인정하기 때문이다. "우리는 우리의 문제라면 폭력과 불의를 받아들일 수 있고 그 피해자가 우리라면 그러한 태도를 보일 수 있다. 그러나 다른 사람이 위협을 받는 그 순간조차 비폭력적으로 행동할 수 있는가? 공격을 받는 그를 구하여야 하지 않는가? 그리고 사회적 차원에서 압제자들에 대해 폭력이 아닌 방식으로 행동하는 것 및 모든 수단을 다해 피압제자를 방어하지 않는 것은 결국 불의를 보고 지나치는 것이자 결과적으로 비폭력적 양심을 지켰다고 자족하며 압제자의 편에 서서 '수동적'으로 폭력을 방조하는 것은 아닌가?" 또한 오랫동안 사람들은 비폭력주의자들이 모호한 태도를 보이고 있으며 그러한 태도는 현실적이지도 효율적이지도 않다는 이유로 반대해 왔다. 몇 년 전부터 비폭력주의자들은 이러한 쟁점에 대한 대답을 시도했다. 그러나 그들이 자신들 입장의 근거로 든 사람은 항상 간디Gandhi였음을 알아둘 필요가 있다. 당연히 해방 이후 피로 물든 살육이 있었음에도 간디가 조국 인도의 독립을 위해 취한 태도가 전 세계에서 유일하게 절대적으로 비폭력적이었음을 그들은 강조한다. 이는 완전히 정확한 사실은 아니다. 비폭력주의자들은 간디의 비폭력의 효율성을 주장하는 데 있어 본질적인 한 요소를 간과하고 있다. 과연 어떤 사람들에 관련된 비폭력인가? 여기에는 두 방향이 있다. 첫 번째 방향, 그것은 수세기 전부터 성스러운 것, 영적인 추구, 특정한 말씀을 전해 듣고 받아들인 사람들의 덕과 순수함에 관련된 것이다. 그들은 세상에서 동떨어진 사람들이다. 두 번째 방향은 공식적으로 기독교 국가라고 스스로 선언한 침략자 대영제국 사람들에 관련한 것이다. 의심의 여지없이 대영제국은 폭력, 부패, 정복 등등에 의해 움직이고 있었다. 그럼에도, 이 나라는 매우 견고한 기독교 전통으로 이루어진 국가였으며 비폭력의 메시지에 무심히 지나칠 수는 없었다. 그들이 선포한 "기독교적 가치"가 형식적이었음에도 그 가치에서 비롯한 호소를 그들은 무시할 수 없었다. 영국 정부는 진실의 종 앞에 선 것이다. 그들은 간디를 투옥할 수는 있었지만, 그와 그의 제자들을 단순히 제거해 버릴 수는 없었고 그의 목소리 역시 제지할 수 없었다. 만일 간디가 1925년의 러시아 또는 1933년의 독일에서 살았다면 해법은 더욱 단순했을 것이다. 아무 말도 듣지 않은 채 그를 체포하고 나서 며칠 안에 그를 제거했을 테니까. 비폭력의 효율성을 허락한 사람들은 민주주의적 양심의 가책을 받은 영국 사람들이었으며 이는 그들의 "기독교 자유주의"에서 비롯된 것이었다. 그러니 환상은 금물이다. 비폭력주의자들이 저지르는 주요한 오류는 이러한 특정한 예를 일반화하는 것이다. 그들은 정부가 폭력을 행사함 없이 존속할 수 있다고 믿으며 "법치국가" 그 자체로 충분하다고 여긴다. 그렇게 결국 그들은 자신들의 입장이 효율적임을 입증하기 위해 그만 비현실적인 처지에 빠지고 만다.

이러한 입장은 일반적으로 '영적인' 사람들, 예언자들의 주장으로 다시 말해 상대적으로 세상에서 동떨어진 독야청청한 사람들의 주장이기도 하다. 그럼에도, 이러한 교리는 1,2차 세계대전이 시기에 있던 교회들의 일반적인 견해를 형성했으며 그 이후에도 그러했음을 우리는 간과할 수 없다. 확실히 비폭력주의자들은 그들의 사례와 메시지를 통해 그리스도인 다수의 심리적 정서를 바꾸어 놓았다. 오늘날 기독교 국가라는 곳에서 "하나님이 우리와 함께 하신다"Gott mit uns: 1914년 독일 병사들의 백부장의 단추에 새겨져 있던 말이었다라는 독일식의 문구를 받아들인다는 것은 어불성설이다. "기독교적 전쟁"이라든가 기독교 세계를 방어하는 전쟁이라든가 (이러한 개념이 사용된 가장 최근의 예는 1940-1941 비시Vichy 정부13)였다.) 하나님이 우리 군대와 함께 하신다든가 하는 말을 우리는 절대 믿지 않는다.

그러나 안타까운 사실은 최근의 비폭력주의가 정치화되고 있다는 것이다. 예를 들어 프랑스의 비폭력주의자 중 다수가 편향된 정치적 태도에 빠져 있다. 그렇게 사람들은 알제리 전쟁을 반대하기 위해 비폭력주의를 주

---

13) [역주] 제2차 세계대전이 발발하고 프랑스 망명정부가 국외에 세워질 무렵 독일에 항복한 프랑스 본토의 행정부로 프랑스 남부의 소도시 비시(Vichy)에 세워졌으므로 비시 정부라고 불린다. 1940년에서 1942년까지 존속했으며 1차 대전의 영웅 앙리 페탱(Henry Pétain)이 정부 수반이었지만 전후 단죄를 받아 각료 전원이 총살형 또는 종신형을 선고받았다.

14) [역주] Front de libération national(민족해방전선)은 아브델라지즈 부테플리카(Abdelaziz Bouteflika)가 이끈 알제리 사회주의 정당으로 1954년 프랑스로부터 알제리의 독립을 쟁취하기 위해 창당되었다. 이 정당은 다른 정당과 달리 민족해방군(ALN: Armée de libération national)이라 불린 비정규군을 보유하고 있었으며 정부와 인민을 상대로 게릴라전을 수행했다.

장하지만 민족해방전선FLN, 14)의 폭력에 반대하는 데는 그렇게 하지 않는다. 사람들은 베트남 전쟁에서 미국이 개입하지 말라고 말하려고 비폭력주의를 주장하지만, 베트콩의 폭력에 대해서는 침묵하며 특히 베트남 인민들을 향한 공산주의 정부에 대해서는 아무 말도 하지 않는다. 사람들은 북쪽에서 특히 베트남 가톨릭 신자들을 향해 저질러진 폭력이 어떤 것인지 그리고 북베트남의 공산주의 정부가 세워진 이후 최근의 끔찍한 전쟁에서 죽은 사람의 수보다 더 많은 수가 죽었음을 알고 있는데도 말이다.15) 이는 다시 말해서 비폭력이 당파적 편향성 없이 세상에 참여한다면 그제야 비로소 진정성을 가지게 되며 만일 그렇지 않다면 그것은 그저 선전에 불과하다는 것이다.

폭력

그러나 기독교 사상을 가진 사람들은 또한 – 전술한 바대로 – 비공식적으로나마 항상 교회가 붙들어온 그 세 번째 입장을 인식했다. 그것은 모든 권위의 문제를 넘어서서 개인이 행사할 수 있는 정당한 폭력에 대한 인식이었다. 그것은 "혁명적 신학자들"을 정당화하는 최근의 입장이 아니라 그리스도인에 의해서건 다른 사람에 의해서건 폭력을 수용하는 것은 항상 기독교 사상의 질서 안에 있었다는 견해이다. 그럼에도, 우리는 이러한 입장이 여러 다양한 기초가 있다는 것을 인정해야 한다. 초기의 입장은 닐 Nil 계곡의 은둔하는 수도자들의 것으로 보인다. 주 후 3–4 세기 광야의 은자들 및 머리를 길게 기른 사람들은 잠시 알렉산드리아 같은 대도시에 내려와 그들의 매듭 묶은 긴 지팡이로 모든 것을 부수고 사람들과 싸우기 시작했다. 그것은 정화淨化를 의미하는 폭력의 행사였다. 당시 이집트 풍

---

15) 한편 프랑스의 기독교적 비폭력의 가장 아름다운 예 중 하나는 장 라세르(Jean Lasserre)목사로 그는 수없이 많은 갈등과 감정의 충돌 가운데서도 차가운 머리와 객관성을 지켰다.

속의 부패 앞에서 그들은 하나님 심판의 엄중함을 알렸고 폭력을 통한 선포를 정당화하였으며, 죄인들과 세상을 향한 구체적인 심판이 도래하고 있음을 선포했다. 이 무시무시한 은수자들은 그러므로 무엇보다도 예언자적이면서도 또한 영적인 근심거리였다. 성서적으로 그들은 성전 장사꾼들에게 채찍을 휘두른 예수의 유명한 본문에 따랐다.[16] 그러나 곧 폭력에 대한 견해는 완전히 바뀐다. 그리고 이후 그것은 압제자들에 대항하는 가난하고 억압받는 사람들의 폭력의 문제가 된다. 이러한 폭력은 하나님 앞에서 과연 정당한 것인가? 당시의 주된 입장은 그렇다는 것이었다. 구약성서에 하나님이 가난한 사람들의 비참, 피압제자들의 고난을 신원하심과 신약성서에 불행을 당한 자들에게 그들의 주인들이 불의하다 할지라도 인내와 순복의 덕을 권하는 메시지가 있음에도 그러했다. 그들 입장에 대한 자세한 자료들은 우리에게 많고 잘 알려졌다. 그러나 그들의 이러한 입장을 직접적으로 정당화하는 성서 본문은 실질적으로 존재하지 않는다.

그러므로 그러한 입장 중 어떤 것이 주요한 교리가 되었는지 살펴보자. 물론 도둑질에 대한 토마스 아퀴나스의 생각을 들여다보지 않을 수 없다. 어떤 가난한 사람이 필요에 의해 도둑질을 했을 때 정죄하지 말아야 할 뿐만 아니라 교회는 그를 처벌해서도 안 된다는 것이 그의 생각이었다. 훔친 빵은 부자가 빈자에게 빚진 빵이며 빈자가 그것을 훔쳤다면 그것은 부자의 차가운 마음 때문이다. 토마스 아퀴나스의 이러한 분석은 의식적으로든 아니든 폭력을 정당화하는 논쟁에 끊임없이 등장한다. 그러나 그 외에도 우리는 중세 시대에의 모든 사회운동이 추구했던 것이 대개 기독교적 정당화와 소명을 가지고 전 유럽의 농민을 선동해서 봉기하게 한 것이었음을 고려하지 않을 수 없다. 그들을 다 열거할 수는 없다. 예를 하나만 들

---

[16] 전통적인 이 본문은 예수의 모든 폭력적인 행동을 배제하는 견해에서 주해를 쓴 라세르 J. LASSERRE에 상충한다: *Cahiers de la réconciliation*, 1967.

자면 피렌체의 요아힘Joachim de Flore이 그러했다. 그의 사상적 요소 중 하나는 가난한 사람들을 드높이는 것이었다. 주목할 부분은 그의 '이론'으로서 사회적 의미를 담은 것이다. 그는 부유함을 하나의 범죄로 보았고 "무산자들의 분노가 제단과 땅에서 끓어올라 넘쳤다." 그의 사상은 그러므로 프라 돌치노Fra Dolcino[17])가 이끄는 폭력을 불사하는 평등주의 운동으로 발전했다. 그는 약탈하며 부자들의 부유함을 파괴하기 시작했고 성령의 통치를 선언하며 광신도들을 지도자가 되었다. 그들은 1307년 "토벌군" 즉, 베르케이Vercueil 주교가 이끄는 군대에 패배했다. 그러나 이러한 사람들의 수는 날로 늘어가기만 했다.[18]) 기독교적인 동기로 말미암은 이러한 폭력적인 봉기는 16세기에 특히 증가했다. 그중 대표적인 것은 토마스 뮌처Thomas Münzer의 대규모 봉기였으며 그가 추구한 것은 모든 영토를 평등하게 다스리는 진정한 기독교적인 국가를 세우는 것이었다. 하나님의 자녀는 그러한 삶을 누릴 권리, 자연의 모든 소산을 누리는 완전한 즐거움을 가질 권리가 있다고 믿었기 때문이다. 그런데 가난한 자들이 그렇게 이 세상으로부터 하나님이 사람에게 주신 재물을 상용하도록 하는 데 있어서의 한계 및 장애는 부를 독점해온 부자나 권력자들이다. 개혁의 이상에서 출발한 뮌처는 15세기를 지배하던 게르만 농민봉기의 흐름에 투신했다. 그는 오뜨 수아브Haute Souabe, [19]) 지역에서 봉기했고 뮐하우젠Mühlausen에 완전히 평등한 도시를 건설했다. 부자들은 빈자들을 부양해야 했고 모든 사람은 단순하고 엄격한 풍속지침을 준수했다. 그리고 뮌처는 (농민들의 불만과 진정을 담은) 12개 조항의 선언문을 게시했다. 그러나 그 메시

---

17) [역주] 프라 돌치노(c.1250-1307)는 이탈리아의 급진적인 기독교 운동의 지도자이자 설교가로 프란시스코에 영감을 받아 당시에는 이단으로 지목된 종교운동을 이끌었다. 1307년 가톨릭 군대에 토벌되어 화형을 당해 죽었다.
18) 우리는 본질적으로 교권이 이끌던 십자군의 문제에 대해 여러모로 들어 잘 알고 있다.
19) [역주] 독일 바바리아의 오베르슈베비츠(Oberschwäbische)의 프랑스식 명칭.

지의 기독교적이며 종교적인 본질은 점차 약화하였으며 운동은 증오와 약탈의 감정을 가진 단순한 반란으로 변해갔다. 깊이라고는 전혀 없는 시토회 수도사인 파이퍼Pfeiffer가 나타나 그와는 반대로 농민들의 흥분에 불을 질렀다. 그것이 무엇이었든 마지막 전투에서 농민들은 여전히 성령께 기도했다.

아나뱁티스트anabaptiste 운동[20] 역시 빼놓을 수 없는 중요성을 가진다. 뮌스터를 지배했던 라이데의 요한과 7와 함께 한 네덜란드 사람들의 폭력이 그것이다. 여기서 역시 같은 메시지가 발견되는데 그것은 기독교적 요소들(가난한 사람들의 행복…. 더는 부자도 빈자도 없으리라….)과 천년왕국적 요소들(성령께서 통치를 시작하고 계시므로 땅 위에 하나님의 나라를 지금 세워야 한다.)이 혼합된 사회적 봉기의 메시지였다. 그러나 모든 것이 비참한 현실에 기초하고 있었다거나 기독교적 메시지가 단지 그 상황의 이데올로기적인 편견에 지나지 않았다고는 말할 수 없다. 사실 우리는 강조점을 뒤집어야 한다. 여기서 결정적인 것은 사람들에게 효과적으로 다가가고 사람들을 선동하는 기독교적 메시지였으며 그들이 선동하는 상황은 바로 사람들의 비참한 현실이었다.[21] 그러나 사용한 수단은 같았다. 그것은 폭력이었다. 물리적이고 물질적인 폭력이 대체로 성령의 통치, 성령의 현현에 이은 폭력으로 이해된 것은 호기심을 자극하고도 남음이 있다. 마치 성령의 열정이 폭력으로 화육한 것처럼 말이다. 라이데의 요한은 이러한 의미에서 놀랄만한 메시지들을 남겼고 한편으로는 성령의 능력을 말하면서 다른 한편으로는 적들에 대해 "그들을 무서움에 떨게 하라!"거나 또는 성서 본문들과 폭력의 선포를 섞어 놓았다. "망토를 가지러

---

20) [역주] 우리말로는 재세례파 또는 재침례파 운동으로 번역된다. 이중표기의 번거로움 때문에 원어를 그대로 옮겼음을 일러둔다.
21) 도바레드 D'AUBARÈDE(*La Révolution des saints*)는 이단에서 반란까지의 뮌스터의 행적을 설득력 있게 기술한다.

뒤로 돌아서지 마라. 무장하고 나를 따르라…"

하지만, 그 후로는 더는 아나뱁티스트들의 대중적이고 사회적인 의미에서의 폭력이 아니라 정치적인 의미에서의 기독교나 그 폭력의 출현을 우리는 발견한다. 그것은 '불의한 군주' 및 폭정을 문제 삼는 교의론자들과 관련되어 있다. 민중은 나서지 않고 다만 폭군을 지지하여야 하는가? 우리는 여기서 법학자들과 역사가들의 저작들을 다수 만나게 되는데 어떤 것들은 항상 기독교적 관점에서 비롯한 것들이고 또 어떤 것들은 정치적인 관점을 가진 것들이다. 여기 두 예가 있다. 하나는 저자가 분명하지 않은 『폭군으로부터의 방어』*Vindiciae contra Tyrannos*(1573), 22)인데 왕의 사명을 기술하면서 하나님과 왕, 왕과 백성 사이의 이중 계약에 대해 말하는 것으로 권력을 가진 자가 폭력으로 왕좌를 얻은 폭군이라면 그의 신하들은 그에게 맞서 봉기하여야 하고 그 권력을 전복하기 위해 모든 수단을 동원하여야 한다고 말한다. 또 하나의 예는 동맹23)의 시기에 "파리의 주임사제" 부셰르Boucher가 쓴 『하인리히 3세의 정당한 폐위에 관하여』*De justa abdicatione Heinrici III*다. 그는 폭군 살해의 원칙을 천명했으며 폭군의 유형을 여럿으로 나누어 분석했다. 군주가 그 권력의 기원에 있어 폭군이라면 (다시 말해 그의 자리가 찬탈 혹은 폭력으로 얻은 자리라면) 시민 각각은 그를 죽일 의무가 있다. 군주가 '사회'에 반하는 권력남용을 저지른 폭군이라면 인민의 대표자들은 "심판"을 선포하여야 한다. 물론 비밀로! 그러나 이러한 선언을 집행할 사람들은 개개인들이다. (암살에 의해야 하므로.)

---

22) [역주] 1579년 바젤에서 출간된 위그노 저작물로 저자 미상이다. 이 책은 왕에 대한 백성의 대답이라는 형식으로 백성의 권리를 주장하는 네 가지 질문으로 되어있다. 첫 두 질문은 백성은 단순히 복종하여야 하는지 왕이 거룩한 율법을 어겼을 때에도 그에게 저항할 수 없는지 묻는다. 세 번째 질문은 가장 긴 것으로 왕이 민중의 삶을 짓밟는 그 땅에서 왕에게 저항할 수 없는가 하는 것이다. 각각의 질문들에 대한 대답은 확신에 차 있으며 민중의 저항을 독려하는 의미를 담고 있다.

23) [역주] 12세기 신성로마제국 내에서의 가톨릭과 귀족세력 간의 동맹.

마지막으로 폭군이 이 개개인들에 대하여 권력을 남용한다면, 그렇다 해도 복수할 필요는 없다. 전체 인민 또는 봉기에 나선 '공적인 권력들'이 일어설 것이다. 어떤 경우에서든 폭군은 공공의 적이다. 하인리히 3세가 사실상 암살로 죽은 것은 바로 이러한 이상들을 구체화하였기 때문이다. 이러한 입장은 크롬웰Cromwell과 수평파Niveleurs; 24)의 경우에도 마찬가지다. 흥미로운 사실은 전술한 두 흐름이 말하는 폭력이 서로 만났다는 것이다. 사실상 폭군에 맞서서 공화주의를 선호하고 "헌법"을 적용하고자

---

24) [역주] 이 집단은 영국 내란(청교도혁명)과 공화국(Commonwealth) 시기에 공화주의적, 민주적 운동을 추진했다. 수평파라는 이름은 이 운동이 "사람들의 재산을 균등하게" 하려 한다는 점을 나타내려고 적대진영의 사람들이 붙인 것이다. 수평파 운동은 1645~46년 런던과 그 주변지역에서 의회를 지지하는 급진세력 가운데서 시작되었다. 당시 내란은 의회와 국민의 이름을 걸고 진행되고 있었으며, 수평파는 실질적인 주권이 국왕과 귀족들을 배제하고 하원으로 이양되어야 한다고 요구했다. 또한, 성인 남자의 보통선거권, 의석의 재분배, 1~2년마다 의회를 열어 입법기관이 진정한 대의기구가 되어야 한다는 점, 정부의 권한을 지방공동체로 분산할 것 등을 주장했다. 소규모 자산가들의 편에 서서 경제개혁안들도 내놓았는데, 즉 법률상으로 완전한 평등, 상거래 독점의 폐지, 인클로저 운동으로 집중된 토지의 재개방, 등기 소작농에 대한 차지기한의 보증, 징병 및 군에 대한 숙식 제공 금지, 가혹한 법률의 개정, 1/10세의 폐지(또한, 국교회 십일조의 폐지), 신앙과 결사의 완전한 자유 등을 요구했다. 의회의 태도에 실망한 수평파는 국민과 신형군(New Model Army)에게 직접 호소하기 시작했다. 1647년 4월 군대의 일반병사들은 수평파의 사상에 크게 영향을 받고 있던 선전원들을 선출했다. 군 장성들은 장교뿐만 아니라 이러한 일반사병 선전원이 포함된 군사평의회를 수용해야만 했다. 군사평의회는 1647년 10월 퍼트니에서 인민협정을 논의했는데, 이 인민협정은 청교도혁명에서 의회가 승리함에 따라 해체되어버린 국가를 재형성하기 위한 새로운 사회적 협약으로서, 수평파에 의해 제시된 것이었다. 그러나 퍼트니에서 인민협정에 관한 논의는 교착상태에 빠졌으며 장군들은 무력으로 군 내부의 규율을 회복시켰다. 1649년 3월 존 릴번과 수평파의 다른 지도자들이 투옥되었으며, 런던에서 발생한 수평파 병사들의 반란도 진압되었다. 같은 해 5월 옥스퍼드셔에서 좀 더 심각한 폭동이 일어났으나 역시 진압됨으로써 조직화한 정치세력으로서 수평파 운동은 막을 내렸다. 수평파는 한 번도 전국적인 지지를 받지는 못했다. 수평파의 해록색(海綠色) 깃발이 런던의 시가지에 휘날리고 병사들은 수평파의 주장에 귀를 기울였으나, 교회와 토지귀족들의 사상에 영향을 받아온 사람들을 대상으로 효과적인 선전활동을 펴기에는 어려움이 많았다. 군의 지지를 얻어내는 데 실패했다는 것이 수평파에게는 결정적인 약점이었다. 그러나 유권자들을 민주적인 사상으로 교육할 시간적 여유가 있었더라면 국민의 절대다수를 차지하는 농민과 장인들에게 수평파의 계획이 호소력 있게 유포되었을 것이다. 수평파는 소규모 자산가와 자영업자의 지지도 얻으려고 노력했기 때문에 공산주의 성격의 디거스 운동보다 폭넓은 지지를 얻었을 가능성이 크다. 수평파가 관례나 성서의 권위에서 나온 주장에 의존하지 않고 이성에 호소한 것은 정치사상사에서 하나의 이정표로 평가되고 있으며, 일부 지도자들의 팸플릿은 영국의 대중적인 산문의 발달과정에서 중요한 성격을 지닌다. 그들의 사회사상 중 일부는 퀘이커교도들에게 영향을 주었다. (브리태니커 백과사전에서 발췌.)

하는 정치적 관점에서 폭력의 정당성을 확신하는 그리스도인들이 존재하며 크롬웰의 경우가 그러했다. 다른 한편으로는 그리스도인들이 가난한 자들의 편에 서서 그들을 보호하기 위한 폭력의 정당성을 확신하였는데 이 경우가 바로 수평파다. 그들 중 릴번Lilburne, 25)은 "혁명신학"의 문을 연 첫 번째 사람으로 그는 "진정한 그리스도의 종들은 항상 폭정과 압제자들의 가장 큰 적이었다"고 했다. *Légitime défense*, 1653 :『정당한 방어』-역주

하지만, 이들의 글들에 대한 연구는 그 자체로 일반화되어서는 안 됨을 우리에게 보여준다. 이 그리스도인들은 사실상 매우 급속히 권력과 교회를 공격했고 이는 (늘 그렇듯이) 그 둘이 결탁한 것으로 보였기 때문이다. 어떻게 보면 그들은 항상 매우 모호하고 너무 일반화된 기독교적 이상에 기초하고 있다. 월윈Walwyn과 오버튼Overton, 26)이 바로 그러한 경우다. 그들은 매우 급히 권력에 붙은 위선적인 기독교인들을 공격하면서도 나중에는 기독교 자체를 저버린다. 일반적으로 그들은 가난한 자와의 연대 또는 자선의 기독교적 감정으로부터 출발하나 그들을 보호하겠다는 명목으로 내디딘 발걸음은 기독교와 동떨어진 방향으로 향하게 되고 결국 모든 신앙을 저버리고 계시에 대한 무관심 및 (보통 혁명의 정서가 그러하듯) 무신론으로 빠져버리고 만다.

입장이야 다양하겠지만, 그것이 무엇이건 이러한 견해는 우선 '정치적'이다. 신앙, 신학은 여기서 제 역할을 하지 못한다. 여하튼 이러한 견해들의 기저에 있는 동기들로부터 출발해서는 안 된다. 기독교는 여러 주해를 곁들여서 그들을 정당화하기 바쁘다. 정치적 혹은 사회적 행동들은 그들에게 이익을 가져다준다. 신앙 또는 신학적인 논쟁은 수단이자 도구가 될

---

25) [역주] 1642-1650년간 일어난 영국 내전(청교도 혁명) 당시 영국의 정치적 수평파의 일원이었다. 그가 주장한 것은 "태생적 권리"로서 모든 인간은 나면서부터 천부인권을 가지고 있으며 국가나 법률에 따라 받은 것이 아니라고 했다. 그는 청교도였으며 이후에는 퀘이커 교도가 되었다. 그의 인간 권리에 대한 내용을 담은 저작들은 미국연방대법원에서 인용됐다.
26) [역주] 수평파의 지도자 중 신앙을 저버린 사람들.

수는 있으나 그러한 견해에 어떠한 결정적인 역할도 수행하지 못한다. 그러한 사람들 앞에서는 어떠한 성서적이거나 신학적인 논쟁도 어떠한 신앙 공동체를 향한 부름도 소용이 없으며 그런 것으로는 그들을 입장을 변화시킬 수 없다. 내가 이런 오래된 전통을 상기시킨 것은 폭력에 우호적인 그리스도인들의 최근 입장이 혁신도 새로운 발견도 아니라는 점을 보여주려는 것이다. "혁명신학"은 우리 현대신학사상의 가장 주목할 만한 발명이며 결국 그 덕분에 교회의 순응주의에서 벗어날 수 있게 되었다는 선언을 우리는 곳곳에서 듣는다. 절대 그렇지 않다. 그것은 전통적인 시도들을 다시 붙잡은 것일 뿐이다. 내 말은 그러한 노력을 평가절하하려는 것이 아니라 단지 그러한 빨치산적인 열정을 좀 진정시키려는 것이다.

수렴과 확산

전술한 세 가지 입장이 말하는 바는 그들 내용 및 형식을 넘어선 유사점과 차이점이다. 차이점에 대해 말하자면, 그것들은 중요한 하나의 기초에서 신학적으로 여러 갈래로 확산한 것이 아니라 오히려 타협의 산물이라는 것이다. 첫 번째 입장은 기독교 합리주의자들이 채택한 것으로서 (그들은 단순한 순응주의자 또는 위선자는 아니었다.) 결국 이러한 입장은 모든 인류 역사에서 정당성을 인정받았을 뿐만 아니라 갈등에 빠지는 것보다는 상황들을 기독교화하는 것이 더 나으며 사회 및 문화라는 구조물을 바깥 세상의 어둠에 방치되지 않게 할 수 있으리라는 생각에서 비롯된 것이다. 합리주의자들은 절제그들은 신중한 사람들이었다와 중용의 덕목을 실천했다. 한편, 이 첫 번째 입장은 로마 교회와 '기독교 세계'의 몇몇 개신교 국가의 주된 사상이었던 만큼 오늘날에는 그다지 중요한 입장으로 평가받고 있지 않다는 것을 알아야 한다. 그러한 입장은 늘 존속하여왔으나 오늘날 강경한 교조주의자들조차도 더는 그러한 입장을 고수하기는 쉽지 않다.

두 번째 입장은 기독교적 확신들과 우리 사회의 행동양식들 사이에 존재하는 오해를 가슴깊이 느끼는 "고통받는 사람들"les souffrants이라 불리는 사람들, 비참한 사람들의 관점으로 깊이 들어가 그들을 위해 진지하게 개인적 희생으로 드려질 준비가 된 사람들의 입장이다. 그들은 진정한 자비, 고통의 영 그리고 대개 위대한 겸손의 성격을 가진다. 그럼에도 불구하고, 1918년 이후 혁명적이었고 의문의 주제로 남았던 이들의 입장은 오늘날 그들의 교리가 대체로 공교회에 의해 정당한 것으로 인정을 받음에 따라 점차 소멸해갔으며그들의 극단적이고 위험한 성격은 그때부터 사라져갔다 우리가 부딪히는 문제들이 전쟁만큼 또는 전통적인 국가만큼이나 커다란 주제가 아닌 사소한 주제가 되어감에 따라 그에 대한 대답 역시 더 어려워진다.

마지막으로 세 번째 입장은 열렬한 사람들의 태도다. 이들은 비타협적이며 확고하고 대화를 거부하며 절제도 없다. 그들은 (사회) 정의 및 비참한 현실의 문제에 집착한다. 전술한 바와 같이 그들은 기독교적 사랑의 대표자들이라고 생각해도 무방하다.

사실 그들에 대해 알게 된다면 그들이 틀렸다는 것을 알아차릴 것이다. 물론 그들은 사랑에 대해 말한다. 그러나 두 번째 입장의 사람들이 구체적인 원수 사랑을 실천하는 반면에 세 번째 입장의 사람들은 (첫 번째 입장의 사람들처럼) 어떤 이론적 가치에 더 천착한다. 그리고 내가 말하고자 하는 것은 그들의 가혹해 보이는 심판인데, 그들은 너무 쉽게 다른 이들의 악을 수용한다는 것이다. 폭력적인 이 그리스도인 빨치산들은 앞에 놓인 문제, 즉, 수만 명 또는 수십만 명이 겪을지도 모를 이 폭력의 문제를 전혀 개의치 않는다. 그들은 '정의'의 심판을 내린다. 존재하는 악한 자들(권력자들, 경찰들, 부자들, 공산주의자들, 식민주의자들, 파시스트들)은 제거되어야 마땅하다는 것이다. 이러한 조건이라면 나는 그들이 기독교적 자비에 의해 일한다고 인정할 수 없다. 그들의 사랑은 선택적이다. 그들은 "가난한 사람들"을 선택그것은 좋다했지만, 그 밖의 사람들에 대해서는 무자비하다. 그러므로 이들은 중용이라는 관점에서 보면 다른 입장들과 분명히 다르다.

하지만, 반대로 이 세 가지 입장들 사이에는 근본적인 유사점이 존재한다. 그것은 그들이 일원론자들이라는 것이다. 이 그리스도인들은 기독교적 '해법' 및 정당한 사회구조 또는 세계구조가 있어야 한다고 생각하는 사람들이다. 첫 번째는 그들은 지속 가능한 균형이라는 처방에 도달하기 위해 그리스도의 요구들과 세상의 필연성들 사이에서 타협을 만드느라 분투한다. 두 번째와 세 번째의 경우 그들은 세상을 심판하고 세상에 요구하지만, 세상이 그 요구를 수용하지 못하리라는 것을 알고 있음에도 사회가 전쟁 같은 것 없이도 변하리라는 희망 또는 빈자들이 더는 가난하지 않고 인간에 대한 착취가 멈출 것이며 따라서 언젠가 그리스도인이 만족할 만한 사회가 오리라는 희망을 품고 있다. 이 세 경우 모두가 이 세상이 예수 그리스도를 완전히 거절하지는 않은 것처럼, 세상의 이치와 하나님 계시의 가치 및 기초 사이에 일치할 수 있는 것처럼 이 모든 요소가 일치할 수 있으리라고 바라는 것이다. 의심의 여지없이 루터는 이원론 입장에 서 있었지만 세상과 계시된 말씀을 분리하는 데까지 나아가 그로부터 권력에 의해 움직이는 사회 속에 어떤 자율적인 영역을 허용하려고 했다. 그것은 완전하고 직접적으로 하나님이 하시는 일에 대한 표현이 된다. 감히 말할 처지는 못 되지만 내가 보기에, 한마디로 말한다면, 그것은 동일시하고자 하면서도 철저하게 분리하려는 오류다. 그것은 성서에서 언급된 "세상"이라는 단어에는 여러 의미가 있지만, 물질적 의미에서의 우주는 반역과 대립의 힘로 요한복음에서 나타나는으로서의 세상과 아무 관련이 없다고 생각하는 오류다. 내 생각에는 그것은 무엇보다도 반역, 거절 그리고 부정의 세상인 사회를 의미한다! 그것은 결국 여전히 예수 그리스도의 성육신과 주되심이 문제를 해결했다고 믿는 터무니없는 오류다. 성육신은 하나님이 가장 오실 수 없는 자리에 오셨다고 말하는 것 외에는 다른 뜻이 없다. (그리고 그의 오심을 통하여 그 땅을 의롭다 하셨거나 변화시키셨다는 의미 역시 아니다.) 예수 그리스도의 주되심은 주님 그분이 결정하실 수 없는 세상의 영역은 없다는 뜻을 의미할 뿐이다. 세상은 세상으로 남지만, 자신의 의지와는 상관없이 주님께 굴복한다. 결국, 그것은 세상이 그렇게 나쁘지 않다고 말하려고 "하나님이 세상을 이처럼 사랑하사…"라는 본문을 끊임없이 부적절하게 사용하는 죄질이 나쁜 오류다. (대개 "누구든지 그를 믿는 자를…"이라고 하는 뒷부분을 생략한 채 인용한다. 이는 매우 정직하지 못한 일이다!) 내가 믿는 바는 그와는 반대로 해석해야 한다는 것이다. 그것은 속속들이 완전히 악한 이 세상에 하나님의 아들을 반드시 주셔야 했기 때문이다. 또한, 그것은 사랑할 수 없는 자를 사랑하시는 하나님 사랑의 다함이 없음을 우리에게 상기시키기 위함이며 사랑받을 만한 구석이 전혀 없는 이 세상으로 말씀이신 하나님의 아들이 우리에게 오셨음을 말하기 위함이다. 그러므로 그로부터 우리는 우리의 사회, 우리의 풍조, 우리의 운동들로부터 거리를 두어야 하며 그렇더라도 성육신의 성격처럼 세상과 완전히 단절되어서는 안 된다. 우리는 참여와 초월의 변증법으로, 그리고 그로부터 기독교만의 특정한 태도에 대해 성찰하도록 초대받는다. 이러한 입장에서 우리는 오늘날의 이 긴급하고 비극적인 폭력의 문제를 생각해 볼 것이다.

제2장

●

폭력에 우호적인 그리스도인들

제2장 폭력에 우호적인 그리스도인들

우리가 더 자세히 살펴보려고 하는 것은 폭력에 대해 긍정적이고 호의적인 태도인데 전술한 바와 같이 이는 오늘날 교회와 많은 그리스도인이 받는 거대한 유혹으로 보인다. 삼십 년 전 교회의 "관심사"는 비폭력 및 양심에 의한 거부였고 그것은 의문의 여지가 없었던 예언자적 입장이었다. 오늘날 그리스도인들과 신학자들은 폭력을 수용하며 이는 우리가 다룰 중심주제다. 그런데 "교회와 사회"라는 주제를 얼마간 다루는 세계교회협의회의 입장이 분명하지 않다. 전술한 바와 같이 폭력을 수용하자는 목소리에 동의하는 사람들이 이성이 아니라 사실 또는 신학사상에 더 민감하기 때문에 그다지 달라질 것은 없지만 우리는 상황을 적시할 필요가 있다.

그렇더라도 미리 말해둘 것이 있다. 늘 그렇듯 그리스도인들은 다른 사람들보다 문제를 늦게 발견하며 해결책 또는 교리들로부터 문제를 끌고 가려는 경향이 있다. 사회적 불의, 착취, 소외의 상황에 빠졌을 때 그들은 불쑥 다른 사람들이 제시한 행동을 발견하고는 그러한 입장들에 자신을 투신하고 열정을 불태운다. 한 세기 전에 그랬듯 조국을 구하려고 전쟁에 뛰어든 그리스도인들의 태도 역시 그러했다. 좀 비아냥거린다면 한 세기 전 이데올로기적 유행은 민족주의였고 그리스도인들은 기꺼이 기독교적 동기로 그러한 목소리에 맹종했다는 것이다. 오늘날 유행은 사회 혁명으로 변했다…. 누군가 화가 나서 이렇게 말할지도 모르겠다. 그것은 유행의 문제가 아니라 모든 예수의 진리가 이 사회투쟁에 육박한 것이라고…. 그러나 나는 다음과 같이 대답할 것이다. 19세기 기독교 민족주의자들 역시 예수가 세운 조국, 그 조국을 향한 사랑은 하나님의 사랑 일부분이라는 말에 설득되어 살인을 저질렀다고. 오늘날 듣기에는 멍청한 말이다. 그러나 지난 50년간의 친혁명사상 역시 그만큼 멍청하게 들리지 않는다고 확신할 수 있는가? 나를 불편하게 하는 것은 그리스도인들의 견해들이 변했다는 것도 그들 시대의 문제에 관련된 것이라는 것도 아니다. 그렇다면, 오죽 좋을까. 나를 불편하게 하는 것은 그리스도인들이 한때의 순응주의적인 사조에 맹종하며 특정한 기독교적인 태도와는 전혀 상관없는 태도를 견지하는 것이다. 그들의 확신은 그들이 속한 사회에게서 나온 것이지 계시의 믿음에 기초한 것이 아니다. 그것은 그러한 믿음의 표현에서 비롯하는 독창성과 유일성을 갖추지 못했다. 그러므로 그들의 신학은 정당화의 메커니즘이자 전혀 기독교적이지 않은 동기가 되고 만다. 전술한 일반적인 설명에 더하여 우리는 여기서 더 자세한 방식으로 그러한 입장의 내부를 들여다볼 것이다.

그런데 폭력을 향한 그리스도인들의 이러한 열정이 나타난 것이 그리 오래지 않은 과거인 히틀러 치하의 독일에서였음을 상기하는 것은 아마 불필요한 일은 아닐 듯싶다. 독일 그리스도인들의 풍조처음에는 교회의 다수 입장이었다는 히틀러 운동의 다음의 특징들을 수용하는 것이었다: 민족, 인종, 용기의 덕목, 열정, 사회주의 그리고… 폭력. 또한, 히틀러가 기독교를 약하고 무른 사람들, 노예들, 내성적이고 맥 빠진 사람들의 종교라고 고발하자 기독교인들은 기독교 역시 용기와 에너지를 높이 사며 폭력 앞에서 물러서지 않는다고 응수했다. 그들은 사회적으로 정의로운 목표들을 달성한다면 폭력에 참여할 준비가 되어 있다고 대답했다. 물론 사회적으로 정의로운 목표들이란 히틀러의 당이 정하는 것이었고 우리가 잊어서는 안 될 것은 1933년 독일인들에게는 (공산주의자극좌파 그리스도인 포함에게 공산당이 정해준 목표들 또는 중산층 미국인들또한, 그리스도인에게 미국적 생활

방식이 정해준 목표들만큼이나) 그것이 정의로운 것이었음은 자명했다는 것이다. 독일 그리스도인들이 폭력에 천착하던 이러한 태도는 오늘날까지 이어지는 히틀러의 승리였다. 의심의 여지없이 전 세계에 그리고 모든 체제에 히틀러의 운동은 폭력적 지배, 집단수용, 인종주의, 고문, 민족말살 등등으로 나타났다. (또한, 흑인의 인종주의는 백인의 인종주의보다 정의로운 것은 아니다.) 이러한 일들이 우파에 의한 것이든 좌파에 의한 것이든 자본주의자들에 의한 것이든 사회주의자들에 의한 것이든 간에 히틀러가 세상에 미친 영향은 잦아들지 않는 격동이었다. 폭력의 일반화가 우리에게 자명한 것으로 보이는 이상, 히틀러는 그의 적들이 그를 모방한 그것으로 이미 승리한 것이었다. 추구하는 목표가 다르면 모든 것이 달라지는 것일까? 목적은 수단을 정당화하는 것인지에 관한 질문은 조금 더 있다가 다룰 것이다. 그러나 조금 더 나은 의도를 가지고 누군가를 고문할지라도 그 고문한다는 물리적 사실은 그 모든 의도와 목표를 완전히 돌이킬 수 없이 지워버린다고 나는 단순히 말하련다.

그것이 무엇이든 오늘날 폭력은 그리스도인들의 마음을 만족하게 할 수 없을뿐더러 이차적인 필연성으로 받아들일 수도 없고 타협점을 발견하려 시도할 수도 없음을 분명히 밝혀 두자. 반세기 전 군사적 폭력에 호의적이었던 것처럼 '혁명의' 폭력에 참여할 준비가 되어 있는 그리스도인들 앞에 오늘날 우리는 서 있다. 또한, 가톨릭 사제들은 더는 대포와 참모본부를 축복하지 않고 오히려 게릴라들을 축복한다. 이것이 무슨 말인지 다음에서 좀 더 살펴보자.

가난한 사람을 선택함

최근 쟁점의 출발은 바로 가난한 자들을 신대함에서부터다. 이보다 더 진짜로 기독교적인 주제가 또 있을까. 우리는 특별히 예수가 가난한 자였으며 가난한 자들을 위해 오셨고 그가 약속한 나라는 바로 가난한 자들을 위해서였으며 땅 위의 가난한 자가 대표하는 것은 사실 예수 그리스도라는 것을 재발견하며 나라들을 심판하는 마태복음 25장의 비유가 계시의 중심 본문이라고 여긴다. 이 가난한 사람을 선택함은 신학적으로 정당하다.27) 그러나 이것은 너무나 급하게 다른 관점을 대표하는 것이 되어버렸다. 이 신학적 재발견은 가난한 자들에 대한 감상적 정서로 또한 부유한 그리스도인들이 보기에는 특권을 얻은 것, 다른 것으로 잘못 인식된다. 가난한 자의 인생현실에 마음이 움직이는 것은 완벽히 정상적이며 인간적이지만, 이는 가난한 자에게 어떤 가치 자체를 부여하며 가난한 자로 하여금 그 자신이 예수 그리스도를 생각함이 없이도 어떤 진정한 것을 소유하고 있다고 생각하게 한다. 게다가 그것은 사회주의 발전에서 비롯하는 어떤 집단적 선입견과 결합한다.

또한, 그리스도인들로서 우리가 첫 번째로 질문하는 것은 바로 이것이다. 우리가 급진적으로 복음의 의미로 아는 것이 진정으로 신앙에서, 가난한 자를 신학적으로 의식하는 것에서 비롯하는가? 또는 그것이 한 세기 전부터 사회주의에 따라 돌아가는 이 세상에 속해서 그리고 가난한 자들을 위해 초기 사회주의자들이 이끌어온 투쟁에 의해서인가? 형식적인 질문은 사실 거기 있지 않다. 왜냐하면, 그 모든 결과는 우리 의식의 자리에서 출발하기 때문이다. 그런데 신앙의 발전, 신학적 성찰은 결코 복음 안에서 가난한 자의 중심이 됨을 재발견하는 데 있지 않았다. 그것은 오직 그리스도인들이 가난한 자에게 우선권을 내어주는 사회에서 살고 있으며 그들이 그러한 이데올로기에 순응하고 있기 때문이다. 그 결과 중 첫 번째는 우리가 가난한 자에서 가난한 민중들로 순식간에 옮겨가는 것이다. 그 것은 개인적인 관계에서, 그리스도 안에서의 사랑으로부터 포괄적이며 경

―――――――――
27) 나는 『하나님이냐 돈이냐』(대장간, 1996)에서 이 주제를 길게 풀어 설명했다.

제적이고 사회학적인 문제로 옮겨가는 것이다. 이는 그 출발점에 인본주의적이고 사회적이라는 뜻이다. 가난한 자의 기독교적 주제는 추가적인 의미로 덧씌워지고 그렇게 그리스도인이 집단적인 의미로 자신을 스스로 규정하기 위해 정당화된다. 그러므로 그것은 가진 사람들과 가지지 못한 사람들 사이의 갈등의 문제가 되어버린다. 그것은 무산 민중의 문제가 된다. 그럼으로써 우리의 대답이어야 할 그리스도의 사랑 및 그의 약속은 즉시 민중의 아편으로 여겨진다. 대답은 집단적이고 경제적이며 제도적인 것으로 국한된다. 교황의 회칙 "민중들의 진보"*Populorum progressio*, 28)의 후속으로 나온 1967년 9월의 열일곱 주교들의 공동 서신을 보면 그 같은 내용을 확인할 수 있다.

"그리스도인들은 참된 사회주의는 살아있는 완전한 그리스도교이며 재화를 공정하게 분배함과 근본적인 평등에 있다는 것을 보여줄 의무가 있다. 그러한 사실을 회피하지 말고 오늘의 시대에 더 적합한 사회적 삶의 양식 및 복음의 영에 더 순복하는 태도와 기쁨으로 그러한 삶에 거할 줄 알아야 할 것이다. 어떤 이들은 하나님이나 그 종교를 가난한 사람들의 세상을 억압하는 자들 및 사실상 봉건주의나 마찬가지인 자본주의 및 제국주의와 혼동하지만 우리는 그러한 오류를 피하도록 하자."

"교회는 영예가 몇몇 사람들의 손에 축적된 돈에 있지 아니하고 일하는 사람들, 노동자들과 농민들에게 있다는 새로운 인간성의 선언을 기쁨과 열정으로 환영한다."

"그것은 오래전부터 돈이 음험하게 세상을 돌며 모든 민중을 짓밟아가는 파괴적인 전쟁이다. 가난한 민중들이 정당한 그들 정부의 지지와 인도

---

28) [역주] 한국가톨릭교회의 공식번역(김남주 역)에는 "민족들의 발전"으로 되어 있지만, 원문의 의미에 충실하게 "민중들의 진보"로 번역했음을 일러둔다. 라틴어 populus는 영어의 people에 해당하므로 '민족'으로 번역하기 어려우며, progressio는 '발전'에 해당하는 development보다는 어원에 따라 진보를 의미하는 progress로 봄이 보다 타당하다.

를 받아 삶을 위한 그들의 권리를 효율적으로 지킬 때는 지금이다."

그러므로 우리는 사회주의가 기독교의 일상적인 표현이 되어 있음을 거기서 발견한다. 그리고 가난한 자를 드높이는 바로 그것으로부터 이러한 기독교 사상은 가난한 자들 및 사회주의를 지키는 것을 동일시하며 가난의 문제와 사회주의 정부의 해법을 동일시한다. 또한, 우리는 이러한 사상의 근원, 사회경제적인 그 성격을 본다.

그러나 여기에서 독자는 매우 주의해야 한다. 나는 자본주의가 사회주의보다 낫다고 말하려는 것이 결단코 아니다. 내가 믿는 것은 오히려 그 반대다. 나는 사회주의 운동을 통하여 가난한 자들을 방어하는 것이 정의롭지 못하다고 말하는 것이 결코 아니다. 역시 내가 믿는 것은 그 반대다. 나는 그리스도인들이 같은 것이 아닌데도 혼동하는, 기독교와 사회주의 간 동일시의 오류를 해결하려는 것뿐이다. 그리고 다른 경우와 마찬가지로 사람들은 민주주의 체제, 자유주의, 경쟁자본주의가 기독교적 표현들이라고 말하는 터무니없는 오류를 범하고 있으며 그와 마찬가지로 오늘날 사회주의에 대해서도 같은 오류를 범하는 경향이 있다는 것이다.

그러나 사람들이 가난함과 사회주의, 사회주의와 기독교를 동일시하는 그 순간부터 그들은 이 목회서신이 명백히 보여주는 것처럼 폭력이라는 주제를 도입한다. 왜냐하면, 가난한 자들을 수호하는 것은 폭력에 의해서만 가능하다 믿기 때문이다. 사람들이 근거로 대는 구절들과 약속들은 아주 많다. 착취, 억압, 부자들과 그들의 정부가 사용하는 공권력의 현실에서 폭력만이 효율적이다. 카우츠키[29]가 베른슈타인[30]을 비판하면서 말

---

29) [역주] 카를 카우츠키(Karl Kautsky, 1854년 10월 18일~1938년 10월 17일)은 독일 사회민주당과 국제 사민당의 지도적 이념가로 프라하에서 태어나 1874년 오스트리아 빈에서 역사, 철학, 경제학을 공부했으며 저술가와 화가로서 활동했다. 그는 마르크스주의자로 정치, 역사에 관한 연구를 썼으며 마르크스주의 이론의 권위자가 되었다. 1875년 카우츠키는 오스트리아 사민당의 당원으로 독일 사민당의 에어푸르트 강령(Erfurter Programm)을 기초했다. 카우츠키는 마르크스 이론에 기초해서 독일에서 사회주의 사회를 만들려고 힘썼다.

했듯이 "그러므로 폭력의 세상에서 왜 프롤레타리아만 폭력을 사용할 권리가 없는가?" 그것은 사회주의자의 입에서 나온 표현으로는 매우 정당한 것이었으나 오늘날 얼마나 많은 그리스도인의 행동근거가 되었는지 모를 말이었다. 나는 그리스도인 중에서도 가장 나은 사람들, 기독교가 단지 말씀의 향연이나 좋은 감정의 표현으로 남기 바라지 않는 사람들에게 말하고자 한다. 나는 근본적으로 그들의 염려, 그들의 혁명의지에 동의하지만, 그만큼이나 그들이 길을 잘못 드는 것을 염려한다. 지금 복음이 가난한 자들과 동일시되는 민중들의 폭력적인 투쟁을 불러일으키는 제국주의 및 식민주의가 존재하는 한 그들이 행동으로 보여줄 수 있는 유일한 대답이 폭력이며 인간이 그 자유를 찾을 길이 투쟁뿐임은 자명해 보인다. 그로부터 우리가 알다시피 기독교의 일상적 주제들은 버려진다. "예를 들어 복음의 온유함은 수상하다. 그의 캐리커처들은 그와 너무 닮았다. 무기력한 행동, 확고할 뿐만 아니라 이익이 되는 무질서와의 타협, 불성실을 기꺼이 위장하는 속됨. 어떤 내적 자기애성향, 남자다운 일에 약하고 무능한 자들의 은밀한 복수. 그 심각한 빗나감. 그들[31)]은 그렇게 '온유함'이라는 단어가 떠올리는 이미지대로 기독교적 태도를 갖춘 척했다…." "마찬가지로 복음적 온유함의 초자연적 성격은 오늘날 쉽게 화를 돋운다. 인간은 그에게 당

1903년 카우츠키는 당내에서 베른슈타인의 수정주의적 마르크스주의 비판자로서 명성을 얻었고, 개혁 지향의 당 지도부와 급진적 당내 좌파 사이를 중재하였다. 1909년 『집권의 길』 (Der Weg zur Macht)을 출판했다.

30) [역주] 에두아르트 베른슈타인(Eduard Bernstein, 1850년 1월 6일~1932년 12월 18일)은 독일 사회민주당(이하 SPD) 당원으로 사회민주주의 이론가이며, 사회민주주의, 수정주의적 마르크스주의의 이론적 창시자이다. 프리드리히 엥겔스의 사후 1896년부터 1898년까지 SPD 내부의 수정주의 논쟁에 이어지는 〈사회주의의 문제〉(독일어: Probleme des Sozialismus)라는 일련의 논문을 발표하여 마르크스주의를 비판하였다. 1903년 드레스덴 전당 대회에서 수정주의 부인이 결의되어 베른슈타인은 공식적으로는 패배하였으나 사회민주주의 운동에서는 강력한 지지를 얻어냈다. 1920년부터 1928년까지 바이마르 공화국 의회 의원을 역임하였다. 저서로는 『사회주의란 무엇인가?』가 있다.

31) [역주] 원문에는 복수여성형대명사 elles이 사용되었으나 우리말 표현에 '그녀들'이 비문인 관계로 '그들'로 번역하였음을 일러둔다.

연한 것을 얻으려고 더는 은총을 구하지 않는다."32) 또한 나는 가난한 자에 대한 사랑은 사회주의자들에게서보다 그리스도인들에게서 더 잘 표현되고 육화된 것이 아니냐는 말을 덧붙이고자 한다.

그러나 한편으로 모든 이들에게 자명한 이러한 한계를 우리는 인식하여야 한다. 기독교적 사랑은 한 사람에게, 한 이웃에게, 몇몇 이웃에게 관계된 것이다. 그것은 개개인들 간에 일어나는 일이다. 그런데 그것이 경제체제 및 사회구조에서 비롯하는 비참의 현실에 관계되었을 때 우리는 무엇을 하여야 하며 무엇을 할 수 있는가? 기독교는 아무 소용이 없어 보인다. 기독교는 정의롭지 못한 체제의 결과들에 대해서는 행동할 수 있지만, 근본적인 것들을 문제 삼을 수는 없다. 기독교는 몇몇 개인들의 비참한 현실을 가벼이 해줄 수는 있지만, 다수는 그렇게 할 수 없다. 또한, 기독교는 니장Nizan, 33)이 말했듯 "문지기 개들"les chiens de garde인데 이는 다시 말해 분노하지 않고 잠잠한 이상, 인내를 설교하는 한, 가난한 자에게 그 가난을 감내하도록 허락하는 한, 그 불의 속에서도 희망을 붙들게 하는 한, 기독교는 전술한 그 불의를 공고히 하며 그에 대항하여 봉기하지 못하게 하고 결국 악이 지속하게 돕는다는 것이다. 우리는 이러한 중요한 사실에 대한 의식을 하고 있어야 한다. 19세기 이전까지는 모든 이들은 가난을 운명이자 불운으로 간주하였다. 가난은 기아, 맹수, 역병, 전쟁, 지진과 함께 거대한 비참의 현실 중 하나였다. 그것은 그 앞에서 등을 굽히고 그저 참으며 희망만 품고 살 수밖에 없는 자연재해 같은 것이었다. 까뮈가 『페스트』La Peste에서 표현한 것처럼 그 시험에서 할 수 있는 일이라곤 서로 돕는 사랑의 실천밖에 없었다. 그러나 한 세기 전부터 가난은 운명의 질서

---

32) RÉGAMEY, op. cit., p.172-174.
33) [역주] 뽈 니장(Paul-Yves Nizan (1905 - 1940)은 프랑스의 소설가, 문필가, 언론인, 번역가 그리고 철학자. 프랑스 공산당 의원후보이기도 했던 그는 1932년 『문지기 개들』(Les Chiens de garde)이라는 소책자를 발간하여 철학의 역할과 시간성에 대해 논했다.

또는 자연재해 같은 것이 아니라 사회적 경제적 구조에서 비롯한다는 의식이 싹텄다. 그로부터 가난에 대한 처방은 이 구조를 변화시키는 것만으로 "충분한"(!) 것이 된다. 그러나 가난을 감내하게 하거나 이 공동투쟁의 방향을 돌리게 하는 모든 것은 가난에 대한 배신이다. 그것은 기독교가 더는 아무 말도 할 것이 없다고 생각하는 확신이다. 또한, 그것은 그리스도인들이 "기독교 사회윤리"를 추구하는 이유다. 예를 들면 사랑은 이웃에 관계된 것이 아니라 단체collectivité:사회에 관계된다고 믿는 등등이다. 그리스도인들은 "기독교를 다른 사상과 경쟁하게" 했고, 오늘날 가난한 사람들의 동기가 폭력인 이상 복음이 말하는 사랑은 우리를 버린 세상에서 완전히 쓸모없는 것이 되었다며 폭력을 수용하였다. 그런데 피압제자와 압제자로 나뉜 세상에서 가난한 자들과 힘 있는 자들 사이에 어느 쪽을 편드는 것도 불가능함을 우리는 상기한다. 초연한 척하거나 제3의 자리를 선택하거나 대안이 있는 것처럼 행동하는 것 역시 불가능하다. 왜냐하면, 그러한 태도로는 피압제자를 방어할 수 없을 뿐만 아니라 결과적으로 압제자의 편에 서는 것이 되기 때문이다. 그러한 논의는 할 필요조차 없을 것이다. 내가 악한 자와 싸우지 않는다고 말하면서 침묵을 지키고 행동하지 않는다면 그것은 곧 그의 편이 되어 그의 힘을 키워주는 것에 불과하다. 그러므로 우리는 피압제자의 편에 서야 **한다**. 그리고 더는 유일한 수단으로서의 폭력을 주저해서는 안 된다. 왜냐하면, 그들이 압제 받는 것은 바로 그 폭력에 의해서이기 때문이다. 비폭력이 순전한 배신이고 다른 이들이 폭력을 행사하게 내버려두는 것이며 소위 "초폭력"sur-violence인 이유는 가난한 자를 폭력에 의해 그렇게 압제당하게 내버려두는 사람은 스스로 깨끗한 손과 순전한 양심을 지켰다고 믿는 것에 불과하기 때문이다. 비폭력적인 사람은 아무 쓸모도 없을뿐더러 경멸받아야 마땅하다. 그리스도인들로 하여금 폭력이라는 생각을 수용하게 하고 폭력 운동에 가담하게 이끄는 첫 번째 운동은 그러한 것이다.

근본적인 전제들

그러나 이러한 태도에도 몇 가지 전제를 분명히 밝혀야 한다. 우리의 문제에는 오늘날 그리스도인들이 비그리스도인들과 함께 공유하는 "열쇠가 되는 관념들"이 존재하기 때문이다. 이 전제들은 고정관념이자 입증되지 않았으며 무의식적인 것으로 이데올로기의 파편들 같은 것인데 사람들은 마치 거기에 자명한 근거가 있는 것처럼 매달리며 신심信心, croyance의 가치를 부여한다.

첫 번째는 지난 수세기간 인생에 물질적 가난보다 더 중요한 다른 요소들이 있다고 여겨왔음에도 또한 다른 모든 것을 희생하면서까지 물질적인 행복 등등을 추구하는 것이 잘못된 태도라고 생각하면서도 물질적 비참의 현실이 어떠한 다른 것보다 중요하다고 확신하는 태도. 산업혁명 이후 물질적 부가 세상을 정복함에 따라 사회가 추락하며 에너지를 상실해 가면서 물질적 가난의 문제는 주요한 쟁점이 되었다. 그로 말미암아 영적인 가치, 덕목 등등은 당연히 버려진다. 모든 경우에서 그러한 개념들은 부차적인 것으로 취급되었다. 이 첫 질문은 그러므로 "집단적 부의 증가에 참여할 것인가 아닌가"의 문제가 되었다. 가난한 자들은 무엇보다도 부자가 되기 위한 투쟁에 의욕을 불태웠다. 그리고 부자들이 물질주의에 빠진 빈자들에게 '영적인 가치'에 관심이 없었던을 고발하였을 때 그들은 위선자들이었다. 왜냐하면, 그러한 예를 제공하고 그러한 목소리[물질주의-역주]에 사회를 집어던진 사람들이 바로 그 부자들이었기 때문이다. 전체 사회의 거대담론, 또한 결과적으로 모든 구성원의 거대담론은 모든 부문에서 재화의 소비를 증가시키는 것이었다. 그것이 첫 번째 목표이자 이상이 되는 그 순간부터 사람들은 드라마처럼 재화로부터 박탈된다. 역사적으로 인간이 그 기원부터 먹는 것의 필요 및 안락한 삶에 대한 욕구에 지배당해왔다는 것은 사실이 아니다. 물론 그것이 중요한 부분이기는 하지만 인간 행동의 열쇠였던 것은 아니다. 물질적 재화에 대한 그러한 염려는 "문명화"가 진행됨에 따라 찾아오며 특히 우리에게 그러하다. 19세기 양시칠리아[34]의 왕이 피에몬테[35]의 왕에게 말했듯 말이다. "당연히 토리노의 주민들이 팔레르모의 주민들보다 부유하겠지요…. 그러나 내 백성은 행복하지만, 이곳 백성은 불행해 보이는구려." 필요한 열량을 채우고자 하는 열정, 대규모소비를 위한 재화를 가지고자 하는 열정은 근대적 열정이다. 또한, 무엇보다도 민중들이 그러한 용어에 적응하지 못하는 것을 무지해서라거나 수동적이어서라거나 미련해서라고 말하지 말자. 그들이 달리할 줄 아는 것이 없기 때문이라거나 물질적인 것을 추구하는데 게으르면서 "승화"라는 핑계를 댄다고 비아냥거리지도 말자. 그런 것이 아니다. 그들에게는 다른 인생관, 다른 이상이 있을 뿐이다. 그러나 독자들은 여전히 다음과 같이 결론 내릴 수는 없을 것이다. "그러므로 가난한 자가 더 행복하다." 나는 그런 말을 한 것이 아니다. 사람들은 춤을 추면서, 전쟁 속에서, 종교적 희열에서 행복을 느낄 것이다. 비프스테이크를 먹을 때나 드라이브를 할 때 역시 행복을 느낄 수 있다. 일할 때 역시 그렇다…. 그러나 그 행복의 개념을 표현하고 구축하고 제안하는 것은 (천 가지쯤 되는 이유로) 사회다. 그리고 사회구성원들은 거기 참여한다. 우리의 사회와 마찬가지로 어떤 사회가 가난한 사람을 소비 말고 다른 행복을 추구하라고 몰아세우는 것은 어처구니없는 짓이다. 소비가 모든 사회집단의 일차목표인 만큼 모든 소

---

34) [역주] 양시칠리아 왕국(이탈리아어: Regno delle Due Sicilie)은 1816년부터 1860년까지 이탈리아 통일 전까지 이탈리아 남부에 있었던 국가이다. 나폴리 왕국과 시칠리아 왕국이 1816년 통합하여 양시칠리아 왕국이 되었으나, 1860년 사르데냐 왕국에 병합되었다. 수도는 나폴리에 있었다.

35) [역주] 토리노를 주도로 하는 이탈리아 북서부의 평원지대로 상공업이 발달하였고 19세기 말 이탈리아 통일의 주역이 된 사르데냐 왕국의 영토였다.

비의 불평등은 끔찍한 불의로 느껴진다. 유감스럽게 들리겠지만, 그것은 그대로 사실이다. 그리고 그리스도인들은 이러한 관념에 공통으로 동의한다. 하지만, 이 사회가 한목소리로 덕목의 실현을 부차적인 문제로 치부하는 한, 영적인 가치들을 사실상 최소화하는 한, (공공연하게 그것을 공표한다 할지라도!) 인간의 이상이 도덕적이거나 종교적인 데 더는 머무르지 않는 한, 이러한 불의가 낳는 결과는 폭력일 수밖에 없다. 전술한 두 가지 이상이 그에 관련된다. 물질의 소비라는 이상이 극대화되고 영적인 이상이 최소화될수록 정의라는 개념은 소비라는 주제에 집중되며 빈자들은 이 소비의 평등을 얻어내기 위해 폭력을 불사하게 된다. 신앙에 주목하는 것은 오늘날 매우 보편적인 일이 되었으며 그리스도인에게 역시 그러하고 어느 정도 부유한 다음에라야 어느 정도 소비할 여력이 생긴 다음에라야 신자라는 이름도 얻는다는 것은 그만큼이나 당연한 사실이 되었다. 영적이고 도덕적이며 문화적인 삶이란 물질적인 삶과 함께 또 그로부터 발전한다는 확신을 우리는 모두 다소간 공유한다. 어떤 그리스도인은 몇 해 전에 썼다. "기아에 시달리는 사람들에게 복음을 전한다는 것은 어불성설이다. 아프리카 또는 인도로 선교사들을 보내지 말고 음식과 기술자들을 보내자." 먼저 먹이고 물질적인 필요에 응답하고 비참의 현실을 그치게 한 연후에 우리는 설교해야 한다….

그렇더라도 이는 한 의문을 불러일으킨다. 예언자들의 시대와 예수의 시대에 분명히 이스라엘은 무서우리만큼 가난했고 슬로건에 따르면 "인류의 삼분의 이가 굶어 죽어가고 있다"고 할 정도로 우리가 지금 묘사하는 그러한 가난에 필적했다. 예언자들과 예수가 이스라엘의 경제문제가 해결된 후에야 계시를 전하겠다고 선언했던가? 다시 한 번 말하는 바지만 이러한 예를 빈자들을 돕지 않는 부자들의 변명으로 사용하지는 말자. (그렇더라도 부자들은 그들에게 영적인 도움을 줄 준비는 되어 있으리라!) 그러나 어떤 진지한 그리스도인이 그러한 말을 했다면 그것은 그가 다른 이들과 마찬가지로 우리 시대의 전제를 공유하고 있기 때문이었을 것이며 다시 말해 가난이 거대한 재난인 만큼 가난을 영적인 삶의 장애물로 보았기 때문에 진정한 문제는 부자들이 빈자들을 도와야 한다는 것이자 그런 것 없는 복음 설교는 위선일 뿐더러 유일한 주요문제는 물질적 재화들을 불평등하게 분배하는 그러한 것이었다는 뜻으로 믿도록 하자. 그럼에도, 이러한 전제, 모든 이에게 공통적인 이러한 생각에 대해 마지막으로 할 말이 있다. 가난한 사람이 이 땅에서 예수 그리스도를 대표하므로 우선고려와 권리수여의 대상이 된다는 확신, 또한 그와 동시에 가난은 하나의 스캔들이므로 모든 수단과 방법을 동원하여 그것을 사라지게 하고 빈자들에게 '정상적인' 삶을 주어야 한다는 다시 말해서 가난을 끝장내야 한다는 확신, 그러한 이중의 확신을 동시에 가질 수 있다니 이상하지 않은가. 이 두 태도는 모순처럼 보이지만 그럼에도 불구하고 우리는 그리스도인들로부터 그러한 모순에 늘 마주치게 된다.

한편, 그리스도인들은 마치 주기적인 것처럼 다시 다른 모든 가치에 우선하는 정의justice를 주장하면서도 그 정의를 사회평등, 더 나아가 재화의 분배 및 소비의 평등을 뜻하는 것으로 이해한다. 폭력이 필연성으로 발전하는 것은 바로 그러한 이해로부터다. 그러나 어떤 다른 관점에서 본다면 그것은 그리스도인들의 일반화된 죄책감의 반작용이다. 교회가 수많은 부자, 지식인들, 사회의 요인VIP들로 구성되어 있으며 사회를 떠받치는 기둥 중 하나임을 그들은 잘 안다. 이는 교회가 바람직한 방향으로 구성되지 않은 채 그렇게 불의한 사회를 지탱하고 있음을 깨닫는 그리스도인들에게 죄책감의 위기를 불러일으킨다.

그러나 교회가 빈자들에 대하여 구제, 부분적인 대답, 개인적인 도움, 임시방편 같은 전통적인 역할을 더는 수행할 수 없다는 확신을 사람들은 얻어가고 있다. 문제가 개개인들의 가난이 아니라 체제의 문제라는 것, 몇몇 빈자들의 상황을 개선하는 것만으로는 결과적으로 체제를 더 공고히 해줄 뿐이라는 것, 그리고 한 사람을 위해 불의를 끝장내는 것만으로는 사회의 불의 자체에 대한 투쟁이 되지 못한다는 것을 사람들이 알게 되었으므로 이 모든 것을 종합하면 결국 폭력의 필요성, 폭력에 참여할 필요성에 귀결되고 만다. 그리스도인들의 이러한 운동은 그러므로 복잡다단하다. 영적인 진정성, 참된 교회를 향한 갈망, 가장 가난한 이들과 함께 하는 고난, 그러나 또한 사회학적 순응주의, 공통노선의 수용, 개인적 책임에서 벗어나고자 하는 사회적 죄책감, 극단적이고 지나친 단순화. 폭력에 의지하는 것은 무엇보다도 항상 비인간적인 단순화에서 비롯된 행동이라는 것을 잊어서는 안 된다. 알렉산더는 고르디우스의 매듭을 칼로 잘랐지만, 그는 그저 군인일 뿐이었다.

*　*　*

폭력에 관련하여 그리스도인들이 수용하는 두 번째 전제는 "근대적 인간은 다수자가 되었다"는 말로 요약된다. 본회퍼의 기독교적 관점에서 나온 이러한 표현은 지금까지의 역사적 인간은 대체로 권력들, 국가들 등등과 "아버지 하나님" 앞에서 소수자였다는 뜻이다. 인간은 감히 그 자신을 온전하게 주장할 수 없었다. 지금, 기술적인 수단들 덕분에 인간은 힘을 얻었고 감시에서 벗어났으며 하나님의 부성父性이라는 관념도 걷어치우게 되었다. 이러한 수단들과 함께 인간은 새로운 이성과 과학에 의한 정신세계를 갖추게 되었다. 그는 다시는 종교적 이야기들, 거룩한 존재 등등을 믿지 않는다. 그는 "나 외에는 아무것도 없다"고 말할 수 있다. (인간 역사의 거대한 새로움이라는 대부분의 생각과는 달리) 이러한 입장이 전혀 새로운 것으로 보이지 않는다는 것을 나는 언급해야겠다. 그것은 성서에 자세히 묘사된 대로 항상 하나님에게서 벗어나려고 했던 인간의 오만함에서 비롯한 아주 오래된 태도다. 또한, 그것은 "힘을 향한 의지"이기도 하다. 오늘날 정말로 새로운 것은 "절망적인 힘"의 콤플렉스를 가지고 방황하는 인간의 오래된 상실potestatis cupido, avitum malum: 권력을 욕망하던 조상의 악-역주 대신 인간의 존엄성과 하나님의 오래된 감시에서 벗어난 진정한 삶에 대히어 말하고 싶어 하는 그리스도인들의 태도다. 그러한 신학 사조에서는 인간의 자아실현이 도달해야 할 이상이 된다. 힘의 영을 향한 그리스도인들의 이러한 '회심'은 오직 기술사회에 대한 그들의 순응주의 및 증가하는 기술적 수단이 그들에게 미치는 영향으로 설명된다. 당연히 이러한 확신으로부터, 이러한 전제로부터 당연한 결과가 나온다. 첫째, 죄인이자 은혜를 받은 자 인간 상황의 윤리적 결과들이 배제된다. 다수자가 된 인간은 겸손도 자기부인의 태도도 취할 필요가 없다. 인간은 그의 지배를 공고히 하기 위한 수단(그리고 물론 인간에게 세상을 지배하라 명한 창세기의 본문을 이 힘의 근거로 들 것이다)을 가지고 지배함이 마땅하다. 힘의 수단들을 씀에서 콤플렉스 따위는 있을 수 없다. 겸손이라는 태도는 그것을 행하는데 방해가 될 뿐이다. 기술적 수단들로 말미암아 인간은 거의 항상 상황을 지배하고 되돌릴 수 있기 때문에 인간은 자기를 부인할 필요가 없다. 이러한 관점에서 볼 때 겸손과 자기부인은 경멸받아야 할 덕목들이며 성서의 본문이 뭐라 하든 기독교는 그러한 덕목과 아무 관련이 없음을 그들은 보여주려 한다. 또한, 이 본문들에서 벗어나고자 (언제나처럼) 사회학적 논쟁을 끌어들인다. 사실 겸손과 자기부인에 대해 설교하는 것은 (가난의 가치에 대한 설교와 마찬가지로) 인간을 착취하고 소외시키고 삶의 조건을 받아들이게 하려고 부르주아들이 지껄이는 마키아벨리저인 위선으로 치부되어왔다. 그러한 위선 때문에라도 이 '덕목들'은 폐기되어야 한다. 참으로 이상한 논리지만 우리는 끊임없이 그렇게 되풀이한다. 부르주아지와 부자들이 그들의 지배를 공고히 하려고 복음을 왜곡하는 것은 사실이다. 그러나 어쩌란 말인가? 진실이 거짓말쟁이들에 의해 인용된다고 해서 진실이 아니란 말인가? 사단이 예수에게 "성전 꼭대기에서 뛰어내리라. 너를 위해 천사들을 보낼 것이라 하지 않았느냐?"라고 했을 때 사단이 말했다고 하여 하나님의 말씀이 하나님의 것이 더는 아니라는 뜻인가? 부르주아가 그것을 유용했다 하여 은혜를 받은 인간의 태도가 더는 겸손이어서는 안 된단 말인가? 사람들은 부자를 위선자라 고발한다. 물론 당연히 그렇겠지만, 그리스도인에게 다음과 같이 말하는 것은 내게는 괴상망측하게 들린다. "기술사회가 너를 다수자가 되게 했으니 그만 겸손하라." 그것은 하나의 위로의 표현일 수는 있다. 그것은 기독교가 더는 빈자들과 병자들의 위로로 그쳐서는 안 된다는 뜻일 수도 있다. "왜냐하면, 그러한 표현들은 여전히 아무 도움도 주지 못하는 말치레기 때문이며 그러한 위로를 계속하는 한 그들의 비참한 현실을 해결해 줄 물질적이고 구체적인 수단들의 도움은 멀어지기 때문이다. 그들이 신앙으로 위로를 얻는다 할지라도 경제적 문제를 해결할 일자리가 생기는 것은 아니다." 물론 과학이 발달하기 이전에도 예수의 말씀이 "필요한 유일한 것"이었던 것은 아니다. 그리고 거기에 위선적인 의도가 깃들어 있는 것도 사실이다. 복음과 하늘나라로 인간을 위로하는 것은 인간에게 필요한 물질적 재화를 요구하지 못하게 재갈을 물림에 불과하다. 그렇게 말하는 것으로부터 새로운 반발이 생겨난다. 신학자들은 부족한 재화를 요구하는 것, 기도하는 것, 애걸하고 간청하는 태도를 보이는 것을 (그것이 예수가 말한 팔복이 <u>권고하는 것인데도</u>) 인간으로서 받아들일 수 없고 부적절한 태도라 여긴다. 인간에게 적절한 태도는 빼앗아 가지고자 하는 열의, 필요한 것을 정복할 권리를 가지는 것이다. 가난한 자는 겸손히 간청하는 대신 자신의 권리를 취하고 확증하여야 한다. 그러나 그리스도인들은 그렇게 말하면서도 가난한 사람을 모욕해왔다. 그들의 말은 맞다. 그러나 부유한 사람들의 잘못된 태도 때문에 진실이 왜곡되어야 하는가? 성서는 처음부터 끝까지 자신을 정당화하고 그 권리를 정복해 얻어내려는 인간의 시도를 잘못된 것이라고 말한다고 나는 본다. 우리 신학자들은 그러한 생각을 거의 하지 못한다. 중요한 것은 오직 정치경제적인 현실이며 그렇게만 본다면 당연히 인간은 정복자가 되어야 한다. 온정주의paternalisme는 그렇게 해서 폐기된다. 가난한 자들을 위해 정당한 해법을 찾고자 하고 그들을 더 나은 상태로 인도하고자 하는 부자들 및 빈자들의 태도는 학대와 경멸의 대상이 되고 만다. 식민주의자는 식민지의 피지배자들에게 독립을 허용하지 않을 것이고 회사의 사장들은 노동자들의 권리를 존중하려 하지 않을 것이며 선생은 학생들 앞에서 그 권위를 내려놓지 않으려 할 것이다. '감시'라고 말하는 모든 주장은 "아래에 있는 자들"의 존엄을 침해할 것이다. 또한, 교회 역시 예외가 될 수 없다. 사람들은 신자들의 어머니인 교회의 '모성' maternat을 고발한다. 그곳에서 역시 '다수자' 인간은 교회가 그 역할을 내려놓아야 한다고 요구한다. 인간은 홀로 모든 것을 하려 한다. 그러나 사람들은 아무런 비판도 없이 당연해 보이는 이 두 전제가 얼마나 폭력의 정서에 우호적인지 아주 쉽게 이해한다. 왜냐하면, 그들은 겸손, 자기부인, 위로, 기도 대신 모든 것을 대체하는 폭력을 선호하기 때문이다. 온정주의 또는 모성에 대한 비판이 의미하는 것은 인간이 위로부터 어떤 것도 받고자 하지 않고 다만 빼앗으려 한다는 것이다. 위로부터 주어진 것은 위로부터 빼앗을 때와는 전혀 다른 가치를 가진다. 그것이 최근의 정치적 사회적 갈등들에서 위로부터 양도되는 것이 전혀 없는 이유다. 왜냐하면, 사람들이 바라는 것은 양도가 아니라 위로부터 무엇인가를 빼앗는 것이기 때문이다. 주어지는 순간 그것은 다시는 관심사가 되지 못한다. 이것이 지금 폭력 현상을 보증하며 정당화하는 수많은 그리스도인이 지지하는 태도이다.

세 가지 가능한 입장들

폭력에 우호적인 일반적인 이러한 입장에도 최근의 그리스도인들은 세 가지의 매우 다른 세부적 경향들이 보인다. 첫 번째 경향의 그리스도인들에게 기독교는 혁명적인 힘이며, 두 번째 경향의 그리스도인들에게 그것은 (사람들에 의해 만들어지는) 혁명신학이고 세 번째는 혁명 안에서의 그리스도인의 융합으로 그 자체의 가치를 가지는 것이다. 폭력에 찬동하는 이 세 표현을 자세히 들여다보자.

사실 첫 번째 경향은 폭력이라는 생각에 실제로 연결된 것은 아니다. 그것은 도래하는 하나님나라, 예수 그리스도의 재림 그리고 인간을 향한 하나님의 요구라는 생각에 기초하고 있다. 오랫동안 사람들은 하나님의 뜻을 어떤 출발점으로 해석했지만, 오늘날은 그것을 오히려 하나의 소명으로 받아들인다. 첫 번째 태도에서는 법을 그 자체로 독창적인 것으로 보는 확신에 따라 사람들은 하나님의 뜻인 것으로 생각되는 이상적인 모범으로서의 인간행동을 추구한다. 그러나 이것은 신학적 윤리적 형식들로 표현되는 명백하게 후천적인 의지로서 법률적인 용어로 확정되고 불변하는 것이다. 당연히 이러한 경향은 도덕주의이자 우리의 현실에서는 정체된 상황으로 귀결된다. 진리가 출발점으로부터 주어지고 모든 것이 기독교적 원칙들로부터 '추론' 되어야 하는 이상 변화의 여지는 없다. 이러한 해석이 폭넓게 비판받고 폐기됐다는 것은 주지의 사실이다. 지금 역사의 흐름 속에서 기독교적 삶은 성취된 것이 아니라 성취될 것이자 성취를 위해 달려가는 것으로 해석된다. 그것은 어떤 미래의 창조를 향한 긴장이지만 이미 그려진 타일을 그저 펼쳐놓는 것을 뜻하지는 않는다. 그리고 이 긴장은

종말론적인 것으로 세상 속의 그리스도인의 현존 앞에 혁명적 생기를 주는 것이다.[36]

또한, 여기에는 몇몇 구성요소들이 있다. 우선 도래하는 나라가 있으나 주의 오심이라는 의미에서 그것은 이미 현재적인 일이며 하나님나라, 하나님의 새 창조가 다가오고 있으므로 이러한 사회에서 우리는 행동하여야 한다. 결국, 이 나라 앞에서 이 사회의 어떠한 것도 성역일 수 없으며 우리가 만족하고 넘어갈 수 있는 것은 아무것도 없다. 우리는 이 나라의 출현으로부터 모든 것에 다시금 문제를 제기하여야 한다. 어떤 상황에서도 다음과 같이 말하면서 물러설 수는 없다. "지금이 좋다. 정의는 세워져 있고 주님의 오심을 평온하게 기다릴 수 있을 만큼 사회도 정의로우니까." 이미 이루어진 모든 진보, 교회와 사회에서 실현된 모든 것을 우리는 오직 그 나라의 차원에서 즉각 몰아세우고 분석하고 평가하고 비판하여야 한다. 그리고 우리는 급진적으로 세상을 이 나라로 변화시켜야 한다. 물론 그것은 사람들이 이 나라를 '준비하는 것'이라거나 하나님나라가 가까이 오는 것이 사회적, 경제적, 정치적 진보 등등을 더하는 것을 통해서라거나 바로 우리가 그것을 건설함을 통해서라고 믿는다는 것은 아니다. 그것을 건설하는 사람들은 **우리**이며 우리의 이상과 함께하는 것이겠지만 그 운동은 우리가 만들어낸 것들과는 상관없는 위대함 속에서, 존재하는 모든 것의 허무함을 드러낼 때만 혁명적이다. 이러한 것이 바로 기독교의 이러한 혁명적 힘의 첫 번째 원천이다. 그러나 다른 한편으로는 이 도래하는 하나님나라는 이미 존재하지만, 세상에서 감추어져 있는 하늘나라보물, 누룩, 씨앗이기도 하다. 그것은 세상에서 일하고 신비스럽게 세상을 변화시킨다.

---

[36] 나는 내가 기독교가 혁명적이라고 주장하는 사람 중 하나라고 믿기에 이 쟁점에 대해 내가 쓴 보다 완성도 높은 몇몇 본문들을 요약하는데 만족할 것이다. Cf. *Christianisme et Révolution*, Le Semeur, 1936. *La Violence de Dieu*, 1937. "Le christianisme révolutionnaire", 『세상 속의 그리스도인』, 대장간, 2010.

그리고 이는 그리스도인을 두 번째 입장, 두 번째 태도로 이끈다. 그것은 귀를 기울이고 이러한 일들의 표징으로 나타나는 모든 것에 주의를 기울이는 것이자 감추어진 이 삶의 표징을 그 자체로 받아들이는 것이다. 그러므로 그것은 인간이 기다리던 이 나라의 출현 때문에 일어나야 마땅한 변화를 자신의 책임으로 요구하는 태도일 수는 없다. 그것은 하나님이 현재 성취하시는 일에 대한 순복, 인내, 열린 자세다. 그러므로 그것은 우리가 하나님이 주시는 미래에 따라 행하여야 하며 하나님이 계시하시는 비밀스러운 현재에 따라 존재하여야 한다는 말이다. 또한, 그것은 이러한 분야에서 왜 그리스도인이 대사이자 파수꾼 그리고 제사장이 되어야 하는지 말해준다. 이는 이러한 작용의 면면과 일치한다. 그러나 어쨌든 이것은 그리스도인의 행동과 일이 어떤 **특정한** 것이어야 한다는 말이다. 비그리스도인들 쪽에서의 정치적이거나 경제적인 활동들로 보이는 것, 실제 일어나는 것과의 혼동 또는 동일시는 있어선 안 된다. 유용하고도 중요한 것은 사회운동에서 그리스도인들이 다른 사람들이 할 수 없는 일들을 이끄는 것이다. 그 나라가 의미가 있는 것은 오직 그러한 가운데서다. 다른 이들처럼 하는 한 그것이 사회정의, 평등 등등을 위해서일지라도 거기에는 어떠한 기독교적 의미나 특정성도 없다고 나는 말할 것이다.[37]

사실 그리스도인의 정치적, 혁명적 태도는 엄격하게 다른 이들과는 다르다. 그것은 특정하거나 아무것도 아니다. 그러나 그때 이 혁명적 태도가 당연히 사회의 혁명이라는 것과 일치하지는 않음을 일치할 수도 있겠지만 이

---

[37] 사람들이 이렇게 말할 수도 있을 것이다. "그렇지만, 기독교는 우리를 갈라놓지 못하기에 우리는 다른 이들 가운데서 또한 다른 이들과 함께 다른 이들처럼 되기를 원합니다." 나는 이러한 레퍼토리를 알고 있고 나 역시 그렇게 되기를 원한다. 하지만, 나는 그에게 그렇게 살면서 기독교를 말하고 그리스도인이라고 스스로 주장하는 것을 그만둘 것을 심각하게 고려해 보라고 말하고 싶다. 그러므로 다른 이들과 당신을 구별하는 모든 것 특히 예수 그리스도를 믿는 믿음과 고백을 우선 버리는 것이 좋겠다. 하지만, 당신이 그렇게 할지라도 당신은 분리됨을 이해하여야 한다! 사회학적 순응주의에 따르지 않고 급진적으로 예수 그리스도를 그들의 주님이자 구원자로 고백하기를 멈추지 않는 사람들에게서.

해하고 생각해보아야 한다. 그것은 다른 목적들에 기초할 수도 있고(당연히는 아니다) 다른 변수가 있을 수도 있으며 다른 방식을 사용할 수도 있다. 그리고 특히 혁명적 기독교의 관점은 폭력과 관련된 어떠한 것도 허용하지 않는다. 그리스도인이 끊임없이 함께 하도록 부름 받고 사회적 삶과 함께 일상적 삶의 씨줄에 끼워 넣어야 하는 이 혁명은 폭력을 그 형식으로 삼아야 할 이유가 없다. 내가 요구하는 것은 단지 이것이다. 어떠한 궤변에 의한 타협도 없이, 어떠한 순응도 없이, 기존가치질서와 계급에 대한 어떠한 존중도 없이 진지하고 급진적으로 이 두 명령을 적용하자. 그러면 우리는 어떠한 폭력 없이도 사회 전체가 무너져 내리는 것을 보게 될 것이다.

   그러나 여기서 원칙은 우리가 그것을 성취한다고 하는 우리 능력에 대한 과신은 금물이라는 것이다. 그러므로 우리가 받아들여야 할 당위는 이것이다. 기독교적 행동이 특정한 것이어야 한다면 이 특정성은 하나님 말씀을 적용함에서 급진적이어야 한다는 것 외에 다른 뜻일 수 없다. 그렇지 않다면 기독교는 혁명적이 되지 못할뿐더러 그 문은 우리가 앞으로 언급하려는 모든 폭력적 혁명지상주의 이단들에게 열어 버린다. 그러나 이러한 이단들이 존재한다면 그것은 자신을 그리스도인이라 말하면서도 주께서 그들에게 맡기신 보물을 그들을 위해 지키는 사람들의 잘못 때문이라는 것을 명심하자.

*   *   *

   성찰의 두 번째 줄에서 우리는 혁명신학자들을 발견한다. 세상에 혁명들이 존재하는 이상 인간의 관점에서 이 혁명들은 정당하게 보일 수 있으며 이 혁명들의 신학 역시 가능하고 (항상 기존권력과 결탁해서는 안 되는) 기독교와 관련성을 가질 수도 있다. 기독교적 혁명의지의 특정성은 여기서 중요하지 않다. 그러나 좀 못되게 말한다면 그것은 혁명운동들의 면전에서 옛 순응주의 및 국가, 자본, 식민주의 등등과의 관련되어 있던 기독교의 명예를 회복시키고자 하는 것이다. 이러한 경향이 혁명가 예수를 오늘날의 의미에서의 혁명가로 만들고 싶어 하는 주석가들의 작업에 근거하고 있으며, 예수를 열심당과 동일시하고 그의 십자가 죽음을 정치적인 것으로 설명하고 싶어 하는 연구들이 꽤 있다는 것을 우리는 알고 있다. 사실 오스카 쿨만38)은 이러한 연구들을 바로잡았고 39) 그것은 설득력 있는 논증이었다. 그럼에도, 최근 그 같은 시도들(비그리스도인의 관점)은 여전히 존재한다. 스토클리 카마이클40),41)은 예수의 삶에서 중요한 순간은 "예수가 예루살렘 성전을 점령했을 때이며 그 본질은 예수가 제사장들, 장사꾼들을 쫓아내고 로마인 주둔지(?)를 궁지에 몰아넣었다는 사실"이고 예수의 중심 말씀은 "나는 평화가 아니라 검을 주러 왔다"는 것이었으며 복음서의 다른 부분에 따르면 제자들은 무장하고 있었다고 단언한다. 예수는 로마와 조국을 배반한 유대인들에 맞서 조직된 운동의 장튽이었다는 것이다. 예수의 '진짜' 삶을 보여주려는 이러한 연구는 이 땅 위에서 그리고 '저 너머'에서 정의의 승리를 위해 폭력적 봉기에 의지함을 용

---

38) [역주] 오스카 쿨만(Oscar Cullmann : 1902~1999.) 스트라스부르 태생의 신학자이자 주석가, 신약학자로 초기 기독교회 연구 및 구속사 연구의 대가이다. 그는 스트라스부르 대학 개신교 신학부 및 바젤 대학교, 파리 고등실천학교, 소르본느 대학교 그리고 파리 대학교의 교수였다. 또한, 세계교회협의회의 회원이자 교황 바오로 6세의 친구로 바티칸II 공의회에 옵서버로 참여하였다.

39) O. Cullmann, *Dieu et César*, 1961.

40) 스토클리 카마이클(Stokely Carmichael) "L'épée de Jésus", *Nouvelle Revue française*, 1966. 클리지 Cleage목사는 다음과 같이 썼다. "예수는 백인들에 맞서 민족적 투쟁을 이끌었던 유색인들의 유색인 지도자였다…. 예수의 활동들은 그러한 각도에서 이해되어야 한다. 그것은 압제 받는 그의 백성을 (정치적) 자유로 이끌기 위한 한 인간의 노력이었다."(*Le Monde*, 1968년 1월 25일 자)

41) [역주] Stokely Carmichael로 알려진 크왐 투레(Kwame Ture, 1941-1998)는 트리니다드 태생의 흑인 미국인으로 1960년대 미국의 민권운동가였다. 그는 스닉 SNCC으로 알려진 학생운동의 지도자로 유명세를 얻었으며 이후에는 블랙 판다 정당의 명예총리가 되었다. 인종차별철폐를 이끌었으며 나중에는 흑인 민족주의자들과 함께 범아프리카 운동을 주도했다.

인하려는 것이다. 그렇더라도 이러한 연구는 혁명신학을 추구하는 저자들에게 거의 인용되지 않았다. 사실을 말하자면 이 연구로부터의 주석은 아주 졸렬하고 무리해서 신학자들은 그것을 신용하지 않으며 신학적 원칙들 및 논증들을 위해 그들의 체계를 세울 때 이것을 부차적인 수준으로 참고하는 것을 선호한다.

그다음으로 우리가 주목할 것은 이러한 연구가 프로테스탄트에서 뿐만 아니라 가톨릭 측에서도 이루어진다는 것이다. 가톨릭 인사들 중 고전적인 신학의 줄기를 유지하고자 한 푀흐모르M. Peuchmaurd의 연구42)를 언급해 보자. 예를 들면, 성 도마가 가난한 사람의 도둑질을 할 권리를 받아들였다는 것인데, 그는 그것으로부터 논점을 계급 및 국가로 확대한다. "프롤레타리아 국가들은 주변의 부유한 국가들의 재화에 대해 권리를 가진다." 마찬가지로 그는 교황의 회칙『민중들의 진보』를 인용하며 교황의 문구와 카스트로의 견해를 병렬해 놓았다. 교황은 봉기로 말미암은 결과로 나타나는 악이 바로잡고자 하는 악보다 덜 나쁘다면 그것을 수용할 수 있다고 지적했다. 이는 정당전쟁의 경우와 대동소이하다. 카스트로 역시 같은 것을 말했다. "삶에서 더 많은 것을 가져가는 것은 혁명의 투쟁이 아니라 비참과 착취의 현실이다." 결국, 푀흐모르에 따르면 "폭력이 있다고 해서 그리스도인들이 혁명에 참여하는 것을 원천적으로 배제할 수는 없다. 우리는 예언자주의를 회복하기 위하여 부름 받았다. 그것은 입으로만 말하는 예언자주의가 아니라 책임을 다하는 예언자주의다." 다시 말해 혁명적인 예언자주의 그러나 예언자주의라는 이 말에 얼마나 오해가 있는가! 무엇을 위한 또 누구를 위한 예언자인가? 심판의 선언 대신 사회혁명 활동을 주장한 성서 예언자는 누구란 말인가? 그 말은 이제 그만 하자! 그럼에도 불구하고 푀흐모르는 몇몇 (급진적인) 프로테스탄트 신학자들과는 함께 하지 않았다.

---

42) J. PEUCHMAURD, *Parole et Mission*, 1967.

그것은 혁명적 폭력이 그 자체로 가치가 있는 것이 아니라 "그리스도인은 혁명에서 화해의 요청을 항상 마음에 품어야 한다."는 것을 상기했기 때문이다. 그러나 프랑스 가톨릭 인사 중에서 이러한 경향을 대표하는 사람은 카르도넬Cardonnel, 43) 신부인데, 그는 "오늘날 복음은 각각의 현실을 넘어 계급 체제의 폐지, 미국의 베트남 폭격의 중지, 소모적인 군비확장의 중지, 시대착오적 국경으로부터의 초월을 의미하여야 한다."고 힘주어 말한다. 물론 그는 당연히 "사회정의"를 선포했던 예언자들의 본문에 근거해 그렇게 말했다. (이 성서 본문들을 조금만 진지하게 분석한다면 완전히 다른 관점에서 그리고 완전히 다른 방향으로 바라보게 될 것이다!) 그는 덧붙인다. "하나님은 지배자가 아니고 압제 받는 백성을 어둠에서 깨우는 분이다. 가난한 사람들을 해방으로 이끄는 투쟁에 참여함 없이는 우리는 예수 그리스도를 전혀 이해할 수 없다." "오늘날 사순절 설교는 심사숙고한 일반적인 파업을 통하여, 할 수 있다면 모든 사람의 마음속에서 불의 위에 세워진 사회로부터 혁명적으로 단절되는 것 그리고 금전 시스템의 죽음의 메커니즘을 마비시키는 것을 의미하는 것이어야 한다. 바로 이것이 하나님을 기쁘시게 하는 사순절이며 오늘날의 부활 전례다." 이는 주제들의 놀랄만한 혼란일 뿐더러 파업이 하나님이 원하시는 전례라고 말한 것은 아름다운 웅변수사지만 엄밀하게 말하자면 아무 뜻도 없는 말이다. 또한, 이러한 표현양식은 정치적이고 사회학적인 현상들에 대해 놀랄 만큼 무지함을 의미한다고 말하지 않을 수 없다. 예언자적이 된다는 것에 대해서 말하자면, 몬타니즘 이후 모든 신비주의 소종파들은 스스로 예언자임을 주장했지만, 예언자주의와 언어 착란을 혼동했던 것이다!

혁명신학에 대한 프로테스탄트 측의 연구들은 수적으로 증가하고 있다.44) 이 사상의 주요한 줄기를 간단하게 요약하기를 원한다면 우선 하나

---

43) 회의록 *"L'Évangile et la révolution"* 1968년 3월 22일 자.

님이 이 시대의 혁명운동에 참여하고 계시다는 확신에 대해서 말해보자. (이는 오래된 입장이지만 역사적 사건들이 곧 하나님이 하신 일들이었다는 생각에 대한 반동이다:게스타 데이 페르 프랑코스!gesta Dei per Francos!, 45) 한편 사람들은 힘과 불의의 세상이 죄의 표현이며 "사회적 영역에서 하나님의 '아니오'가 들리게 되는 것은 이러한 죄 된 현실의 혁명적 부정 가운데서임"을 인정한다. 이것은 죄가 넘침을 억제할 책임을 가진 것은 정부이며 국가에 의해 세워진 질서는 바로 무질서, 폭력 등등에 대한 하나님의 '아니오'의 표현이라는 전통적인 입장에 대한 반동이다. 그러나 다른 쪽에서는 이렇게 생각한다. "신자는 혁명적 실존을 이끌도록, 혁명적이 된 세상의 변화에 이바지하도록 허락받았다." 그러므로 다시 말해 그리스도인에게 행동을 지시하는 자는 세상이다. 그는 혁명적 운동이 중요한 하나의 사회에 뛰어들었으므로 이에 발을 맞추어야 한다! 또한, 신자는 "혁명의 본질은 세상에서 하나님의 주권이 나타나는 것일 뿐임"을 증언하여야 한다. 이러한 표현양식은 기독교가 혁명의 힘이라고 말하면서 우리의 기존 견해를 뒤집는다. 그러나 이러한 경향에서 아마도 가장 특징적으로 보이는 것은 이 '신학'을 진지하게 세워낼 능력의 부족함이다. 주제의 산만함, 그리고 어떤 주제도 깊이 있거나 심화하지 않았다는 점이다. 어떤 이에게는 혁명의 열쇠는 예수의 말씀이다. 요14:12 "나를 믿는 자는 내가 하는 일들을 할 것이요 더 큰 것도 할 것이다." 이 더 큰 일이란 기아, 비참,

---

44) 예를 들자면, SHAULL, *Point de vue théologique sur la révolution*; WENDLAND, "Théologie d'une Église consciente de ses résponsabilit?", in *Église et société*, 1966 ; T. I. RICH, La Révolution, *problème théologique*; BOROSOV, *Rôle de la théologie dans les révolutions sociales*; SHAULL, "Le défi révolutionnaire lancé à la théologie", in Christianisme social, 1967.

45) [역주] "하나님이 프랑크족을 통해 일하셨다"는 뜻으로 주변 게르만 부족들과 달리 가톨릭 신앙이 있었던 프랑크족이 유럽을 지배할 수 있도록 교황이 그 왕에게 신성로마제국 황제의 관을 씌워주었던 것을 말함이다. 그러나 프랑크족은 야만족 중에서도 가장 야만적인 방식으로 유럽을 정복했다.

질병, 사회 불의와 맞서는 투쟁이다. 그것은 혁명이다.[46] 어떤 다른 이에게는 기독교적 언어를 혁명의 언어와 동일시하기 위한 노력이 존재한다. "혁명은 관계들의 회복, 삶의 변화, 갱신, 재생산, 하나의 새로운 삶이다. 그것은 회심과 같은 것이다. 혁명에서 본질적인 것은 급진적인 새로워짐, 새로운 삶, 미래를 위한 자유다." 또한 그것은 신앙의 일이기도 하다. 마찬가지로 "그리스도인의 삶은 위기로부터 시작하여 위기의 상태로 계속된다." 그런데 혁명이 아니라면 무엇이 **위기**인가? 어떤 신학자들은 성서가 묘사하는 개개 사건들 및 인격적인 차원에서 하나님과 인간의 관계를 나타내는 사건들을 오로지 사회학적, 집단적 언어로 옮겨야 한다고 주장한다. "회개라고 하는 이전의 삶의 방식과의 급진적 단절이자 새로운 삶에 그 존재 전체를 투신하는 것은 개인뿐만 아니라 사회 전체, 국가, 계급…에 적용된다." "회개는 혁명에의 부름이다." 그들의 수법은 이러하다. 개인에서 집단으로 이어지는 구절을 넘어 그들은 "회개"라고 하는 용어를 절대화한다. 예를 들어 예수 그리스도가 아니라 '그 자체로', '회개'란 니느웨의 회개참 하나님에게로 돌아가는 것 같은 의미가 아니라 하나님의 말씀과는 아무 관계없이 그 자체로 사회적인 행동이라는 등등이다. 하나님과의 관계를 제거하면서도 말씀을 통해 기독교 신자들과 혁명을 일치시키기는 그렇게 쉬워진다. 마찬가지로 반세기 전 사람들은 (복음에서 중요한 것은 신앙이 아니라 신앙을 가지는 사람임을 보지 않고) 신앙을 "그 자체로" 심리적, 심리학적 가치로 여기는 과정을 지지했던 것이다.?

 오늘날 혁명의 요청에 따라 그 같은 작은 외과수술이 시행되고 있다. 어떤 이들은 어떤 다른 관점에서 "그리스도인들은 우리 시대의 사회 혁명에 기독교적이며 사회적인 열정을 보여야 한다."고 말한다. 이 역시 그리스도인들이 사람들이 하는 일에 작은 기여는 해야 하지 않겠느냐는 말에 부

---

[46] SMOLIK, *Christianisme social*, 1967.

합하고자 하는 지속적 운동에서 비롯한다.

그렇지만, 리치Rich 외에도 이러한 사상의 조류에 속한 주요한 해석자는 숄R. Shaull, 47)이다. 그가 볼 때 이 시대의 가장 중요한 사실은 혁명의 현실이다. 전 세계에서 일어나는 집단 간, 인종 간, 계급 간의 대치는 사회혁명이 주요한 문제임을 웅변한다. 왜냐하면 (그가 볼 때는) 우리 사회는 극단적인 유연성을 가지고 있으며 기술들은 모든 이들을 위한 "정의 및 복지"의 가능성을 열어놓고 있기 때문이다. 사회구조들은 그 신성한 성격을 상실하고 있고 인간을 지배하며 비인간화시키는 모든 것으로부터 인간을 해방하고자 하는 메시아적 운동의 출현을 지지하는 사람들 때문에 점차 불안정해지고 있다. 이러한 상황인 만큼 숄은 "혁명은 우리의 숙명"이며 그러므로 정치적, 사회적인 새로운 범주를 찾아야 한다고 생각한다. 그리고 이 혁명의 상황은 "교회에 던져진 하나의 도전"이다. "만일 우리의 문화적 종교적 유산의 가장 소중한 가치를 보존하고자 한다면 우리는 혁명적 투쟁을 회피할 수 없다. 그 끝이 무엇이든 이러한 투쟁을 벗어난 책임 있는 태도란 있을 수 없다." 여기서 사회학적 분석의 약점을 언급하지 지나가자. 그들은 기술사회적 상황에 대한 냉정한 평가보다는 세상의 다양한 문제들에서 기인한 감정, 사회주의와 혁명의 융합, 부의 불평등에 관련된 감상주의 등등을 더 중요하게 여기는 경향이 있다. 그런데 나는 사실 증명의 오류가 있을 수 있으므로 신학적 윤리적 검토가 필요하다는 태도

---

47) [역주] 리처드 숄(Richard Shaull : 브라질 선교사 출신의 미국 해방신학자로 "혁명신학"을 주창하였으며 파울로 프레이리(Paulo Freire)의 교육학 저서 『페다고지』(Pédagogie, 1970)에 교육학적 모티브를 제공하였다. 교육에 관한 그의 유명한 정의는 다음과 같다. "중립적 교육과정 같은 것은 결코 없다. 교육은 새로운 세대를 현 제도의 논리 속에 통합하여 거기에 적용되도록 하는 도구 노릇을 하거나 아니면 자유의 실천 즉 사람들이 현실에 비판적이고 창조적으로 대처해서 자기 세계를 변혁하는 방법을 찾아내는 수단이 되거나 둘 중의 하나다. 후자의 방법을 촉진하는 교육방법론의 개발은 이 사회 속에 긴장과 투쟁을 불가피하게 유발할 것이다. 그러나 그것이 새로운 인간 형성에 이바지하고 새 시대를 열어줄 수 있다."(『페다고지』 서문에서.)

이다. 만일 누군가 그리스도의 윤리가 사회학적 정황에 부합하여야 한다는 이론을 수용한다면 그 사회학적 분석은 정확하여야 하고 대략 그러하다고 하는 추정에 만족해서는 안 된다. 숄은 (그 결과가 어찌 되든) 혁명에 참여하여야 한다고 (내가 보기에는 그것이 사실이기 때문에) 선언한 것은 그만큼 중요하다. 혁명이 하나의 가치가 되고 어떤 의미에서는 하나의 절대적인 가치가 되어버리는 만큼 그러한 주장을 행동으로 옮기기는 어려워 보인다! 그렇더라도 숄이 신학적 사고를 붙든다는 것은 우리가 전술한 그 요소들을 재발견하겠다 함을 뜻하는 것이다. 기독교는 혁명적이고, 모든 성역을 파괴하며, 항상 우리를 이루어져야 할 미래로 안내하고, 메시아주의는 이 땅에서 사라져서는 안 되며, 하나님의 나라는 사회의 기존질서를 단죄하는 역동적 현실이라는 그러한 요소들을 말이다. 이 모든 것은 정확하며 다시 언급하지 않아도 될 것이다. 그러나 항상 사람들은 혁명에 우선하여 매력을 느낄뿐더러, 신학사상으로부터 특정한 혁명적 입장을 도출하기보다는, 메시아주의에서 비롯하는 혁명적 긴장을 세상에서 수천 가지 다른 모티브로 터져 나오는 모든 가장자리들48)에서 비롯하는 사회적 혁명들과 혼동하는 법이다. 그의 입장을 요약하자면, 그리스도 신앙이 혁명적인 어떤 내용을 담은 만큼 여러분은 기독교와의 어떠한 관련성도 고려하지 말고 모든 혁명에 참여하라는 것이다. 공동의 가치는 혁명이 되고 결과적으로 그것은 합리적 다수가 된다. 혁명적인 된다는 것은 그리스도인이거나 아니거나 하는 문제보다 더 중요하다. 물론 숄은 그가 쓴 것은 결코 그런 것이 아니며 그러한 이상은 사실 그가 말한 모든 것에 가까울 뿐이라고 말하며 그러한 확신에 힘주어 반대할 것이다. 달리 보면 그는 사회의 인간화라는 이상과 함께 신학적 근거들을 가지고 그 관계를 재발견할

---

48) 내가 이 "가장자리"라는 단어를 사용하는 이유는 숄이 나치의 혁명을 끔찍하게 여기고 쳐다보지도 않으리라 생각하기 때문이지만 그럴지라도 그것은 모든 최근 우리의 운동들만큼이나 중요하고 심오하고 급진적이고… 혁명적인 어떤 혁명에 관련되어 있었다!

것이다. 그는 그리스도 안에서 하나님이 하신 일은 인간화이며 혁명의 목적도 인간화라고 생각한다. 그러므로 혁명은 하나님의 인간화하시는 활동의 틀 안으로 들어가는 것이다. 그리고 그것으로부터 더욱 인간적인 실존을 창조하시기 위해 옛 구조들을 파괴하시는 분은 하나님 자신이라고 어려움 없이 말할 수 있게 된다. 혁명가가 이끄는 투쟁의 중심에 계신 분은 하나님이다. 바로 그것이 혁명의 본질이다! 물론 인간화라고 하는 그 하나님의 일이 혁명가들이 시도하는 바로 그 일인지 어떻게 알 수 있는가 하는 문제가 여전히 남는다. 마야코프스키[49]의 시 역시 같은 의미를 노래했지만, 그것만으로는 충분한 이유가 되지 못한다! 마찬가지로 하나님이 아닌 다른 힘들이 관여하고 있다거나 이 세상의 지배자마귀-역주가 혁명을 조장하고 있다고는 단 일 초라도 생각할 수 없다. 결국, 우리는 (모든 혁명이 다 가치가 있다고 믿는다면) 공산주의자들의 혁명, 국가주의자들의 혁명, 사법주의자들의 혁명, 부족주의자들의 혁명, 프랑코주의자들의 혁명 등등의 가치를 구별할 길이 없다. 하지만, 마르크시즘은 특권적인 위치에 있다…. 매우 예외적으로 숄은 혁명의 결과들에 대해 몇 가지 유보조건을 달았음을 주목할 필요가 있다. 혁명가의 시도는 오직 혁명가에 의해서만 어떤 새로운 질서가 창조되고 모든 문제가 해결되는 것이지만 그리스도인은 정치적 투쟁에 여러 제한이 있다는 것을 알고 있어야 한다는 것이다. 그러나 이 유보조건은 완전히 부차적이며 그는 "혁명가가 세우는 새로운 사회

---

49) [역주] 블라디미르 마야코프스키(Bladimir Maïakovski, 1893-1930)는 러시아의 시인, 극작가, 미래파 예술가. 혁명 전부터 전위시인(前衛詩人)으로 알려졌으나 그의 창조적인 정열이 폭발한 것은 10월 혁명 이후로서 1918년 소련 극문학의 시조가 된 『미스테리 부프』를 발표했다. 자본주의 사회를 비난한 서사시 『150000000』(1920)도 공상의 비약과 거친 유머에 차 있다. 20년대에 들어와 미래파의 옛 동지들을 중심으로 한 잡지 『레프』(예술좌익전선)를 발간, 전위적 문학운동의 중핵이 되는 한편, 레닌의 죽음을 노래한 『블라디미르 일리이치 레닌』(1924) 등을 내놓았다. 1930년 4월 권총 자살을 했는데 죽기 직전에 쓴 유고에는 "사랑하는 작은 배는 세속에 충돌했다"고 씌어 있었다. 그의 자살은 정통파 마르크스주의자들로부터 비난을 받았으나 스탈린이 그를 소비에트의 가장 뛰어난 시인으로 평가했기 때문에 예세닌처럼 냉대를 받지는 않았고 오늘날에 이르기까지 그의 명성은 높다.

질서는 하나의 선물이다."라고 선언하며 한 발 뒤로 물러선다. 혁명을 수용할 수밖에 없다는 그 사실로부터 우리는 다음 두 가지 쟁점에서 무력해짐을 발견한다. 숄의 사상에서 가장 결정적인 결함은 혁명의 수단에 관련된 것이다. 다른 곳에서 나는 최근의 어떤 기독교 윤리적 성찰의 중심주제는 그 수단들이라고 말한 바 있다. 숄은 그것에 대해 한마디도 하지 않았다. 그리고 폭력이 혁명신학자들에게 가장 중요하다 할지라도 우리의 연구에서 그것은 부차적이다. 왜냐하면, 그가 폭력이 혁명들의 주요한 수단들이라는 생각을 전혀 하지 않는 것처럼 보였을지라도 그것이 어떤 그리스도인에게는 상당히 문제가 될 수 있기 때문이다. 그는 혁명의 작은 맹아들이 형성됨과 더불어 정치적인 어떤 게릴라를 창조하는 것이 가능하다는 이상주의적인 관점에서 사유한다. 그리고 교회가 그 소명을 진지하게 받아들일 준비가 되어 있다면 교회는 "이 혁명에의 참여할 준비가 되어 있는 사람들을 받아들일 장소가 되어야 한다."고 본다.

폭력 그 자체에 대해서 그는 그리스도인이 오직 비폭력적인 수단으로 참여하여야 한다는 벤들란트Wendland의 주장을 거부하면서 놀랍게도 다음과 같이 말한다. "오직 폭력을 사용해서만 변혁의 과정이 촉발되는 그러한 상황이 존재할 수 있다. 중요한 것은 폭력이 당위인지 아닌지가 아니라 절대적으로 필요할 때 폭력을 사용하는 것이 제한된 변화를 위한 지속적인 투쟁 전략에 따라 이루어지는가? 또는 그것이 사회질서의 총체적 파괴라는 범주에서 이루어지는가 하는 것이다." 폭력이라는 수단의 문제는 피해가기 어려운 것이다. 그렇더라도 신학적 관점에서 그것은 근본적인 문제가 된다. 사실상 그는 다음과 같이 질문한다. "이 세상에서 하나님이 인간화하시는 활동의 특정한 요소들이란 도대체 무엇인가?" 그리고 그는 열거한다 : 용서, 자유, 정의 화해. 그는 혁명의 구조들은 각각의 사회 집단에 경제적이고 국가적인… 공동체적 삶을 만들어갈 가장 커다란 기준에 참여할 기회를 부여함을 통해서만 그러한 이상에 봉사할 수 있다고 덧붙인다. 그가 혁명이라는 수단마저도 이 관점에 맞아야 한다거나 폭력에 의한 사회집단들의 제거까지를 말하는 것은 아닌 것으로 보인다…. 그런데, 그가 수단의 문제에 침묵한다면 기독교 윤리가 그 목적들을 정의하여야 한다는 사실은 더 분명해진다. 왜냐하면, 그는 사회에 맞는 목적이 무엇이건 간에 그것을 받아들이게 허락하는 상황 윤리 안으로 숨어버리기 때문이디! 그리한 교리는 이상주의이자 신학적으로 기법기 짝이 없고 모든 진실에서 멀 뿐이라고 말할 수밖에 없다.

* * *

마지막으로 세 번째 입장은 어떤 작은 집단을 통하여 우리에게 알려져 있는데 프랑스 바깥에서도 비슷한 것이 있는지는 잘 모르겠지만 그렇더라도 나를 놀라게 하지는 않을 것 같다. 그것은 프란시스코 수도회의 일종으로 「세상의 형제들」*Fréres du Monde*이라는 간행물로 알려졌다. 우리가 여기서 발견하게 되는 것은 혁명적 기독교의 극단적 경향이다. 이 리뷰의 편집장인 마야르Maillard 신부는 주저하지 않고 사실상 다음과 같이 말한다. "나의 믿음(그는 추가설명 없이 그것이 참된 그리스도 신앙이라고 말한다)이 다른 사람들의 경우처럼 내 삶과 분리되어 내 혁명적 폭력을 감소시키고 있음을 깨닫는다면 나는 나의 믿음마저 저버릴 준비가 되어 있다." 그러므로 그가 분명하게 말하는 것은 우리가 숄에게서 볼 수 있었던 것과 같은 것으로 혁명은 믿음보다 더 근본적인 문제라는 것이다. 마야르 신부의 경우에서처럼 그리스도 신앙과 혁명적 폭력이 양자택일의 문제라고 말할 수 있을까? 그의 그러한 표현양식은 굳이 해석할 필요까지는 없을 것이다. 그가 말하는 혁명적 폭력이 어느 정도는 그리스도 믿음에서 가능한 유일한 표현일지라도, 내가 믿음이라고 믿는 것이 그러한 폭력으로 나를 이끈다면 나는 믿음의 내용을 착각한 것이다. 결국, 폭력을 붙들어야 하기 때문에 나는 믿음을 내던지게 된다. 내가 좋은 쪽의 기독교에 서 있다고 믿는 것은 바로 그러한 이유 때문이다. 더 나아가기 전에 마야르 신부의 동기들이 이 모든 그리스도인의 동기들과 같은 것임을 지적하고 넘어가자. 그것은 가난한 사람들에 대한 열린 마음, 제삼세계와의 연대, 자본주의의 불의에 대한 비판 등등이고 "제삼세계를 사랑하는 것, 그것은 **그의 혁명**을 사랑하는 것이며 그 혁명에 참여하는 것이자 자신의 생명을 주는 데 이르기까지 죽이는 사람들을 정죄함 없이 비폭력주의자로 남을 수 있기를 희망하며 그 안에 거하는 것이다." 여기서 마야르 신부는 스스로 비폭력적이라고 말하지만 다른 곳에서는 이렇게 썼다. "우리에게 폭력은 외부로부터 부과된 것이다. 나는 맞서야 한다. 총을 들기를 거부하는 것, 그것은 불의의 드라마 앞에서 기다리는 것이며 비참한 사람들을 기아로 죽게 만드는 것에 불과하다. 그것은 항상 피압제자의 대응폭력을 촉발시키는 압제자의 폭력이다. 가난한 자의 폭력은 그에게 가능한 유일한 표현이다." 그러나 그는 사실을 적시하는데 만족하지 않고 그것을 정당화하며 다음의 놀랄만한 결론에 도달한다. "우리는 순수라는 도덕으로부터 해방되어야 한다." 이는 다시 말해 수단의 문제에서 그는 가장 최악의 것들을 수용하는 것마저 주저하지 않는다는 말이다. "우리는 **참여의 결정을 내리는 모든 사람**을 존중하여야 한다." 중요한 것은 더는 이웃이 아니라 참여다. 그리고 다른 이들과의 연대, 물론 그것이 우선이지만 그것은 신앙공동체가 아니라 혁명의 행동이다. "그리스도인은 그 자체로 내 관심사가 아니다. 다만, 더 포괄적인 수준에서 그 형제들과 함께하는 사람에 관심 있을 뿐이다. 그가 진정으로 인간을 구하고자 한다면 수단의 문제를 어떻게 해결하는지 우리 모두 함께 지켜볼 것이다." 성도의 교제가 의미하는 것은 무엇일 수 있는지 사람들은 자문한다. 확실히 마야르 신부의 신학에서 성도saint는 예수 그리스도에 의해 성화 된 사람들이 아니라 혁명가들이다. 무엇이 그의 사상인지 알아보려면 그가 체 게바라를 진정한 순교자라고 표현한 것을 들어보아야 한다. 그의 '사랑'은 고린도전서 13장에서 바울이 우리에게 말하는 그것과는 상당히 거리가 있다! "국가 정치에 맞서는 모든 이들에게 자행되는 강요폭력적!의 기준들을 보면 우리는 놀라지 않을 수 없다.[50] 그 사람들을 너무 서둘러 정죄하지는 말도록 히지. 그들은 현자들이다…. 형제들의 포괄적 혁명을 주저하면서 늦추어선 안 된다. 우리에게는 선택의 여지가 있다. 일반적인 사랑은 너무나 서정적인 것으로 배제되어야 한다. 진정한 사랑은 정치적, 경제적, 사회적 연구들을 통하여 구현된다."[51] 사람을 사랑할 때에는 그의 사회적 위치를 증진시키는 방향으로 하여야 하며 거기에 그리스도인들이 사랑이라고 불러온 것의 응석과 비루함 그리고 졸렬함에 대한 정당한 항의가 존재한다는데 나는 동의한다. 불행히도 오류 및 거짓과 싸우려고 다른 오류와 다른 거짓을 동원하는 것은 좋은 방법은 아니다. 그런데 마야르 신부의 사상은 기독교적 사랑 안에서 폭력으로, 기독교와 혁명 사이의 관계로 다시 돌아감을 뜻하는 것은 아니다. 여기서 우리는 그의 사상의 가장 흥미로운 점에 도달한다. 그는 기독교의 메시지에 혁명적인 경향 또는 혁명적인 힘이 존재한다는 것을 보여주기 위하여 기독교적인 언약들로부터 출발하고자 하는 시도를 잘못이라고 본다. 마찬가지로 예수 그리스도에게 순종함으로써 혁명의 길에 참여하여야 한다고 말하는 것 역시 그가 보기에는 잘못이다. 우리는 인간

---

[50] 한 번 더 독재에 대한 정당화를 논해보자. 어떤 독재인가? 그리고 혁명정당이 그것을 '국가'(nation)이라고 하는 것과 너무 빨리 동일시한 것은 아닌지!
[51] 슬프게도 내가 세상의 형제들의 연구들에 대해 한마디 하자면, 그것들은 정치적이고 사회학적인 관점에서 볼 때 매우 설득력이 약하고 그저 그들의 상황에서 도출된 결론들이라고밖에 말할 수 없다.

으로서 마땅히 그 자체의 가치를 지닌 혁명에 동의하여야 할 뿐이다. 전술한 것처럼 모든 다른 이들이 기독교와 혁명을 연결 지으려 하고 기독교에서 혁명의 동기를 발견하는데, 그럼에도 어째서 기독교와 혁명 사이에 이러한 배타성과 분리가 존재하는 것일까? 마야르 신부는 그가 보기에 그러한 태도는 사실상 기독교인들의 혁명을 "수확"하고자 하는 의지에서 비롯한다고 말한다. 그 다른 이들은 혁명을 촉발하고 실행하는 사람들인데 반해 기독교인들은 그들의 시스템 안에서 사람들의 이러한 행동에 뒤늦게 뛰어들어 가치를 부여하는 정직하지 못한 사람들이라는 것이다. 사람들은 그들의 행동의 결실을 얻을 수 있어야 하는데, 그리스도인들은 혁명에 이바지하는 바가 전혀 없다.[52] 복음의 혁명적 이상을 도출하든 혁명신학을 만들든 그들이 추구하는 것은 혁명을 그들의 결실이 되도록 가로채 다른 이들의 명의와 행동으로 자신을 스스로 치장하려는 것이다. 그들은 그렇게 혁명을 그들의 방향으로 그들의 뜻으로 돌려놓는다. 그리고 당연히 복음의 몇몇 요소들예를 들면 사랑은 혁명을 부드럽게 만들고 약화시켜 그 맛이 사라지게 한다. 그러므로 그가 볼 때 이러한 모든 일을 만드는 그리스도인이라는 사람은 제발 좀 그 기독교라는 것을 숨겨야 하며 단순히 인간으로서 기독교적 동기들을 거기에 혼합하지 말고 인간의 수준에서 혁명에 참여하여야 한다. 이러한 극단적 입장은 적어도 정직함이라는 장점을 가지고 있으며, 세상에서 일어나는 일들을 "정당화"[53]하려는 그리스도인들의 편집증조금 더 있다가 다룰 것이다에 휘둘리지 않는 것이다. 그러나 우리는

---

52) [역주] 한국 근대사의 대표적인 예로 항일독립투쟁은 임시정부와 독립군이 했지만, 그 결실은 기독교인이자 사이비 독립운동가였던 이승만이 취했던 것을 들 수 있겠다.
53) [역주] 엘륄은 그의 저서 『무정부주의와 기독교』에서 기독교인들이 이러한 "정당화"를 위하여 "섭리"라는 개념을 사용한다고 말한다. 하지만, 그가 말하는 바로는 "섭리의 하나님은 존재하지 않으며 모든 죄책의 근원은 하나님이 아니라 사람이다." 모든 것을 미리 정해놓은 하나님은 없다는 것이다. 일어나는 모든 일의 책임은 하나님이 아니라, 그리스도인을 포함하여 사람들에게 있다.

이렇게 물을 수 있다. "그러면 혁명에 왜 참여하는 것인가?" 마야르 신부는 결국 혁명은 그 자체로 가치 있다고 **은연중**에 대답한다. 참된 인간은 혁명에 참여하며, 해방된 인간성의 희망은 혁명을 통하여 존재한다는 것이다. 그러므로 인간으로서 이 길을 따를 수밖에 없다. 혁명은 어떤 절대적인 가치가 되고 동기들을 필요로 하지 않는다. 그런데 이러한 참여에서 그리스도인은 어떤 근본적인 대답을 발견하게 되며 또한 그 역逆을 강조하는 것이 중요하다. 따라서 그러한 사람이 혁명 속에서 행동하는 것은 그리스도인이기 때문이어서는 아니며, 그가 거기 참여한다면 그는 다른 이들과의 진정한 만남을 통하여 그리스도인으로서 커다란 만족을 발견할 것이다. 진정한 만남은 전적으로 총체적인 참여를 통해서만 존재하기 때문이다. 그런데 그것은 그가 혁명— 모든 것을 요구하는 절대적인 혁명, 또한 거기 일하는 모든 이들로부터 모든 것을 원하며 당연히 그들 사이의 총체적인 만남을 이끄는 혁명 —에 투신할 때에만 일어나며 그가 그리스도 신앙 때문에 몇몇 제한을 남겨두고 투신한다면 그 제한은 그리스도인이 다른 이를 만날 때에 국한될 뿐이다. 그리고 그때 그는 하나님을 만난다. 마야르 신부가 카르도넬 신부와 함께 사신신학자들과 가까운 것은 당연하기 때문이다.

하나님은 이웃과의 만남을 통해서만 볼 수 있다. 우리가 이 교리의 신학적 중요성들을 계속 연구할 것인 만큼 여기서 더 나아가지는 않겠다. 하지만, 나는 사람들이 혁명에 대한 한 이론에서 출발하여 어떻게 자연히 사신 사신死神신학의 물꼬를 텄는가 하는 것을 말해야 하겠다.

그리스도인의 폭력 참여의 성격들

우리가 쉽게 찾을 수 있는 첫 번째 성격은 몹시도 슬픈 단순하다. 사회 정치적 문제들은 항상 전혀 현실에 대한 고려 없이 정형화된 양식으로 취급된다. 폭력에 호소하는 것은 사실 진짜 문제들을 이해할 능력 및 행동할 능력의 결여를 의미한다. 여기서 우리는 1910년 무렵의 세계에 대한 사실적인 분석을 통하여 폭력의 의미를 깊이 연구한 소렐54)의 사상과 상당히 먼 위치에 있다. 그에 비하면 우리의 신학자들과 기독교 지성들은 절망스러운 "초등수준"에 머물러 있다. 폭력에 관여하는 것은 갑자기 나타난 보편적인 해법으로 보이지만 폭력 이후에 대해서는 해법이 없으며 일반적으로 해결된 것은 아무것도 없고 모든 문제는 그 자리에 그대로 있다. 예를 들어 판초 비야55)가 권력을 잡고 어떻게 변했는지를 생각해 보는 것만으로 충분할 것이다. 이러한 텍스트들의 단순화는 내게 나치를 떠올리게 한다. "문제를 제기하는 지성인들을 만나보았지만, 나에게는 그 지성인을 죽이는 것으로 충분하다. 그러면 더는 문제가 없다." 어느 정도 분노 또는 절망에 도달한 이후 사람들이 깨닫는 것은 탈출구로서의 폭력을 터뜨리는 것 외에는 답이 없다는 인상을 받는다는 것이다. 그렇게 진이 빠진 아버지는 그의 아들에게 주먹을 날리고 분노가 방전된 신경들은 아이로부터 발

---

54) Georges SOREL, *Réflexions sur la violence*.
55) [역주] 프란시스코 비야(Fransico Villa, 1878) 1923는 멕시코 혁명의 주역으로 농민군 지도자이다. 본명은 도로테오 아랑고(Doroteo Arango)이며 프란시스코라는 이름보다는 애칭인 판초(Pancho)로 더 잘 알려졌다. 1878년 6월 5일, 멕시코 산 후안델리오 아시엔다에서 가난한 농장노동자의 아들로 태어났다. 1894년에 누이를 강간한 농장주인을 살해하고 멕시코 북부의 산속으로 들어갔다. 이후 그는 산적이 되어 프란시스코 비야로 개명한다. 산적이 된 그는 훔친 재물을 판초 비야라는 이름으로 가난한 사람들에게 나눠줌으로써 동료와 지역민들의 신망을 얻었다. 1910년, 세력이 커진 비야는 자신을 따르던 무장 세력을 이끌고 프란시스코 I. 마데로(Francisco Madero)가 주축이 된 멕시코 혁명에 뛰어들었다. 이후 전설적인 연승과 강력한 카리스마로 유명해진 그는 멕시코 북부지방인 치와와 주에서 멕시코시티에 이르는 멕시코 북부 일대를 장악함으로써 일약 '멕시코 민중의 영웅'으로 드러났다. 1차 혁명이 성공하자, 민간인으로 돌아갔던 비야는, 연이은 반혁명 정권의 등장으로 동료와 함께 다시 내전에 뛰어들었다. 1915년 4월 셀라야 전투에서 최대 정적이었던 베누스티아노 카란사(Venustiano Ignacio Carranza)와 알바로 오브레곤에게 패퇴하여 기반을 잃게 되었고 판초 비야는 미국의 우드로 윌슨 행정부가 카란사를 밀어준 탓에 혁명이 실패했다고 판단하고 멕시코와 미국의 접경도시에 사는 미국인들을 공격하기 시작했다. 뉴멕시코 주 일대의 미국인 18명이 목숨을 잃는 등 인명피해가 발생하자 미국의 존 퍼싱(John Joseph Pershing) 장군은 수천 명의 병력과 함께 판초 비야의 토벌에 나섰으나 결국 실패했다. 카란사 정권이 붕괴하자 다시 민간인 신분으로 돌아갔으나 1923년 7월, 반대파의 손에 암살되었다.

생하는 문제를 해결했다고 주장하게 된다! 이러한 단순화의 예는 차고 넘친다. 예를 들어, 기독교 신앙이 사회주의 건설뿐만 아니라 혁명, 즉 폭력의 촉매라고 보는 수도자 곤잘레즈 루이즈Gonzalez Ruiz의 관점에 따르면 최근의 사회문제는 전부 해결 가능하다. 전술한 문제들을 분석함에서 그 역시 같은 입장이다!

우리는 미국에서 역시 이러한 단순화를 발견한다. 되는대로 몇 가지 예를 들어보자. 1967년 11월 15일 자 「크리스천 센추리」The Christian Century 지에 수록된 카일 헤젤든Kyle Heselden의 기사 "감각과 환각"은 "교회와 사회"에 대한 세계교회협의회 내부의 폭력적 경향의 심각성을 폭로한다. 어떤 그룹의 보고로는 미국사회는 가난한 자들 및 가난에 대한 폭력에 책임이 있으며 받아들일 수 없는 불의의 상황은 계속되고 있고 교회는 소위 **체제의 폭력**에 의한 이러한 착취의 지속에 우호적이라는 것이다. 그런데 부분적으로는 참이지만 단순화주의적인 이러한 문제제기로부터 이 그룹은 놀랄만한 결과들을 도출한다.

"누군가 체제의 폭력 안에서 건설된 어떤 폭력의 면전에 있을 때 우리는 그를 정당화하고 지지하여야 하며 그것을 돕는 쪽으로 해석하고 그곳으로 달려가야 하고 가장 큰 정의의 수단을 세우는 데 이바지하여야 한다…. 정부와 피압제자 또는 특권계층과 피압제자 사이의 모든 갈등에서 교회는 피압제자의 편에 서서 생사고락을 같이하여야 한다…. 체제의 폭력교회의 폭력 또는 다른 조직들의 폭력에 그 주요한 희생자들과 그들의 편에 선 사람들은 세차게 맞서야 한다. 그러한 전술을 채택하는 사람들은 그것을 효율적으로 수행할 수단을 명확하게 이해하여야 한다…. 국가의 무장한 경찰공권력과 속박당하고 착취당하며 거부당한 민중들 사이의 대치에 응답하기 위하여 교회는 모든 수단을 동원하여야 한다."

그리고 헤젤든은 그 심각성 및 성격들을 단죄하면서 다음과 같이 결론 짓는다.

"이 선언문을 펴낸 그룹의 구성원들은 비둘기의 부드러움도 뱀의 꾀도 가지고 있지 않다. 흑인의 교회든 백인의 교회든 우리 안에 내재한 폭력과 이방인에 대한 열린 폭력에 이미 심각하게 타협하는 교회에다가 폭력에 맞서 - 다시 말해 그 자신에게 맞서 - 투쟁하라며 무장 폭력을 제안하는 것은 정치적 순진성의 정점이다. 또한, 두 얼굴을 가진 이 융통성 없는 사람들처럼 그리스도인으로서 베트남에서는 폭력에 반대한다 하면서 미국에서는 폭력에 의지하여야 한다고 말하는 것, 정부와의 투쟁의 성격이 어떤 것이건 간에 피압제자의 편을 들어야 한다는 것, 그리고 총체적 혁명 외에는 우리 사회를 구할 길이 없다고 주장하는 것은 기독교적이지도 않을 뿐만 아니라 정치적 관점에서 보아도 멍청하며 쉽고 무책임한 논리일 뿐이다. 자신들의 의무를 게을리하는 교회와 국가가 이러한 재난을 지지하고 있는데 말이다. 그러나 그리스도인들이 폭력을 구원의 힘처럼 설교할 때 그들 역시 우리 시대의 공포와 불행에 그만큼 이바지할 것이다."

이러한 단죄가 대단히 적절해 보인다면 「크리스천 센추리」지의 다른 기사1968년 1월 17일 자 즉, 레지 드브레Régis Debray와 프란츠 파농Franz Fanon이 프랑스에서 출판한 폭력 우호적인 책들에 대한 요약 역시 강조할 가치가 충분하다. 그것이 단순히 폭력에 대한 성찰로의 부름이 아닌데도 이 요약의 저자는 이 선언들의 지독하리만큼 피상적이고 주술적인 성격은 고려하지 않고 파농의 견해에 매우 분명하게 찬동한다. 그러나 미국에서 카밀로 토레스[56]의 바통을 이어받고자 하는 사람으로는 역시 멜빌 Melville

---

[56] [역주] 카밀로 토레스 레스트레포 (Camilo Torres Restrepo, 1929-1966) 신부는 콜롬비아의 가톨릭 신부이자 해방신학자로 콜롬비아 민족해방군(ELN) 게릴라 조직의 일원이었다. 그는 혁명적 마르크시즘과 가톨릭 신앙을 조화하려고 했다. 그는 전투 연습 중 매복해 있던 콜롬비아군의 저격을 맞아 숨졌다. 그는 "예수께서 오늘날 살아계신다면 그는 게릴라의 모습일 것이다"는 유명한 말을 남겼다

신부만 한 사람이 없다. 그에 관련된 텍스트 하나를 인용하는 것이 좋을 것 같다. 1968년 2월 21일 자 「르몽드」지 게릴라들을 도왔다는 명목으로 고발을 당해 지난 12월에 과테말라에서 추방된 바 있는, 미국 가톨릭교회 메리놀 Maryknoll 회의 신부 토마스 멜빌Thomas Q. Melville은 멕시코 일간지 「라 프렌사」La Prensa에 보낸 한 통의 편지에서 게릴라 활동을 찬성하는 근거로 교황의 회칙 『민중들의 진보』 및 과테말라 주교회의가 지난해에 펴낸 목회서신을 인용한다.

멜빌 신부가 쓴 과테말라의 현 상황은 폭력에 의지하는 것을 예외적으로 정당화하는, 교황이 그의 회칙에서 말하는바 "인간의 근본적인 권리를 심각하게 침해하는 분명하고 지속적인 폭정의 상황"이다.

이 미국인 신부는 주교들의 서신을 통하여 게릴라들의 봉기에 대한 권리를 변호한다. 이 편지는 나라의 상황을 분석하고 있었고 그는 그것을 발췌하였다.

"목회서신이 말했듯 우리의 사회적 경제적 현실이 끔찍하게 불의하고 불평등함과 부패한 우리 구조의 변화가 요구됨 그리고 무엇보다도 우리 동지들의 정신상태가 변해야 함은 그 누구도 부인할 수 없을 것입니다."

"국민소득의 불평등한 분배, 급여 수준의 불평등, (국민 대부분이 비참한 급여를 받고 있는데도 일부 사람들은 나라의 가난을 비웃기라도 하듯 소비합니다.) 2%도 되지 않는 사람들이 경작지의 70%를 소유하고 있다는 사실, 아직도 법의 보호조차 누리지 못하는 우리의 농업 노동자들을 착취하는 고용체계, 수백 수천의 취학 연령의 아이들이 기초교육조차 제대로 받지 못하는 광범위한 문맹의 현실, 가족의 해체, 사회 구석구석으로 퍼진 부도덕성…. 목회서신은 이 모든 현실이 용기 있고 결정적인 변화를 촉구한다고 결론 내렸습니다."

멜빌 신부는 묻는다. "이것은 자명하고 지속적인 폭정의 상황이 아닙니까? 과테말라 주교들이 묘사한바 나라의 모든 악을 전혀 개의치 않는 이러한 상황이 폭정이 아니라면 거룩한 아버지교황-역주가 말한 것은 아무 의미가 없으며 그가 말한 상황은 아예 존재하지 않는 것입니다."

메리놀의 성직자들은 교회가 십자군, 제1,2차 세계대전, 한국전쟁 및 지금의 베트남 전쟁에 찬동한 적이 아마 없었겠지만 그렇더라도 그것들을 비난한 적도 없었다는 사실은 "교회가 정당한 전쟁이 존재할 수 있다는 생각을 수용하며 사람들이 간혹 자신을 방어하기 위해 군대를 동원할 이유를 가진다는 것을 보여주는 것"이라고 그는 말한다. 또한, 멜빌 신부는 "미국은 **현 상황**을 유지하기 위해 과테말라 군대를 훈련시키고 있습니다. 이러한 것이 중단된다면 최근의 상황을 멈추려고 무장투쟁을 벌일 필요까지는 없을 것입니다."라고 하였으며 또 다음과 같이 말했다. "최근의 상황은 결코 역사의 흐름이라 할 수 없습니다. 그것은 정부군에 의해 지탱되는 소수의 금권에 의한 국가질서의 자발적인 부패이며 미국 정부가 지원하는 것이자 가톨릭 성직자들이 축복해 주는 것입니다." 이 미국인 신부는 이렇게 단언하면서 그가 어떻게 그가 수도회의 다른 수도자 및 사제와 함께 과테말라 게릴라들을 도왔다는 이유로 고발당했는지 상기시킨다. 그는 다음과 같이 썼다. "우리는 그들을 결코 도운 일이 없습니다. 우리는 다만 한 모임에 참석했고 그들은 우리에게 그들의 관점을 보여주었을 뿐입니다."

그들은 비참한 대중을 돕기 원했지만 만난 것은 무관심이었고 또한 정부의 반대였다고 멜빌 신부는 덧붙인다. 그는 다음과 같이 결론을 내린다. "우리는 추방당했고 그것은 게릴라들이 존재할 이유이기도 했습니다."

이 텍스트들은 이 단순한 텍스트가 언급한 과테말라의 상황이 현실에 얼마나 가깝든지 간에 이 시대의 정치사회적 문제들, 세상에서 그리스도인들의 현존 문제 그리고 그 단순화를 잘 보여준다.

혁명에 대한 이러한 모든 참여는 자본주의 및 제국주의의 실존에 관계된 새로운 상황을 표현하고자 하는 시도다. 그들이 표현하고자 하는 것은 기독교에서의 혁신이자 사람들 가운데서의 신앙적 의무 그리고 근대 세계에서 기독교에 주어진 증언의 수단이다. 그런데 그들 분석의 첫 부분은 심각하게 부정확하다. 나는 교의학자나 신학자로서 이런 말을 하는 것은 아니다. 기독교에 항상 폭력을 향한 이러한 경향이 존재해 왔다고 나는 전술하였다. 그러므로 그것은 폭력에 직접 참여하는 그리스도인들에 관계된 것이다. 그런데 그들 역시 항상 존재해왔다. 민처를 새삼 언급할 필요는 없겠지만, 예를 들어 나폴레옹 1세 때 스페인에서 일어난 일은 다음과 같다. 황제의 군대에 맞선 민중의 전쟁은 농민들과 게릴라의 지도자였던 마을의 사제들이 이끌었던 거대한 규모의 전쟁이었다.

마찬가지로 푸셰[57]는 그의 일기에 1811년 이탈리아에서 나폴레옹에 맞서 일어난 저항의 지도자는 성직자였다고 썼다. 폭력을 요구하는 종교적인 글들은 사제들로부터 대방출 되었으며 바타글리아Battaglia 신부는 비테르베Viterbe 평원에서 "제국주의자들"과 맞서 싸우려고 봉기한 집단의 지도자로서 프랑스에 협력한 자들에게 테러를 시도했다. 이는 다시 말해서 사제들이 오늘날 새로운 것이라 하는 이러한 태도를 이미 역사적으로 오래전부터 가지고 있었다는 것이다. 그들은 너무나 당연하게 그들 신자의 편에 선 것이다. 그러므로 폭력에 의지하는 태도는 오늘날 그리스도인들이 창안해 낸 것도 아니고 하나의 혁신이랄 수도 없다. 또한, 그것은 자본주의 또는 제국주의 발달에 따른 필연적인 현상도 아니다. 사실 시대를 통틀어 폭력적 운동들에 관여한 그리스도인들이 그렇게 한 것은 그리스도인이었기 때문이 아니라 단지 사회의 **지배적인** 이데올로기를 공유했기 때

---

57) [여주] 오트랑트 공작이자 낭트의 푸셰라고도 하는 조제프 푸셰(Joseph Fouché, 1759-1820) 백작은 나폴레옹 1세 때 공안장관(Ministre de la Police)을 지낸 프랑스의 정치인으로 1793년 리옹에서 일어난 봉기를 잔혹하게 진압한 것으로 악명 높다.

문이다. 오십 년 전 이러한 길에 참여하는 것이 그리스도인들의 이상에서 비롯되지는 않았을 것이다…. 그러나 오늘날 이 세상의 지배적인 이데올로기는 사회주의, 반인종주의, 반제국주의라고 감히 말할 수 있다. 그러므로 '진보적인' 그리스도인들은 이러한 입장을 따라 폭력의 길로 행진한다. 정확히 1810-1815년 그들이 국가주의 이데올로기를 채택했던 것처럼 말이다. 그러나 이 역사적 예 덕분에 이러한 게릴라운동들에 그리스도인들이 참여하는 것이 과연 기독교적 증언이며 기독교적 섬김일까 아니면 그저 인간에 대한 섬김일까 자문할 수 있게 된다. 스페인에서 또는 이탈리아의 폭력에 관여했던 이 사제들은 기독교의 사람들에 가까웠을까? 그들이 증언한 것이 예수 그리스도였을까? 그들이 섬긴 것은 그저 사람이 아니었을까? 슬프게도 그들의 국가주의 이데올로기는 그 결과들을 비추어 볼 때 사람에게는 유용했다고밖에 말할 수 없다! 카밀로 토레스Camilo Torrés의 경우처럼 그러한 시도들의 허무함 그리고 폭력에 의한 모든 시도의 허무함을 우리는 이해할 필요가 있다. 그들은 아무것도 아닌 것을 위하여 너무 비싼 대가그들의 생명를 치렀고 비통과 증오의 길로 몰아넣었으며 그들의 주장과는 달리 기독교적 진리의 어떤 것도 표현할 수 없었다. 다음의 언급을 덧붙이지 않을 수 없다. 나는 이 그리스도인들이 그들 시대에 지배적인 이데올로기를 나눠 가졌다고 말했다. 사실 오늘날 폭력으로 참여하게끔 하는 가장 큰 동기는 바로 가난한 사람들을 향한 사랑이다. 그리고 그것은 의심의 여지없이 진실로 기독교적인 태도의 표현이다. 우리가 분석하는 처지에서 그것은 더 심각한 어떤 것이다. 불행히도 그들의 글들을 보면 가난한 사람에 대한 그 선언들을 의심하게 된다. 사실 그것은 모든 가난한 이들에 대한 글이 아니다! 우리는 선택적인 태도를 거기서 보게 된다. 사랑받아야 마땅한 가난한 이들이 있고… 그리고 다른 이들이 있다. 물론 폭력에 우호적인 우리의 그리스도인들은 이러한 냉소적인 태도로 말하지는 않는다. 그들은 가난한 자에 대한 사랑 및 그들을 위해 폭력을 사용할 필요성에 대해 선포하고 나서 가난한 사람의 범주에 대해서는 언급하지 않은 채 그것으로 만족한다. 미국의 흑인들, 북베트남 사람들, 베트콩들, 팔레스타인 사람들, 라틴 아메리카의 빈민들, 남아프리카의 흑인들은 "관심의 대상"이 된다. 하지만, 나이지리아 연방군에 의해 학살당한 비아프라인들58), 1964년에서 1967년 동안 이집트 항공기의 네이팜 폭격에 의해 짓이겨진 예멘 왕정주의자들, 북수단인들에 의해 대량학살 당한 남수단인들, 중국에 의해 추방당하고 압제 받는 티베트 사람들, 1955년부터 오늘날까지 이란과 이라크에서 무려 오십만 명 가까이 학살당한 쿠르드인들은 관심에 대상이 아니다. 이들과 다른 사람들은 폭력적인 우리 그리스도인들의 관심과 동정을 끌지 못하고 있다.59) 그들이 다른 이들에 비해 덜 가난한가? 내가 믿기에 (아무도 그들에게 관심이 없어서) 그들은 더 가난했으면 더 가난했지 절대 덜하지 않다. 그러면 어떻게 하란 말인가? 슬프게도 대답은 간단하다. 관심의 대상이 되는 가난한 이들을 보호하려면 사실상 유럽, 자본주의, 미국을 논박하여야 한다. 관심의 대상이 되지 못하는 가난한 이들은 "과거"의 일로 간주되는 힘들을 대표하는 사람들이며, 그들의 투쟁은 그들 자신에게만 관계된 것일 뿐이다. 그들은 자본주의 또는 식민주의 체제를 파괴하기 위해 투쟁하는 것이 아니라 단지 살아남으려고 개인으로, 문화로, 사람들로 자신을 유지하기 위하여 싸우는 것이다. 이것이 최소한의 관심도 받을 수 없을 정도로 무가치한가! 그러나 그렇기에 우리 폭력적인 그리스도인들의 선택은 가난한 자에 대한 사랑과는

---

58) [역주] 비아프라(Biafra) 공화국은 본국 나이지리아로부터 독립하면서 1967년에서 1970년까지 나이지리아의 남서부(비아프라 灣)에 위치했던 신생독립국이었으나 나이지리아와의 전쟁에서 패배하며 약 200만 명이 아사하고 지도 상에서 사라진 대량학살의 희생자였다.
59) 브라질 인디오보호부에 의해 자행된 파타도스 인디오들의 인종말살이라는 경악할 만한 소식은 혁명가들에게는 거의 관심의 대상이 아니다.

아무 관계가 없다. 그들은 사회주의자, 반식민주의자, 반제국주의자 등등이기 때문에 그들의 혈족, 그들의 진영 그리고 그들의 행동을 선택하는 것뿐이다. 그런데 나는 이 모든 선택을 거절하는 것은 아니다. 나는 그렇게 해야 한다고 동의한다. 그리스도인이라면 마땅히 그래야 한다. 내가 동의하지 못하겠는 것은 기독교적 동기라고 스스로 주장하는 사람들의 위선이다. 불의에 맞서 투쟁한다는 그 말이 위선이며, 그들의 참여가 가난한 사람에 대한 사랑에서 비롯한다고 말하는 바로 그것이 위선이란 말이다. 기독교적 참여의 첫 번째 규범, 그것은 진실이며 정직이다. 이 선택에서 전혀 기독교적이지 않다고 그리고 단지 인간적 동기로 그러한 길을 채택한다고 명백히 말한다면 나는 동의하고 더는 아무 말도 하지 않겠다. 그들은 세상의 이데올로기에 순복한다. 그리고 그것은 마야르 신부의 정직한 태도이기도 하다. 그러나 예수 그리스도 안에서의 믿음을 보존한다면 어느 정도 이 믿음과 이 이데올로기 사이의 모순에 맞닥뜨리는 것은 당연하다…. 물론 그렇더라도 그리스도인은 그 이웃 된 가난한 이와 공감하여야 한다. 미국 그리스도인에게는 미국의 흑인이 가난한 자임이 확실하며 당연히 그와 함께 하여야 한다. 그러나 내가 비판한 것은 (세상의 모든 가난한 사람들과 그들의 투쟁에 연대한다고 단언하면서도 그들 몰래 아마도 빨치산이자 정치인이었던) 지성인들, 신학자들 그리고 정치인들이 늘 이론화하고자 했던 보편적인 입장이었다.

* * *

이 폭력에 의지하는 것이 이중의 무기력함의 표지라는 것을 우리는 이해할 필요가 있다. 그것은 우리 시대의 근본적인 질문을 해결하는 데 있어서의 무기력함이자 (단순히 그것을 보는 것에서조차 아마 무기력할 것이다.) 기독교적 행동의 특정한 양식을 발견하는 데 있어서의 무기력함이다. 내가 한 번 더 반복하는 말은 나는 어떤 탈출구도 없이 그들에게 저질러진 폭력에 맞서 절망적으로 투쟁하고 또한 그러면서 행동수단을 가진다면 폭발하는 피압제자들의 분노를 완전히 이해한다는 것이다. 나는 노예들의 봉기들, 19세기 노동자들의 폭력적인 파업들, 한 세기에 걸친 수모, 착취, 불의를 단번에 되갚으려는 식민지 사람들의 폭력을 이해한다. 나는 그들을 이해하고 또한 **찬동한다**. 그들은 인간으로서 살아갈 그들의 권리를 표현하기 위한 다른 수단이 없었고 그들의 처지에서 아주 작은 변화를 일으키려 한 것뿐이다. 그러나 받아들일 수 없는 것은 그리스도인들이 이러한 보복에 관여하는 것이며, 더 나쁜 것은 그리스도인들이 폭력에 의해 근본적인 문제들이 변화되리라고 감히 단언하는 것이다. 왜냐하면, 이 그리스도인들은 피압제자들과는 다른 이유로 그렇게 믿기 때문이다. 이 그리스도인들은 무엇보다도 사회에서 행동들 및 사건들의 의미를 경고하는 파수꾼에스겔의 구실을 하여야 한다. 그것은 아무것도 성찰함 없이 혁명적 행동에 투신하기보다 더 어렵고 덜 매력적인 일이다.[60] 압제자의 편에 서면서도 그들이 폭력을 폭발시키는 것이 아무 결과도 이끌어내지 못할 것이며 변하는 것은 아무것도 없으리라는 것을 알려주는 것, 그것은 가능한 한 가장 배은망덕한 상황이다. 그것은 마르틴 루터 킹의 입장이었고 그 입장이 얼마나 연약한지 우리는 알며 또한 그것은 – 로마에 맞서 저항하기 원했던 – 바리새인들과 열심당원들 앞에 선 예수의 태도였다.

폭력의 편에 선 우리의 예언자들에게 있어 혁명적인 말 잔치는 그리스도인들의 특정한 행동의 깊이 있는 성찰을 밀어낸다. 우리의 사회만큼이

---

60) 파나마 주교 맥그레스(Mac Grath)의 선언(1968년 4월)은 얼마나 정확한가. "우리의 가장 뛰어난 그리스도인 지도자 중 몇몇 이상주의 및 조급함으로 인하여 사람들은 게릴라 영웅들을 찬양하기에 이른다. 그러나 폭력의 길이 함축하는 윤리문제 또는 전술조차 분석하기 위해 갖추어진 것은 거의 없다."

나 복잡한 사회에서는 기독교적 행동의 길을 발견하기 매우 어렵다. 공동의 삶 차원에서 기독교적 삶의 특정한 성격을 어떻게 표현할 것인가? 오늘날 순종의 양식은 어떠한 것인가? 이 시대 사람들에게 그리스도의 행하심은 우리를 어떻게 새롭게 다시 말해 다르게 만드신다고 표명하겠는가? 지금까지는 모든 것이 실패였고 (한때 과거의 히틀러주의가 반히틀러주의와 공존하였으나 사회 공산주의적 시도였던) **베켄트니스 키르헤** Bekenntniss Kirche같은 사회적 기독교도 그러했다. 니버Niebhur의 시도들은 깊이 있는 성찰에 의한 것이었지만 교회와 사회에 침투해 들어가지 못했다. 또한, 가장 악명 높은 실패는 우리 시대의 근본적인 여러 문제 중 하나를 구성하고 있으며 폭력을 피상적으로 이해하는 세계교회협의회다. 그들은 믿음의 윤리적 중요성들을 신학적으로 심화시키지도 못했으며 모든 이전의 태도들을 무효로 하는 우리 사회의 대담한 혁신을 진지하게 분석하지도 못했다. 이러한 상황에서 행동과 표현에 불타며 사람들 가운데서 증언하고자 하는 열심에 찬 그리스도인들은 지금까지 결실이 없었다는 이유로 헛되어 보이는 이러한 성찰들을 내던지고 그것이 눈에 보이는 하나의 행동이라는 이유로 그것이 무엇이건 행동에 투신하는 것이다. 그들이 거기서 사람들을 재발견한다고 주장하지만, 그것이 다다. 어차피 그들의 성찰의 부재는 기독교의 표현에서 있어야 할 특정성의 표명을 방해하는 만큼 그들은 이 사람들의 정치적, 경제적, 사회적 입장들을 그저 따라갈 뿐이다. 그들은 사람들에게 필요한 것이 오직 그리스도로부터 비롯되는 기독교 메시지의 특정성이라는 사실을 게을리한다. 게다가 그들에게는 그들의 운동을 지지하는 사람들이 필요하지 않다. 폭력을 인정할 수 없다는 주장에 맞서 폭력을 수용하는 것은 기독교적 삶에는 패배의 표지이며 오늘날 믿음의 표현이라는 어려움을 모색하며 살아가기를 포기하는 것이다. 궤변을 늘어놓는 지성인들이나 신학자들에 대한 울분은 그들을 무엇에 있어서건 감정적이 되게 하고 세상의 흐름에 자신을 내맡기게 한다.

신학적 성찰들

이러한 입장을 신학적 성찰들 없이 믿어서는 안 된다. 나는 다음의 가정을 받아들이기가 좀 어렵다. 보통 어떤 신학적 관점을 이끄는 것은 성서 지식 및 그 이해이며 그것은 인간이, 그 믿음의 표현이 어떠한 문제에 대한 대답인지 발견하게 하는 것이다. 그런데 조금 전까지 우리가 논의한 것은 폭력의 길로 그리스도인들이 들어서는 것은 '절망'에서 기인한다고 다시 말해서 진정한 신학적 성찰도 없이 막연히 신앙의 특정한 대답이 거기 없다고 믿는데 기인한다는 것이었다. 그러나 이는 그리스도인이 신학에 따라 정죄 되었다고 느낄 때만 그리고 그렇게 행동하면서 정의롭다고 스스로 느낄 수 있을 때에만 인정받을 수 있는 태도다. 또한, 그렇게 폭력을 받아들인다고 하는 **사실** 자체가 만들어내는 신학적 입장들은 그 행동에 비하면 부차적이다. 그 신학적 입장들은 그러므로 정당화일 뿐이다. 우리는 행동하면서 우리가 우리 자신을 받아들이는 데 필요한 신학을 정립하는 것으로 그친다. 우리는 사회의 조류가 우리를 끌고 갔기 때문에 또한 우리의 뜨거운 마음이 우리를 피압제자들에게 데려갔기 때문에 폭력에 우리를 투신했고 이제 그것을 신학적으로 설명할 필요에 봉착한다.?

그리고 나로서는 이에 맞는 새 신학의 두 면면을 본다. 첫 번째로 그것은 **화해**를 거부하는 경향이다. 또한, 이것은 다른 한편으로 폭력의 빨치산들이 그와 반대로 **화해**로 설득되었음을 솔직히 단언하는 것이기도 하다. 대개 그들 가운데 발견되는 것은 세상은 하나님과 (최근에) 화해되었다는 선언이다. 그들은 세상에 대하여 부정적으로 보는 복음서 및 서신서의 관점을 부정하며 오직 "하나님이 세상을 이처럼 사랑하사…"라는 구절에 집중한다. 그들은 교회는 사실상 본질적인 것이 아니라고 평가하기에 이른다. 본질적인 것은 세상이며 구원받은 세상이자 하나님의 사랑이 나타난 세상이고 교회는 하나의 사건에 불과하며 교회가 그리스도인들의 힘과 돈을 빨아들여서는 안 된다고 한다. 교회가 존재한다면 오직 세상을 위해서 또는 다른 이들을 위해서 존재하여야 한다. (그들은 교회로부터 찬양과 경배의 역할이 사라지게 한다.) 그들의 종착지는 세상이며 이는 하나님 행동의 자리가 바로 세상이기 때문이다. 엄밀하게 말하자면, 사람들은 교회는 세상을 위한 하나님의 도구일 뿐이라고 말하고 싶어 한다. 그렇게 화해라는 주제는 이러한 성찰의 주된 지위를 차지한다. 사실 그것은 단지 그리스도인의 정치 개입을 정당화하려는 것일 뿐이다. 세상은 (예수 그리스도의 주권 아래) 이미 화해되었으므로 그들이 하는 모든 정치적, 기술적 과학적, 경제적 사역들은 정당하고 사람들은 그 모두에 참여하여야 한다는 것이다. 그러나 그것이 선포된 즉시 그리고 구체적인 어떤 행동에 돌입하면서부터 분열은 일어나며 사람들은 도대체 (말하지도 않고 아마 알지도 못하는) **화해**란 무엇인가 하는 회의에 빠진다. 한편으로 세상이 하나님과 화해되었다고 단언하고 다른 한편으로는 세상 모두가 이 화해에 속한 것이 아니라면, 악한 자들이 여전히 존재한다는 뜻이 된다. 이 악한 자들은 누군가에게는 자본주의자들, 인종주의자들, 식민주의자들, 파시스트들, 반공주의자들이겠지만 다른 어떤 이들에게는 공산주의자들, 흑인들, 노동자들, 자유주의자들, 반인종주의자들일 것이다. (유럽에서는 그리스도인 지성인들에게 지배적인 것은 사회주의지만 미국에서는 그 반대이며 폭력은 이 사람에게서 저 사람에게로 전염되는 것이기 때문에!) 한 배에 이렇게 악한 자들과 저렇게 악한 자들이 타고 있으면 어떤 화해도 가능하지 않다. 성서는 우리에게 악한 자들과 하나님 간의 화해는 원수내가 악한 자라고 표현한 사람 사랑의 결과라고 말하지만 여기서 우리가 배제해 버리는 것은 바로 하나님 하시는 일의 그러한 모습이다. 그러면 세상의 화해로부터 우리가 듣게 되는 것은 "세상이자 세상에서 우리를 기쁘게 하는 것(과학, 기술 등등)이다. 그것은 화해되었다." 그리고 나와 화해한 그들은 "나와 같은 정치적 견해를 가진 사람들"이다. 그리스도인들이 폭력적인 어떤 행동에 천착하는 것은 다음의 놀라운 신학적 함의에서 비롯된 것이다. 즉, **선행하는** 혁명 없이도 화해가 존재할 수 있다는 것이다. 혁명은 화해의 전조이며 새로운 인간성의 전제다. 오래된 경제적 정치적 구조들이라는 맥락에서 회해를 설교하는 것은 위선이다. 요청되는 것은 혁명의 수단에 의해서만 창조될 수 있는 새로운 구조들이다. 그리고 사실 그것은 좌파뿐만 아니라 우파도 강력하게 선포하는 것이다. KKK단이나 남아프리카 공화국의 인종주의자들 역시 자기들의 기초는 성서라고 주장한다. 사실 예수 그리스도 안에서 모든 이들의 화해를 거부하는 데는 그들의 반대파와 같은 태도를 보이며, 화해라는 단어의 뜻이 무엇이건 간에 그것이 적 그리고 다른 사람들과의 화해를 뜻한다고 여기며 그것을 거부한다!

그로부터 사람들은 선언하기를 화해신학이 과거의 유산이며 존재하는 것을 정당화하기 위한 시도이고 변하는 것은 아무것도 없다고 한다. 성서적으로 화해는 보편적으로 이루어진 것이 아니라는 것이다. 야훼와 바알 사이에는 총체적인 심연이 놓여 있다. 예언자들은 비난의 종을 울린다. 그리고 우리가 알다시피 제자들은 오직 십자가와 부활 이후에만 화해를 설교했다. 이러한 논쟁에서 이상한 것은 그러한 주장을 하는 저자들이 성서가 우리에게 말하는 바와 그들이 우리에게 알려주는 바가 다르다는 것을 깨닫지 못하는 것 같다는 점이다. 거짓 신들, 우상들, 세상을 지배하는 힘들, 그 힘의 현실이라는 '세상'과의 화해는 없다. 그렇지만, 모든 사람 간의 화해는 있다.

십자가와 부활, 그것은 (오늘날 돈, 국가, 생산성, 과학, 기술 등등으로 육화되어 나타난) 힘들에 대한 승리다. 그러나 인간들 사이에서 어느 한

쪽에서 다른 한쪽을 차별하는 것은 아니다. 그런데 그들이 우리에게 제안하는 폭력은 슬프게도 인간들에게만 관계된 것이다. 벌하는 자는 흑인이며 재화를 수용하는 자는 자본주의자들인 등등이다. 혁명신학의 편에서 화해신학을 거절하는 것이 사실상 단순히 성육신이라는 사실을 부정하는 것이라는 것을 어째서 보지 못하는 것인가? 또한, 나는 다시 한 번 "그리스도인들"이 폭력적인 행동에 참여하는 것, 흑인들 또는 백인들을 학살하는 것에 대해 그다지 관심이 없다고 말하련다. 하지만, 받아들일 수 없는 것은 그들이 기독교적 동기들을 가지고 그러한 일을 행한다는 것, 그리스도인으로서 폭력에 참여하여 결국 하나의 기독교적 질서를 추구한다고 주장한다는 것이다. "폭력 혁명을 통하여 화해로"라고 말하는 것은 하나의 위선이자 가장 기본적인 기독교적 진리를 무시하는 것이다.

* * *

이러한 태도의 두 번째 신학적 성찰은 여전히 더 근본적이다. 그것은 사신신학死神神學: Théologie de la mort de Dieu과 크게 관련되어 있다. 물론 여기서 내가 하려고 하는 것이 이 신학 및 그 입장 그리고 그 결과의 여러 분파를 발제하려는 것은 아니다. 이 단락에서 나는 이 신학의 사회학적인 분석을 하는 것으로 만족할 것이다. 그 출발부터 사실상 혁명신학과 사신신학은 같은 뿌리에서 같은 그룹의 그리스도인들로부터 생겨났다고 말할 필요가 있다. 대개 동질의 신학자들은 서로 다른 부분에 대하여 공존하는 것으로 확신한다. 마야르 신부가 다른 사람의 인격 안에서만 하나님을 만날 수 있다고 여길 뿐만 아니라 어떤 인격적이면서도 초월적인 신 관념을 포기하여야 한다고 생각했던 것을 우리는 이야기한 바 있다. 초월이란 그가 보기에는 인간 유아성의 잔재이며 위계화된 사회의 부르주아적 관점에서 비롯하는 것이다. 카르도넬 신부 역시 "수평적 관계들"에 대한 위대한 이론가다. 수직성이라는 모든 관념은 (다시 말해 인간과는 다른 차원에 있는 하나님과 관계된 관념) 배척해야 마땅하다. 그는 말한다. "이제부터 하나님은 짓밟힌 사람들에서 총체다. 그 안에서 하나님의 초월성은 설명된다."[61] 한편 화해신학의 거부 및 사신신학 사이에 존재하는 일관성에 대해서도 말하지 않을 수가 없다. 사실 우리가 말했다시피 화해신학을 거부하는 결과는 성육신의 부정이다. 그리고 그것은 사신신학이 당연히 제기하는 같은 문제다. 구약성서가 우리에게 계시하는 그러한 하나님이 존재하지 않는다면 예수의 인격에 성육신할 존재가 없으므로 성육신도 없다. 우리가 볼 수 있는 유일한 하나님은 오직 예수의 인격이다. (그리고 중세적 잔재이며 폐기하여야 마땅한 오랜 신학적 표현인 "두 본성"의 문제는 이제는 논의의 대상이 아니다!) 그러나 이 예수는 단지 사람일 뿐이며 엔니오 플로리스Ennio Floris 목사가 말한 것처럼 그가 하나님이라면 그것은 그가 사람들 가운데 가장 가난한 자이기 때문일 뿐이다. 그렇게 가난한 사람들 한 사람 한 사람에게서 우리는 예수 그리스도와 하나님을 동시에 발견한다. 그러나 이러한 표현은 결국 아무 소용이 없다. 그러므로 혁명적 태도와 그 다양한 신학적 성찰 간의 일관성이 존재한다. 한편, 우리는 여기서 더 나아가 폭력의 신학이 사신신학 및 그 방향성을 함의한다고 생각할 수밖에 없다. 폭력의 신학은 사람들 간의 차별을 전제할 수밖에 없기에 모든 사람을 똑같이 사랑하는 아버지 하나님의 개념은 **폐기될** 수밖에 없다. 아버지 하나님 개념을 폐기하려는 의지는 다수라고 하는 사람들에게 전달되거나 정신분석의 교리적 성찰로 표현된다.

---

61) "하나님은 예수 그리스도 안에서 죽었다"는 유명한 말에 대하여 그는 그것은 바로 자동으로 부자와 빈자를 낳는 세상을 지배하는 전제적이고 자의적인 지배자 하나님이라고 적시한다. "노예의 몸짓을 했던 주(主)가 지배자 아버지를 가졌을 수는 없다." 이러한 그의 말은 성서 전체에 대한 심각한 몰이해에서 비롯된 것으로 보인다.

무의식 속에 숨겨진 진짜 동기는 그리스도인이 어떤 희생을 감수하고서라도 어떤 사람들의 편에 서서 다른 사람들과 맞서는 투쟁에 참여하고자 하는 것이다. 그 계급적이고 정치적이며 인종적인 열의에 찬 그는 진영을 선택하고, 그의 적이 사실은 사람이 아니라 악이 육화된 존재라는 선전에 따른 이분법에 순복한다. 그렇더라도 우리가 유일하신 분, 같은 아버지 하나님의 아들들이 이제는 아니라면, 창조가 그저 신화이며 하나님과 우리와의 유일하고 인격적이고 보편적인 관계가 더는 존재하지 않는다면 그러한 논리는 수용 가능하다. 사람들이 자신을 같은 하나님의 아들들로 인식하는 한 전쟁은 무서운 악이 될 수 없었다. 지금은 사신신학 덕분에 사람들은 제한 없이 이 창조를 악용하며 인간이어야 한다는 것에 대하여 우리와 동의하지 않는 모든 이들을 학살하자고 제안하는 인간을 변호하려고 한다. 물론 사신신학자들은 열정적으로 알제리 전쟁 또는 베트남 전쟁의 종식을 위하여 투쟁하겠지만 사실 그들에게는 그들이 고발하는 프랑스인들 또는 미국인들의 쪽에서의 잔혹 행위들만 존재할 뿐이다. 하나님을 제거함으로써 오직 수평적인 관계만 남게 된 그들은 사랑을 왜곡하며 빨치산 운동에 참여한다.

그와 마찬가지로 우리는 어떤 다른 주제를 발전시킬 수 있다. 성서는 정의를 주는 분, 마지막 때에 그 **나라**를 세우는 분은 오직 하나님이라고 말한다. 이러한 확신이 그리스도인들에게 아무것도 하지 않아도 된다는 모든 핑곗거리를 제공해 왔음은 사실이다. 하나님이 모든 정의를 보증하시고 세우시는 만큼 우리는 그가 사회정의를 세우시는 수고를 하시게 맡겨드리면 그뿐이라는 것이다. 그러나 그것이 하나의 빈약한 변명이자 핑계였다는 것을 **사람들은 알고 있었다**. 하나님의 죽음과 함께 우리 말고 다른 누구도 아무것도 기다릴 필요가 없어졌다. 정의를 세우는 것은 오직 우리의 몫이 되었다. 그리고 의심의 여지없이 그것은 인간적으로는 용감하고도 유효한 입장이다. 그러나 무엇이 정의인지 누가 말할 것인가? 우리는 그것을 어떻게 분간할 것인가? 몇 세대를 거쳐 신학자들이 그러한 일을 하는 동안 그리스도인들은 너무나도 빨리 고민을 포기해 버린다. 사람들이 보존해 온 마태복음 25장이라는 유일한 성서 본문의 기초 위에서 정의란 가난한 사람에게 먹을 것을 주는 등등이라는 점은 명확해진다. 그리고 여전히 이론적으로는 그것이 옳다. 그러나 전술한 바와 같이 차별은 가난한 사람들에 대한 여러 다른 범주에 따라 다르게 이루어진다. 결국, 사람들은 가난한 이들의 동기를 곧바로 사회주의와 동일시하기에 이르며, 유럽의 그리스도인들은 사회주의가 정의를 실현한다고 생각하기에 거기 투신한다. 그리고 곧 그들은 정의를 세우려고 사회주의의 수단들 즉, 우리가 알고 있는바 전술전략 및 폭력을 수용한다. 사신신학은 인간의 자유로운 행동에 모든 문을 활짝 열었으며 이 인간에게 그러한 일들에 양심의 거리낌을 제하여 주었다는 것에 있어서만 의미가 있을 뿐이다. 사신신학이 단언하는 유일한 책임의식은 당연히 인간이기 때문에 땅에서 그리고 인간들 사이에서 행동하여야 한다는 의무이다.

그것은 이 사신신학이 그리스도인이 정치적 사회적 참여의 필요성을 발견하면서 또한 폭력을 정당화하면서 발전한 것이라고 감히 내가 생각하는 이유다. 그렇다면, 심사숙고해서 말하는데, 이 신학은 참된 신학은 아니며 하나의 이데올로기라고 말할 수 있다. 내가 보는 바로는 그것의 세 가지 성격을 열거하는 것으로 충분하다. 몇몇 저술들이 주장하는 바와는 달리 그것은 계시에 기초한 것이 아니라 철학적 요소들 위에 세워진 것이다. 그것은 근대적 인간과 사회에 관련된 유사 학문적 전제에서 출발한다. 예를 들어 인간이 어른이 되었다거나 아버지 하나님이 더는 필요하지 않다거나 아버지 하나님이라는 개념을 만들어낸 것은 인간성의 유아기적 단계에서 비롯한 것이라는 등등의 확신, 인간은 합리적이 되었고 과학적으로 생각하며 그러므로 사유의 원초적 시기에나 필요했던 종교적 개념들 및 계약 신화들은 제거되어야 한다는 확신, 근대 세계는 세속화되었고 정교분리가 이루어졌으며 종교적인 어떤 것도 용납될 수 없고 여전히 케리그마를 설교한다면 그것은 세속적인 방식을 통해서만 가능하다는 확신, 성서계시보다 문화적 인간이 우월하다는 확신 등등. (내가 "확신"이라는 단어를 쓸 때 그것은 우리가 여기서 사실에 대한 어떠한 현실성도 없이 근대적 인간 또는 최근의 사회에 대한 어떠한 과학적인 지식도 없이 사실상 단순하고 순전한 확신들 앞에 서 있다는 의미다.) 이러한 다양한 요소들은 잘못 해석된 신심信心, croyance 및 사실증명들, 잘못 이해된 심리학적 사회학적 분석들 그리고 대중 공동의 인식들에 근거한다. 그런데 사실상 단순히 불합리한 신앙인 것을 학문적 진리인 것처럼 소개하는 것은 이데올로기의 속성이기도 하다.

두 번째 성격은 문제가 되는 교리가 다만 사람들이 바라는 현실을 감추기 위한 베일일 뿐이라는 것이다. 사람들은 어떤 것, 어떤 신학 사상을 진지하게 설명하지만, 진짜 목적은 신학적 논쟁이 아니라 다른 것이며 세상에 존재하여야 할 (사회 상황에 의해 촉발된) 어떤 필요에 따른 것일 뿐이다. 거기 있는 것은 계시된 진리를 더 잘 설명하기 위한 노력이 아니라 (그런데 하나님이 존재하지 않는다면 계시는 누구에게서 오는 것이란 말인가…?) 어떤 행동을 위한 하나의 이데올로기적 구조물로서 그러한 행동의 필요를 입증하려는 것이다. 지적인 표현양식의 현실과 그 주장 사이에 있는 왜곡 역시 이데올로기의 특징이다.

마지막으로, 세 번째 요소는 바로 정당화다. 사신신학 전체의 체계는 결국 사회에서 그리스도인들의 어떤 행동양식, 즉 근대세계에서 대한 순응주의라고 하는 그들의 행동양식을 정당화하려는 것이다. 그렇게 그들은 정당화의 구조물을 만들고 슬프게도 대체로 신학은 스스로 그리스도인이라 주장하는 사람들의 행동양식을 그렇게 해서 정당화해 준다. 사신신학은 이 나쁜 풍조에서 조금도 벗어나 있지 않다. 사회학적인 충동이 있다면 그 체계는 그 충동을 정당화한다. 그것이 이러한 신학의 무의식적인 깊은 곳에 도사린 현실이며 그 깊음은 진지한 외양을 가지고 그것을 연구하는 사람들의 경이적인 지적 발전보다도 더 깊어 사람들이 그 진정한 의미를 알아차리지 못한다.

그리고 폭력에 천착하는 그리스도인들이 중대한 신학적 성찰들 역시 마찬가지다.

제3장

폭력 앞에 선 기독교 현실주의

제3장 폭력 앞에 선 기독교 현실주의

　사람들이 폭력 앞에서 기독교적 태도는 어떤 것일 수 있는지 알아보고자 할 때 기독교적 원칙들에서 파생된 사상들을 보여주거나 또는 성서 본문들을 열거하는 것만으로는 충분하지 않다. 성서 본문은 모든 종류의 폭력을 향한 단죄가 나타나지만, 폭력에 우호적인 본문도 몇 있으며 신약성서에서조차 그러하다. 그러한 방식이 좋은 것일 수는 없다.

　모든 기독교적 사유의 첫 번째 조건은 (사회적, 윤리적 등등의 문제에 관련하여) 철저하게 현실주의적인 태도를 채택하는 데 있다. 가능하다면 현실 위에 분명하고 정확한 시선을 놓는 것이다. 이러한 현실주의 없이 사회에 대하여 기독교적으로 성찰할 수는 없다. 물론 내가 여기서 말하고자 하는 바는 철학적 현실주의 또는 형이상학적 현실주의다. 이 현실주의로부터 나는 두 가지를 알고 있다. 첫 번째는 현실을 존재하는 것으로 보는 것, 그것을 가장 정확한 방식으로 붙잡는 것, 그리고 어떤 방식으로든 그것을 감추려 하지 않는 것, 이러한 정치적 또는 사회적 현실을 검증하면서 어떤 환상도 가지지 않는 것, 깨닫게 되는 어떠한 결과 앞에서도 두려움에 물러서지 않는 것이다. 그리스도인은 이러한 분명한 태도를 견지할 유일한 사람이어야 한다. 왜냐하면, 그는 계시 안에서 세상에 대한 어떤 관점을 얻기 때문이며 현실이 아무리 끔찍하다 해도 예수 그리스도 안에 있는 희망으로 절망하지 않고 그것을 받아들일 수 있기 때문이다. 이러한 현실 인식 안에서 그리스도인은 가난한 사람들을 돕는 열정 같은 그러한 열정이 아무리 정당해 보일지라도 덥석 취해서는 안 된다. "네 형제가 부유하든 가난하든 너는 판결을 바꾸어서는 안 된다."신19:15 또한 분명히 "너는 재판에서 가난한 자라고 봐주지 말라." 하지만, 동시에 "너는 가난한 자의 권리를 해하여서는 안 된다."출23:3-6 왜냐하면, 당연히 "가난한 자의 권리들"을 위하여 현실을 왜곡하여서는 안 된다고 말하는 것이 부자를 편들라는 말일 수는 없기 때문이다. 당연히 그 반대다!

그리고 기독교 현실주의의 두 번째 면면은 사람들이 행하는 것을 명백하게 아는 데 있다! 물론 우리의 행동 가운데서 그리고 그 의미를 부여하면서 나는 성령의 개입 하심을 부정하지는 않지만 우리는 – 그러한 개입을 정당화하면서 – 어떤 행동이든 어떤 사역이든 상관없이 자신을 투신해서는 안 되며 어떤 열정이든 어떤 감정이든 어떠한 잠재적 반응이든 상관없이 "하나님이 함께하실 것이다."라든가 혹은 더 나쁜 태도를 보이고 이러한 잠재적 반응과 하나님의 명령 또는 예언자적 사역을 혼동해서는 안 된다. 기독교 현실주의는 사람들이 무엇을 하고 있는지 정확하게 아는 분명함을 전제로 하며 그 결과들만큼이나 그 원인도 고려하는 것이다. 기독교적 행동은 결코 계몽주의 같은 자연주의적 발로일 수 없다. 우리는 비둘기처럼 순결하고 (그것은 희생제물이었고 그러므로 그 행동 안에서 희생제물로 사용될 준비가 되어 있다.) 뱀처럼 지혜로워야 한다. (다시 말해서 사람들이 생각하고 행동하는 바를 정확히 알아야 한다는 것이다.) "이 세대의 자녀가 우리보다 더 지혜롭기" 때문에 우리는 현실을 분명히 보려면 이성, 학문, 기술의 빛을 사용하여야 한다. 우리는 예수가 권고한 것처럼 진지한 건축자가 되어 탑을 세우기 전에 계획과 비용을 계산하여야 한다. 사실 대부분 사람이 생각하는 것과는 달리, 성령 안에서의 확신은 우리를 성찰과 맹목 앞에서 무분별과 무관심으로 우리를 인도하는 것이 아니라 오히려 이성과 명철을 잘 사용하게 한다. 그리고 물론 성령의 명철은 우리를 가장 커다란 무분별로 던져버릴 수 있으나… 그것은 목적의식이 분명한 무분별이다.

그러므로 무엇을 해야 하는가에 대한 모든 기독교적 성찰의 첫걸음은 바로 이러한 현실주의다. 반면 세상에서 사람들이 현실주의라고 부르는 것은 거부되어야 마땅하다. 왜냐하면, 일단 이 현실이 검토되고 증명되며 분석되고 나면 그리스도인은 그것을 자신의 행동모델로 삼지 않을 것이기 때문이다. 그는 현실에 순종하지 않을 것이다. 보통이 현실주의는 다음과 같이 말한다. "현실주의적 행동이 붙잡아야 하는 것은 실재하는 것들이다." 그리스도인이라면 사실 존재하는 것으로서의 어떤 것들을 보아야 하지만 그 자신의 행동 원칙을 추론하는 것은 그로부터는 아니다. 이 현실주의는 명백히 현재의 실재하는 상황에 대한 선택으로 그를 이끌도록 돕는 것이다. 그러나 그것은 그를 자동으로 그것을 분석하게 하지는 않는다. 그것은 당연히 하나의 유혹이다. 왜냐하면, 누군가 현실을 보았다면 거기서 벗어나기란 어렵기 때문이다! 마찬가지로 우리 자신의 행동에 관련된 이 현실주의는 우리가 하는 일들을 우리 자신이 정당화하지 못하게 한다. 누군가 그가 하는 일의 있음 직한 결과들을 합리적으로 계산해 본다면 그 자신으로부터는 그 열정의 동기, 그 사역을 찬양하는 동기를 거의 찾을 수 없을 것이다. 이러한 참여에 관련된 현실주의는 사람을 겸손하게 만든다. 그러나 이 현실주의를 게을리한다면 그 결과는 맹인을 인도하는 맹인의 비유와 같을 것이다. 그런데 폭력의 문제를 (특히 최근의 폭력의 문제를) 오래 연구하면서 또한 폭력행동들에서 다양한 방법들에 개입하면서 나는 단언할 수 있게 되었다. 내 형제 그리스도인들이 여기서 가장 부족한 것은 선한 의지도 자비의 마음도 정의에의 목마름도 헌신도 자기희생도 열정도 아니라고. 그들에게 부족한 것은 상황에 대한 현실주의다. 그들은 일반적으로 순진한 바보들처럼 행동한다. 그리고 나는 어리석음이 기독교적 미덕이라고는 믿지 않는다. 당연히 지성은 기독교적 미덕의 하나가 아니지만 내가 정의하고자 했던 현실주의는 확실히 미덕의 하나다. 나는 다음의 말을 상기시키는 것으로 만족하고자 한다. "예수는 그들에게 자신을 드러내려고 하지 아니하셨으니 이는 사람의 속에 있는 것을 그가 아셨음이라."요2:25 물론 그는 그 같은 사람들을 위해서까지 목숨을 바쳤다!

필연성으로서의 폭력

결국, 폭력에 대한 기독교의 사유에서 비롯한 첫 번째 행동은 그 안에 있는 것이 무엇인지 아는 것이다. 그리고 엄밀한 현실주의를 적용한다면 이 주제에 대하여 일반적으로 논의되는 것 이상으로 나아가야 한다. 왜냐하면, 자연인은 상황을 숨기며 그 안에 있는 것을 구체적으로 지지할 수 없고 현실을 숨기려고 이야기들을 지어내기 때문이다. 그리고 행동의 발걸음을 떼면서 우리는 인간이 배제했다고 주장하는 그곳에서조차 폭력의 보편성을 입증하여야 한다. 나는 다른 곳에서 모든 국가는 폭력에 의해 건설되고 유지된다고 길게 논술한 바 있다. 나는 힘과 폭력 사이의 고전적인 구별을 거부한다. 법치주의자들은 강요와 잔혹의 국가에 "힘"이라는 이름을 붙여주었고 개인이나 비국가적인 어떤 단체 (노동조합, 정당)에는 폭력이라는 이름을 붙였다. 국가는 하나의 폭력에 의해 건설된다. 미국의 혁명들 또는 프랑스의 혁명들, 공산주의 국가들, 프랑코주의 국가 등등. 그 시작에는 항상 폭력이 있으며 국가는 다른 국가들이 그를 인정할 때만 정당화된다. (그것이 정당화의 일반적인 기준은 아니라는 것을 나는 알고 있지만, 그것은 정말 유일하게 심각한 것이다!) 그런데 다른 국가들은 언제 인정을 하는가? 체제가 오래되면 그렇게 된다. 처음 몇 년간 그 시작부터 사용된 폭력은 모두에게 공분을 일으킨다. 그리고 곧 일반화된다. 그 몇 년이 지나고 나면 사람들은 공산주의 국가, 히틀러의 국가, 프랑코의 국가 등등을 인정하게 된다. 최근 세상에서 불공정하게 보이는 것은 모택동의 중국이 체제를 인정받지 못하는 것이다.

  그런데 이 정부는 어떻게 스스로 유지하는가? 그것은 오직 폭력을 통해서다. 정부는 반대자들을 제거하여야 하고 새로운 구조들을 세워야 한다. 이 모든 것이 폭력으로 해야 하는 일이다. 그리고 상황이 정상화된 것처럼 보일 때에조차 권력들은 끊임없이 폭력을 행사함으로써만 살아남을 수 있다. 경찰폭력의 잔혹함과 다른 것 사이의 제한은 무엇인가? 그것이 합법적이라는 사실? 그러나 법이 어떤 방식으로 폭력을 정당화하기 위해서 역시 만들어지는지 사람들은 모른다. 가장 아름다운 예는 당연히 뉘른베르크의 전범재판이다. 그들은 나치의 우두머리들을 제거하여야 했다. 그것은 당연한 일이었고 하나의 폭력에 맞선 폭력의 반응이었다. 폭력을 행사하던 자들은 패배했고 사람들은 응징했다. 그러나 민주적인 양심의 가책에 따라 사람들은 그 응징이 폭력이 아니라 정의였다고 주장했다. 그런데 나치의 우두머리들이 행했던 일에 대하여 법적으로 유죄판결을 내릴 근거가 없었다. 그래서 사람들은 인종 학살에 대한 특별법을 만들었고 그것으로 말미암아 일반 재판소에서처럼 양심의 목소리로 유죄판결을 내릴 수 있었다. 사람들은 그 판결은 폭력이 아니라 정의였다고 말했다. 반대로 사람들은 스탈린이 인종 학살, 강제이주, 고문, 즉결처형 등등에서 히틀러만큼이나 악랄했다는 것을 완벽하게 알고 있었다. 단지 그는 전쟁에서 지지 않았을 뿐이다. 그러니 그에게는 유죄판결을 내릴 수가 없었다. 그건 단순 폭력의 문제로 치부되었다.

  그리고 내부에서의 국가의 행동은 폭력이 아닌가? 국가의 위대한 법과 규칙은 질서를 유지하려는 것이다. 우선 고려되는 것은 법질서가 아니라 길거리에서의 질서다. 상황들이 너무 어렵지 않을 때에만, 시민이 복종할 때에만, 질서가 사실상 역할을 할 때에만 법에 대한 일관된 강제 및 정의에 대한 순복이 가능하다. 그러나 사람들이 위기 또는 어려움 가운데 놓이게 된다면 국가는 스스로 고삐를 풀고 뉘른베르크에서처럼 그 자신이 순전한 폭력이 되어 그 행동을 정당화하기 위하여 특별한 법을 만들어낸다. 그것은 모든 '문명국'에 존재하는 "긴급 상황의 국가"의 "예외적인 법률들"이다. 사람들은 폭력의 현실을 은폐하는 적법성이라는 허울 앞에 놓인다. 그리고 우리는 이 폭력이 사회의 모든 분야에 관계됨을 발견한다. 경제문제, 계급문제가 폭력과 다른 문제이기 때문인가? 우리는 문제를 그 자체로 바라보아야 하며 상상이나 희망의 시각으로 바라보아서는 안 된다!

유명한 자유기업이 제안하는 소위 "더 좋은 자가 이기는" 자유경쟁체제는 결국 경제적 "진검승부"이자 법이 진정시킬 수 없는, 가장 약한 자들, 가장 도덕적인 자들, 가장 섬세한 자들이 반드시 패배자가 되는 순전한 폭력의 표현이다. 폭력의 방식으로서의 자유경쟁체제는 반드시 비판받아야 한다. 그러나 그 자유경쟁체제의 대안으로 계획경제를 채택함이 폭력을 멈추는 수단은 되지 못한다. 왜냐하면, 여기서 기업가들에게 가차없이 법을 들이대는 것은 바로 국가의 폭력이기 때문이다. 프랑스에서조차 계획경제로 희생되어야 하는 것이 무엇인지 몰라 사람들은 그저 지켜보기만 하고 있다. 그러한 생산자의 범주, 그러한 착취의 형태, 이 모든 것은 경제적 계산에 의해 휩쓸려가 버린다. 그리고 그것은 경제의 신에게 바치는 이러한 제사라는 계획이 국회에 의해 통과되고 법률이 되어 폭력이라는 이름을 벗게 되는 이유다.

우리는 그것에 대하여 계급이라는 주제만큼이나 진지하게 이야기하여야 한다. 미국의 모든 사회학부는 사회계급의 존재를 부정한다는 것을 나는 잘 알고 있지만, 내가 믿기로 그것은 그들이 유사학문적인 어떤 방식 때문에 현실을 바라보는 눈을 상실했기 때문이다. 그리고 그들은 그로부터 되돌아오기 시작한다.[62] 그런데, 오직 계급 간에만 의심이 존재하고, 국가 내에서 지배적인 위치를 차지하기 위한, 더 큰 "파이 조각"(국민소득)을 차지하기 위한 폭력적인 경쟁의 관계가 존재한다! 어떻게 다르게 표현할 수 있겠는가? 하위 계급, 즉, 노동자, 피고용자, 농부들이 부르주아, 자본가, 관료, 기술자 등등의 상위 계급의 방향에 항의하지 않고 그것을 수용하기를 바랄 수 있을까? 그리고 어쨌든 이 하위 계급들은 상위의 위치를 차지하거나 거기에 접근하려는 바람이 없을까! 나는 계급투쟁의 일반적 "이론"을 다시 꺼내려는 것이 아니다. 내가 하려는 말은 그것이 아니라 위계질서가 존재하는 곳에 반드시 생겨나는 폭력에 대해서다. 물질에 있어서건 (그것은 도덕적 적의의 반응을 촉발하는 가장 기본적인 요소다.) 심리적 혹은 영적인 데 있어서건 상위에 있는 자의 폭력은, 그가 하위에 있는 자를 복종하게 하려고 그리고 그들에게 노예화의 영을 주입하기 위하여 도덕적 수단들 또는 기독교를 이용할 때, 모든 폭력 중에서도 가장 나쁜 폭력이 된다. 공산주의는 선전의 방법 외에는 다른 방법을 사용하지 않는다. 프랑스에서 "심리학적 테러리즘"으로 불리는 심리학적 폭력은 가장 심각한 문제이며 하나의 위계질서가 유지되는 것은 항상 그러한 수단에 의해서다. 그러나 하위 계급은 길들기를 그만두면서 원한, 시기, 증오, 폭력의 씨앗을 키워나간다. 또한, 이것은 소렐이 완벽하게 분석했던 바다. 돌아보면 사회에 폭력이 발견되지 아니하는 곳이 없다. 바로 그것이 자연 상태다. 홉스는 이를 잘 관찰했고 완벽하게 분석하였다. 그는 폭력들에 맞서 개인을 보호할 필요에서 출발하여 제한 없이 폭력을 행사할 수 있는 전능한 국가만이 사회의 폭력들에 맞서 개인을 보호할 수 있다고 주장하였다. 근대 사회학자 및 근대 철학자 중 이러한 주제를 다루는 글들의 목록은 끝이 없지만, 그 중 매우 유명하고 또한 매우 어려운 두 잠언을 인용해

---

[62] Par exemple, Léonard REISSMANN, *Les Classes sociales aux États-Unis*, 1963.

보겠다.

뽈 리꾀르63) : "비폭력은 그 자신에 맞서는 역사가 존재함을 잊고 있다."64) 왜냐하면 역사는 폭력의 산물이기 때문이다.

에릭 바일65) : "개인을 그 개인성 너머에 존재하게 하려면 전쟁 외의 다른 힘은 없다. 현실에서 선은 힘을 가지고 있지 않다. 모든 힘은 악의 편에 있다."66)

바로 그러한 것이 현실이라고 나는 입증할 수 있다. 폭력은 정교하게 억제된 채로 구석에 잘 숨겨져 있고 온유와 선은 항상 승리한다고 믿는 편이 더 유쾌하고, 쉽고, 위로가 되며 도덕적이고 경건하겠지만… 불행하게도 그건 환상일 뿐이다.

*　*　*

미국은 최근 약 두 세기의 낙관주의적 이상주의가 지나간 후에야 비로소 폭력의 존재를 알게 되었다. 이는 다시 말해 그동안 경건의 겉모습에 가려 감추어졌던 현실이 드러난 것이다. 항상 도마 위에 오르는 노예문제에 대해서는 언급하지 않겠지만, 오히려 나는 오랜 기간에 걸친 아메리카 인디언의 위선적인 제거, 토지 점유 체계파우스트레흐트:Faustrecht, 초기 자

---

63) [역주] 뽈 리꾀르(Paul Ricœur, 1913-2005): 현상학 및 해석학을 정립한 프랑스의 철학자로 인문과학과 사회과학의 대화를 시도했다. 또한, 기독교 실존주의와 프로테스탄트 신학에도 조예가 깊었다. 그는 특히 문학 및 역사에 있어 의미의 개념, 주관성 및 허구의 해석학적 기능을 다룬 이론가였다.
64) Paul RICŒUR, *Esprit*, 1949.
65) [역주] 에릭 바일(Éric Weil)은 독일에서 이주한 프랑스의 철학자로 함부르크에서 의학을, 베를린에서 철학을 전공했다. 1928년 폼포나치(Pomponazzi)에 관한 논문으로 박사학위를 받았다. 그후 바르부르크에서 르네상스에 대하여 특히 마르실레 피신(Marsile Ficin)에 대하여 연구하였고 1933년 히틀러가 권좌에 오르자 독일을 떠나 프랑스로 이주했다. 그는 의무와 도덕에 관한 칸트주의적 개념에 충실한 철학자였다. 1977년 니스에서 사망하였다.
66) Éric Weil, *L'État*.

본 기업들의 경쟁 방식들 그리고 텍사스와 남 캘리포니아의 병합을 언급하고자 하며, 이 모든 사실은 법의 이데올로기 및 도덕론적 기독교 아래 감추어진 항존하는 폭력을 폭로한다. 남북전쟁은 거의 목가적인 상황 중에 일어난 하나의 사고처럼 표현되었으나 사실 그것은 토크빌이 완벽하게 예견한 것처럼 저 심연에 잠시 머물고 있던 현실이 드러난 것이다.67) 그는 미국에서 상황이 더 악화하리라고 그 자신이 예견했던 폭력적 상황의 모든 요소를 이미 저시하였다. 진정한 폭력의 전통은 미국 역사 전체를 통틀어 존재한다. (그리고 예를 들면 폭력을 담은 영화들의 성공이 그러하다!) 그것은 아마도 미국 사회가 젊은 사회이며 곧바로 산업사회에 진입했기 때문이 아닐까? 그리고 현실이 그렇게나 거칠고 폭력적이었음에도 불구하고 도덕론과 이상론이 그보다 더 강했기 때문이 아닐까?68) 오늘날, 미국인들은 그들이 선의와 책임감을 느끼고 도착한 그 세상에서 모욕을 당하는 것에 아연실색한다. 그러나 그것은 그들이 목전의 현실을 전혀 보지 못했고 국가 간의 세계에서 피상적인 이상주의에 맹종했기 때문이

---

67) 토크빌(TOCQUEVILLE)의 텍스트를 인용하자면 다음과 같다 : 자연에 백인들이 등장하는 효과를 상기시키면서 그는 이러한 법의 폭력의 특정한 성격에 대하여 말한다. "아메리카 인디언으로부터 소유권을 박탈하는 것은 오늘날 일상적이 되었고 완전히 합법적이 되었다… 나는 인디언 종족이 법의 심판으로 사라지게 되었다고 믿으며 유럽인들이 태평양 연안에 정착할 그때 그들은 결국 존재하지 않게 될 것이라고 감히 생각한다… 그들 자신의 땅에서 쫓겨난 인디언들은 수많은 지배자 대중 가운데 불편한 식민지 이방인의 형태로 살게 될 것이다… 국가는 인디언들이 굴복하는 것보다는 떠나는 것을 더 원하리라고 생각하면서 그들에게 법이 정한 복지를 제공한다. 그리고 중앙정부는 이 불행한 사람들에게 서쪽에 영원한 안식처를 제공해 주리라 약속하면서도 그것을 보장할 수는 없다는 것을 모르고 있다… 전례 없이 잔인했던 스페인 사람들은 자신들의 지울 수 없는 수치를 가리고자 인디언 종족을 몰살하는 데까지는 이르지 못했고 그들 권리를 완전히 짓밟을 수도 없었다. 그러나 미국인들은 피를 흘리지 않고 도덕적 대원칙 중 어느 하나도 범하지 않고 세상의 눈앞에서 경이적으로 손쉽게 조용히 합법적으로 박애주의적으로 그 이중의 결과를 달성했다. 누구도 인류의 법을 존중하면서 사람들을 그보다 더 잘 파괴할 수는 없었을 것이다." (*La Démocratie en Amérique*, IIe partie, chapitre 10, §2)

68) 예수회의 아뤼프(Arrupe)신부는 1967년 11월 미국에서 폭력의 깊은 뿌리에 대한 놀랄만한 분석 및 도덕적 종교적 뿌리들에 대한 분석을 시행하였다. 그리고 그는 예수회 성직이 사실상 할 수 있는 것으로부터 인종차별에 맞서는 투쟁을 위한 합리적인 행동 프로그램을 제작했다.

다.69) 그들은 흑인들의 폭력 등등을 보고 당황한다. 사실 미국은 폭발물의 복합체를 안고 있다. 이 복합체는 인종적 요소, (미국식으로 말하자면) 빈곤요인 그리고 공동체들을 해체하는 도시의 팽창(메트로폴리스 현상)이 결합한 것이다. 그러나 수십 년간 미국인들은 문제들을 법과 선의로 해결할 수 있다고 믿어왔다. 이 이상주의는 잠복하던 폭력의 상황을 보지 못하게 하면서 최근 떠오르는 폭력의 현상들을 에너지를 축적시켰다. 예를 들어 나는 베른슈타인이 그가 이끌던 폭동들1964-1966의 원인을 가난, 좌절, 비통에 돌린 것은 여전히 너무나 단순한 분석이라고 믿는다.70) 이 분석에 따라 그는 프랑스가 1957년부터 민족해방전선에 제안했던 것만큼이나 불충분한 해법을 제시할 수밖에 없었다. 왜냐하면, 그에게는 폭력의 의미에 대한 기준이 없었고 보편성도 법률도 없었기 때문이었다. 내가 미국에 대한 이러한 말을 할 때 당연히 그것은 고발하기 위함은 아니다. 내가 단지 말하고 싶은 것은, 사람들이 훌륭한 법 이데올로기와 정의의 의미 그리고 그 적용에 대한 심리학적인 조사 등등을 통하여 그렇게나 문명화되고 기독교화된 한 사회에서 살고 있으면서도 또한 폭력이 다른 모든 곳에서처럼 근본적인 문제가 되는 한 사회 앞에 서 있다는 것이다.

* * *

그것은 "기독교적"으로 확인된 것인가? 물론 그렇다고 할 수 있다. 이를 바라볼 용기를 가짐으로써 우리는 예수 그리스도 안에서 믿음과 소망 위

---

69) 간단한 예: 식민주의 국가들이 "황급히" 식민 지배를 철폐하여야 했다면 그러니까 우선 네덜란드가 그다음에는 베트남의 프랑스가 그렇게 해야 했다면 그것은 미국의 압력 및 반식민주의적 이상주의 때문이었다. 얼마 지나지 않아 미국인들은 인도네시아에서 간접적으로 그다음에는 베트남에서 직접적으로 철수해야 했다. 그들이 이 전쟁에 참가한 것은 사실 베트남에서 프랑스를 무장해제시키려는 것이었지만 결과는 그렇게 되고 말았다?

70) S. Bernstein, "Alternatives et violence : alienated youth and riots", *Race and Poverty*, 1967.

에 쉬게 된다. 그러나 모두가 그렇게 말할 수 있는 것은 아니다. 우리가 사실상 폭력의 보편적임을 입증했을 때에라도 우리는 폭력이 필연적인 질서라는 사실을 덧붙여야 한다. 나는 어떤 필연성이 존재한다고 말하려는 것은 아니다. 그러나 그것에 순복하는 사람 또는 집단은 어떤 필연성[71]이라고 하는 질서에, 다시 말해 그들 열정, 구조, 사회경제적 규칙성에서 필연적 경향을 따르게 된다. 사람은 독립적이고 주도적인 행위자이기를 멈추고 아무 의미가 없는, 어떠한 체계의 일부분이 되어 버린다. 특히 피할 수 없는 충동을 따르는 한 그는 다시는 도덕적인 존재로 남지 못한다. 서로 다른 두 관점에서 볼 때, 본질적으로 폭력의 질서는 도덕적 단죄에서 벗어나 있다는 것을 강조할 수밖에 없다. 폭력을 행사하는 사람은 도덕적 존재로서 또한 하나의 가치를 가지고 행동한다고 주장할 수 없으며 (나중에 우리가 다룰 시도들에도 불구하고) 외부인이 이러한 폭력에 도덕적 심판을 가하는 것 역시 정당하다 할 수 없다. 그런 것은 아무 의미가 없다. 그리고 소렐이 한편으로 폭력에 대한 한 윤리를 세운다고 주장할 때 왜 그것이 잘 안 될 것이며 또한 실패할 것인지 우리는 안다. 우리의 도덕론자들이 덕목, 종교, 선이라는 이름으로 폭력을 행사하는 사람과 스스로 관련지을 때도 마찬가지로 왜 그런 것이 무의미한지 우리는 안다. 폭력의 질서는 음식물의 소화, 물체의 추락, 중력 같은 것이다. 그것은 중력이 존재하는 것처럼 그저 존재할 뿐 선악은 없다. 이 용어에 대해 그렇게 많은 오해가 있지 않다면 그것은 **본성**의 표현이며 특히 (폭력의 지배를 준비해 온) 다수 사람의 확신으로는 그 **본성**은 선하다! 그러나 간디가 폭력을 "짐승의 법"이라고 선언할 때 다른 것을 말함이 아니다. 나는 폭력이 인간의 본성을 표현하고 있다고 말하려는 것이 아니라 한편으로 나는 폭력이 문명사회라

---

71) 나는 철학적 의미가 있는 "불가피"(fatalité)라는 단어보다 이 단어를 사용하려고 한다. 예수 그리스도의 시대로부터 "불가피"라는 것은 정복되었기 때문이다. 그렇다. 하지만, "필연성" (nécessité)은 언제나 존재하여 왔다!

하는 사회, 이 폭력을 정당화하는 설명 속에 감추기만 해 온 이 사회들에 존재하는 일반적인 규칙이라고 말하고 싶다. 또한, 인간이 폭력에 자신을 방임할 때 그는 필연성의 체계로 들어간다고 말하고자 한다. 그는 그 자신에 굴복하고 또한 다른 이들에 굴복한다. 왜냐하면, 이 세상은 이 필연성으로 점철되어 있기 때문이다. 다른 한편으로 오늘날 폭력을 정당화하는 사람들이 거의 배타적으로 이 필연성이라는 근거에 의지하는 것은 기이하게 보인다. 사람들은 얼마나 많이 나에게 물어보았는지 모른다. "결국, 어떤 가난한 사람 또는 실직자가 아무것도 가지고 있지 않을 때 비폭력은 그에게 아무 의미가 없으며 아무 도움도 되지 않습니다…. 오직 폭력만이… 그의 유일한 수단입니다." 상황이 어느 정도 비참하고 모욕적일 때 분노만이 인간을 표현할 수 있다는 말은 맞다. 그러나 그렇게 한다면 그는 그가 단순히 동물의 수준에서 행동한다는 것과 필연성을 따른다는 것을 알아야 한다. 그는 자유로운 인간이 아니다. 마찬가지로 오늘날 피압제자 집단을 옹호하는 사람들 가운데 "최근의 상황들에서 진실에 대한 시민의 요구, 상대편과의 진정한 대화 그러한 것들이 과연 가능한가? 대화를 하려면 두 정파가 대화하고 서로 말을 들을 수 있어야 한다. 그러나 가난한 사람들의 정파인 우리는 어떤 수단을 쓰고 있는가…?"[72] 그것은 폭력이다! "개전의 여지가 없는 사람들이 있다." 이는 다시 말해서 부자들, 힘 있는 자들, "너무나 타락해서 사랑에 전혀 공감하지 못하는 사람들"이 바로 그들이다. "정치적으로 성인聖人들이나 순수한 사람들과 동맹하는 것은 어렵다. 정당한 성급함에 내몰린 가난한 자에게 그것은 특히나 어렵다…." 그러므로 길은 하나뿐이다. 바로 폭력이다. 그와 마찬가지로 마야르 신부는 말한다. "피압제자의 폭력을 촉발하는 것은 항상 압제자의 폭력이다. 가난한 자의 폭력은 그의 유일한 표현수단이다."

---

[72] P. Marcel CORNELIS, "La non-violence et les pauvres", *in Cahier de la Réconciliation*.

이 모든 것은 이 필연성을 완벽하게 표현한다. 그리고 전술한 것처럼 폭력이 가난한 사람들의 요구를 표현하는 수단일 뿐만 아니라 힘을 얻을 유일한 가능성인 한 이 세상의 질서는 예수 그리스도가 말한 것처럼 우리에게 다음과 같은 것이다. "나라들의 우두머리들이 그들을 압제하고 크다는 자들이 그들을 노예로 부린다는 것을 너희는 알고 있다…."마20:25 그렇다. 그리고 예수는 그렇게 묘사된 이러한 상황을 부정하지 않는다. 그리고 우리는 혼동하지 말아야 한다. 여기서 예수가 말하는 바는 그러한 자들이 단순히 적법한 권력을 가진 자들예를 들면 왕 또한 부유한 자들예를 들면 은행가 뿐 아니라 우두머리의 자리를 차지한 모든 사람이라는 것이다. 그리고 폭력 외에는 다른 수단이 없다. 그들은 모든 **메갈로이**[*Megaloi*, 73) 즉, 위대한 자와 그 위대함의 고정관념에 사로잡힌 사람들로 혁명운동 또는 경제적 또는 학문적 열광에 관련된 프롤레타리아의 우두머리들이다…. 그들은 모두 폭정 및 노예화의 똑같은 필연성 즉, 필연성으로서의 폭력의 질서를 추종한다. 그러나 필연성을 말하는 사람들이 법칙을 말한다. 그것은 하나의 폭력의 법칙이다.

폭력의 법칙

현실주의적이면서도 조잡한 어떤 관점에 따르면 폭력은 사회의 모든 영역에서 피할 수 없다. 그러나 그렇게 함으로써 나타나는 결과에서 역시 현실주의적일 수 있어야 한다. 우리는 피할 수 없는 폭력의 법칙이 존재한다는 것을 받아들여야 한다. 폭력만큼이나 법칙이라는 쟁점에 대해서도 우리는 분명한 태도를 보여야 한다. 다음과 같이 말하는 것은 정직하지 못하다. "폭력은 우리가 선택할 수 있는 유일한 길이지만 당신도 알다시피 그

---

73) [역주] 그리스어 메갈로스 (μεγαλος)는 "위대한 자"이며 메갈로이(μεγαλοι)는 그 복수형 즉, "위대한 자들"

것은 탁월한 혁신의 상황을 가져다줄 것입니다…." 이는 다시 말해서 기독교 현실주의의 두 번째 면면을 적용하는 것, 그것은 바로 사람들이 무엇을 하는지 아는 것이며 바로 내가 여기서 요구하는 것이다.

폭력의 첫 번째 법칙은 지속성이다. 사람들이 폭력을 사용할 때 그들은 더는 거기서 빠져나올 수 없는 지경에 처한다. 폭력은 정치적, 사회적 또는 인간적 상황들을 단순화시키는 하나의 습관이다. 그리고 사람들은 이러한 단순화에서 잠시도 벗어날 수 없다. 폭력을 쓰기 시작한 사람은 결코 그것을 멈출 수 없다. 폭력은 그렇게 다른 모든 수단보다 더 실용적이고 쉽다. 그것은 극단적으로 타인을 부정하면서 타인과의 관계를 단순화시킨다. 타인을 부정하고 나면 새로운 태도를 보이는 것 (예를 들어) 이성적 대화를 시작하는 것은 불가능해진다. 폭력에 따른 가시적이고 자명하며 분명한 결과들이 있으므로 평범한 수단들 및 불확실한 결과들이 뻔해 보이는 상황으로 어떻게 돌아갈 수 있겠는가? 사람들이 폭력의 편에 서는 것은 당연하며, 잠정적이라고 여겨지는 경우에서조차 예외는 아니다. 사람들이 완전히 변화시켰다고 여겨지는 상황 또한 일반 정치상황에서조차 마찬가지다. 장관 말로M. Malraux는 기관총을 손에 쥔 경호팀에 의해 보호를 받는다. 그 모습은 과거 기관총을 손에 쥐었던 혁명가 말로와 다르지 않다. 그리고 그것이 바로 우리가 아는 혁명들이다. 그 혁명들은 폭력 속에서 태어나 세대와 세대를 통하여 폭력의 지배를 건설한다. 폭력은 1789년[74] 프랑스에서 터져 1914년[75] 전쟁의 폭력으로 우회하기까지 거의 저항을 받지 않았다. 또한, 반동적인 정부를 전복하기 위하여 폭력을 사용하고서 정의와 평화의 체제를 건설하리라 믿는 마르크시즘 이상주의자들은 순진하기 짝이 없는 사람들이다. 카스트로는 부메디엔[76]과 나세르[77]가 그

---

[74] [역주] 프랑스 대혁명.
[75] [역주] 세계 제1차 대전.

랬던 것처럼 오직 폭력을 통하여 지배한다. 그들과 앞선 식민주의 정부들은 폭력으로 정복했다는 점에서는 아무런 차이가 없다. 그리고 마오쩌둥이 이상주의적 사회주의를 깡그리 멸시하면서 이러한 폭력의 영속화를 분명히 천명한 용기를 보인 것은 그에게 커다란 매력으로 작용했던 것이다. 그러나 그의 오류는 그것이 어떤 교리에 관계된 것이라고 믿게 하려는 것이었다. 사실상 폭력이 촉발되면 폭력을 사용하는 사람은 배타적으로 그 길에 빠져들게 된다.

* * *

폭력의 두 번째 법칙은 상호성이다. 그것은 이미 예수의 유명한 말씀에 담긴 내용이기도 하다. "검을 가지는 **모든** 자는 검으로 망할 것이다."마 26:52 그 말씀에서 우리는 두 쟁점을 지적할 필요가 있다. 하나는 "모든"의 강조다. 거기에는 검을 사용하는 것에 대한 선악의 구별이 없다. 검을 사용한다는 단순한 사실은 반드시 그러한 결과를 낳는다. 이 수단은 그의 완전한 법칙을 가진다. 그리고 예수의 입에서 나온 이 말씀은 도덕적인 평가 또는 하나님의 개입이나 도래할 심판에 대한 선언과 전혀 관련이 없다. 그는 단순하고 순전하게 일어날 일의 현실을 그린다. 그는 우리에게 폭력의

---

76) [역주] 우아리 부메디엔(Houari Boumédiène,1932-1978) : 1959년에서 1962년까지 알제리 민족해방군의 장성이었고 1962년에는 알제리 국방장관을 지냈으며 1963년에서 1965년까지는 알제리 부통령을 지낸 군인이자 정치가. 쿠데타로 정권을 장악한 이후 그는 1965년부터 알제리인민민주공화국의 제2대 대통령이 되어 1978년 사망할 때까지 대통령 권좌에 있었다.
77) [역주] 가말 압델 나세르 (Jamal, Abd an-Nasir ,1918 - 1970) : 이집트의 군인이자, 정치가. 1956년부터 1970년까지 이집트의 2번째 대통령을 지냈다. 무하마드 나기브와 더불어, 1952년 이집트 혁명을 주도했으며, 이집트의 산업화를 일으켰으며, 짧은 기간이지만 시리아와 연합하여 아랍 민족주의를 일으켰다. 1964년 팔레스타인 해방 기구 설립 및 비동맹운동에 지대한 역할을 하였으며, 알제리, 리비아, 이라크, 예멘 등에서 반식민주의와 범아랍주의 혁명을 일으키도록 아랍민족을 고취했다.

법칙 중 하나를 알려준다. 폭력은 폭력을 창조한다. 폭력은 폭력을 낳는다. 식민주의자들의 폭력은 반식민주의자들의 폭력을 낳으며 다음 차례에는 식민주의자들의 폭력이 증가한다. 그리고 거기서 얻어진 승리는 우리를 전혀 해방하지 못한다. 승자의 진영은 항상 파벌이 나뉘어 폭력은 계속된다. 뉴어크에서 있었던 흑인들의 폭력은 정당화되었으며 질서유지를 위한 방위군의 폭력을 불러 일으켰고 1968년 2월 12일에 열린 조사위원회는 그 폭력을 정당화할 수 없었다고 선언한다. 이 조사위원회가 흥미로운 것은 그들이 명백하게 "테러가 길거리를 위협하고 무질서와 법에 대한 경시가 우리 공동체들을 파괴할 때 우리 사회는 약속들을 이행할 수 없다. 어떤 집단도 폭동에 의해 삶의 조건을 개선할 수는 없다."고 말했기 때문이다. 이 모든 것은 좋다. 그러나 (연방시스템을 문제 삼고 자유를 축소하는 방향을 추구하는) 중앙집권화 및 국유화의 조처에 발맞추어 위원회는 예를 들어 국가 수준에서 무질서의 진압 계획 및 폭동진압을 위한 경찰의 특별한 훈련 같은 것을 조직할 것을 제안한다.

그들이 인간일진대 그것이 사실상 압제 시스템의 증가 및 폭력의 당연한 결과에 관련되어 있음을 어째서 보지 못하는가? 또한, 국가의 폭력이 증가할수록 한동안 눌려 있던 개인들의 폭력은 증오의 힘을 더욱더 키워간다. 나치 점령하에 억눌려 있던 이탈리아인들 및 프랑스인들의 폭력은 해방과 함께 폭발했으며 독일인들의 잔악함에 응수하는 폭력들, 범죄들, 고문들을 불러 일으켰다. 나치의 집권진영과 1944년 프랑스에서 투옥된 나치부역자들의 감옥이 있었던 예를 들면 에세Eysses 또는 모작Mauzac 사이에는 아무런 다른 점이 없었다고 나는 말하고자 한다. 그것이 폭력의 길에 따른 것이라면 사람들이 건설하는 것은 무한히 갱신되는 상호관계의 형태라는 것을 알아야 한다. 그것은 평화도 멈춤도 없는 진정으로 새로운 하나의 윤리다. 그들이 폭동을 "진압하는" 것은 평화에 도달하기 위해서가 아니다. 그러한 점에서는 차라리 히틀러주의자들이 우리의 근대적인 사회주의자들, 반식민주의자들 등등보다 더 솔직했다. 그들은 평화의 시대를 시작한다고 하지 않고 사람들 사이의 새로운 관계, 새로운 윤리, 폭력의 윤리를 시작한다고 했다. 그들은 야수들이 아니라 폭력을 그들 삶의 최고 가치이자 삶에 의미를 주는 것으로 만든 일관된 사람들이었다. 우리의 도덕론자들 및 폭력의 신학자들이 오늘날 발견하고 있다고 믿는 바는 단지 히틀러주의자들이 선포했던 것이 메아리에 지나지 않는다. 우리가 벗어나지 못한 나치의 폭력은 확산하고 있으며 반식민주의자들의 운동들은 - 그들의 표현으로는 - 여전히 나치즘의 반향이다. 폭력은 순환되고 있으며 그 순환을 부술 인간적인 가능성은 전혀 없으므로 양측은 거기서 벗어나지 못한다. 사람들이 폭력으로 가능해지는 결과를 찾을 때 깨닫게 되는 것은 오직 하나의 진실이다. 그것은 폭력 상황의 지속 및 재생산이다. 다른 모든 것권리의 평등, 정당방위, 해방 등등은 완전히 불확실한 것이 되고 어차피 모두는 폭력의 상호성이라는 상황의 **내부**에 갇히게 된다.

* * *

폭력의 세 번째 법칙은 동일성이다. 나는 정당한 폭력과 부당한 폭력, 해방하는 폭력과 속박하는 폭력을 구별하는 것이 불가능하다는 것을 나중에 더 말할 것이기에 여기서는 일단 문제를 제기하는 것으로 만족하려 한다. 모든 폭력은 다른 폭력과 같다.

그러나 나는 폭력 형태들의 동일성에 대해 말하려고 한다. 그것은 단지 사람을 죽이는 군인의 물리적 폭력, 곤봉을 때리는 경찰의 폭력, 불을 지르는 시위대의 폭력, 암살하는 혁명가의 폭력 등등에만 관련된 것은 아니다. 우리는 경제적 폭력, 특권적 지위를 가지고 노동자들을 착취하는 고용주의들의 폭력, 무산자들에 대한 유산자들의 폭력 그리고 우리 사회들과 제삼세계 간의 국제적 경제관계에서 발생하는 폭력 즉, 스스로 방어할 수 있는 부유한 나라들의 부유한 거대기업들에 의해 발생하는 착취에 대하여 말해야 한다. 그것은 중동의 석유문제 또는 실제로 완전히 착취에 종속된 나라의 강요된 특화면화, 사탕수수, 과일의 문제다. 아스투리아스[78] 지역은 그것이 총을 쏘지만 않았을 뿐 하나의 순전한 폭력임을 잘 보여주었다.

심리학적 폭력도 마찬가지다. 그것은 하나의 순전한 폭력으로 선전, 간접정보, 회의, 회원들을 우대하는 비밀회들, 심리학적 행동, 뇌 청소, 지적 테러리즘에 관련되어 있으며 이 모든 경우에 피해자는 그가 원하지 않는 것을 하도록 이끄는 폭력, 또한 그의 자율적 발전가능성을 파괴하는 폭력에 종속된다. 순응화라고 하는 심리학적 행동은 당연히 곤봉질보다는 부드러워 보이지만 사실 더 나쁘다. 그것은 인간이 열정적으로 반응하거나 행동하지 못하게 만들기 때문이다. 모든 나라에서 행해지는 심리학적 폭력은 결국 폭력 중 가장 나쁜 것이다. 그것은 모든 사람을 사로잡아 깨닫지 못하는 사이 거세해 버리기 때문이다. 폭력에 대해 말할 때 모든 면면을 살펴보아야 하고 문제를 회피하려는 목적으로 그것을 구별해서는 안 된다. 피압제자들의 폭발하는 폭력은 불의, 착취, 이윤, 경멸로 유지되는 지배자들의 닳고 닳은 폭력과 **불가피하게** 연결되어 있다. 또한, 마찬가지로 강대국이든 약소국이든 국가들의 폭력은 그 국가에 소속된 개인들 및

---

78) [역주] 아스투리아스(Asturias) 지방은 스페인 서북부에 있는 지방으로 옛 아스투리아스 왕국이 있던 곳이다. 스페인어와 아스투리아스어가 공용어이다. 아스투리아스 왕국은 스페인 북서부지방에 존속했던 크리스트교 국가이다. 서고트 왕국의 장군 펠라요가 옴미아드 왕조의 군대를 격파하고 왕위에 오른 718년을 왕국의 성립년으로 정하였다. 794년 알폰소 2세(재위 791~842)가 수도를 오비에도로 옮겼으며, 914년 오르도뇨 2세가 수도를 평야인 레온으로 옮겨 레온 왕국을 창건하였다. 이 왕국은 이베리아 이슬람 왕조에 굴복하지 않고 200년간 존속했고 레온 왕국으로 계승되었다. 아스투리아스 왕국의 정치적 세력은 그리 강하지 않았으나 체계적인 교회 조직을 확립하여 고대 로마의 문화 위에 게르만 문화·서고트 문화·비잔틴 양식·롬바르드 등의 요소를 융합한 독자적인 건축양식을 만들어냈다.

집단들의 폭력을 부추긴다. 유럽의 모든 국가가 그러하듯 젊은이들을 전투로 내몰려고 (예를 들어 공수부대 등등) 그들에게 가장 극단적인 폭력의 방법들을 가르치는 것은 그것을 가르친 국가의 내부로 향할 폭력을 재생산하는 것에 불과하다.

그러나 또한 내가 폭력의 법칙이 동일성이라고 말할 때는 한편으로는 폭력은 제한이 없으며 다른 한편으로는 한번 폭력을 수용하는 것은 모든 폭력을 수용한다는 것을 함의한다는 것이다. "여기까지 그리고 더는 안 된다."고 하며 폭력을 제한하는 것은 불가능하다. 왜냐하면, 분명히 사람들은 자기 차례가 되면 폭력을 행사하며 그것은 필연적으로 거대한 폭력이 생겨나게끔 하기 때문이다. 알다시피 베트남 전쟁에서 소위 공격의 단계적 확대라는 것이 그러하다. 그러나 그것은 우연도 실수도 정부의 사악함에 의한 것도 아니다. 그것은 제한이 없다. 정보를 얻으려고 고문을 가하기 시작하면 "이 가벼운 고문은 정당하다. 너무 심하지 않다. 하지만, 더는 하지 않을 것이다…."라고 말하는 것은 불가능하다. 이러한 길에 들어선 사람은 당연히 끝까지 가게 된다. 왜냐하면, 그가 정보를 얻어내기 위하여 고문을 가하는 것을 수용한다면 그것은 그 정보들이 매우 중요하기 때문이며, "적당하게" 고문을 가했는데도 정보를 얻어내지 못한다면? 그렇다면, 더한 고문으로 넘어가게 되기 때문이다. 그 태생부터 폭력이라는 것은 제한이 없다. 알다시피 전쟁의 법칙들을 만드는 것은 불가능하다. 가능했다면 애초에 전쟁이란 없었을 것이며 사람들은 쉽사리 전쟁의 제한이라는 것에 동의할 수 있었을 것이고 모든 규범은 승리의 당위를 뛰어넘었을 것이다.

폭력은 **휘브리스**[79] 광기, 몰이성이며 거기에는 작은 폭력과 큰 폭력의

---

79) [역주] 휘브리스(hybris)는 '광기'로 번역할 수 있는 그리스어다. 그것은 열정에 의해 촉발된 하나의 폭력적인 감정이며 특별히 오만에서 비롯된 것이다. 이 단어의 상대어는 온유 또는

구별이 있을 수 없다. 폭력은 완전히 하나의 행동이며 항상 그 자신과 같다. 예수가 살인, 분노 그리고 모욕마5:21-22의 동일성을 지적하셨을 때 그는 상황의 현실성을 본 것이다. 그것은 "회심한 사람들에게 주는 복음적 권고"가 결코 아니다. 그것은 폭력의 본질에 대한 단순하고 순전한 표현이다.

결국, 이 동일성의 마지막 면면은 자신의 폭력 사용을 받아들인다면 상대편의 폭력도 인정하여야 한다는 것을 보여준다. 자신이 다른 이들을 취급하는 것처럼 다른 이들로부터 취급받을 수는 없다고 주장하는 것은 말이 되지 않는다. 그 자신의 폭력은 필연적으로 다른 이들의 폭력을 정당화한다는 것을 알아야 하며 다른 이들이 자신처럼 그렇게 한다고 해서 항의할 수는 없다. 여기서 우리가 지적하는 것은 두 가지 의미에서 그러하다. 즉, 오직 폭력경제적, 심리학적, 물리적, 군사적 또는 경찰의 폭력으로 유지되는 공공권력인 국가는 당연히 폭력적으로 자신을 공격하는 혁명가들, 게릴라들, 시위대들, 테러리스트들에게 항의할 수 없다. 국가는 위험한 암살자들 앞에서 정당한 공권력을 사용하더라도 자신을 정당하다 말할 수는 없다. 그리고 어떤 물리적 폭력이 어떤 경제적 폭력에 대응한 것일지라도 그러하다. 그러나 그 반대 역시 마찬가지다. 즉, 혁명가, 시위대는 국가가 그에 맞서 폭력을 사용하더라도 항의할 수 없다. 혁명의 폭력을 받아들인다는 것은 또한 국가의 폭력을 받아들인다는 것이기 때문이다. 그런데 최근 우리 귀에는 이런 항의들이 끊임없이 들린다! 모든 "권리"는 오직 혁명가들에게만 있고 국가는 자제하여야 할 뿐만 아니라 오직 법적인 방식으로만 대응하여야 한다는 것이다! 우리가 매주 듣는 소식은 경찰이 무자비했기 때문에 시위대들이 항의한다는 것이다. 그러나 시위대들은 무자비하지 않

절제다. 고대 그리스 문화권에서 이 휘브리스의 감정은 하나의 범죄로 인식되었는데, 성적인 범죄나 공공기물 및 신전의 기물을 파손하는 행위로 이어졌기 때문이다. 그리스 신화에 따르면 이 감정을 드러낸 대표적 인물은 마이더스 왕과 코논이다.

앉는가? 알제리 전쟁 때 프랑스 좌파 지식인들은 프랑스 군대의 고문 및 잔악성에 끊임없이 항의했지만, 민족해방전선이 자행한 고문과 대학살은 정당하게 보았다. 그들은 이렇게 말했다. "그것이 그들의 유일한 행동수단이었기에 어쩔 수 없다!" 이 "어쩔 수 없다"는 양식을 사용하는 그 순간부터 사람들은 대답을 정당화한다. "테러가 증가하는 현실에서 우리는 그것을 예방하기 위하여 고문할 수밖에 없다. 어쩔 수 없다…." 자신을 위해서는 폭력 사용이 가능성을 요구하고 국가 권력을 부정하며 국가는 정확히 선, 정의 그리고 사랑에 의해 행동하여야 한다고 요구하는 혁명가들의 태도는 (레지 드브레[80]가 그의 재판에서 잘 표현한 그대로) 하나의 위선이다. 바리엔토스[81] 장군의 독재정부를 정당화하려는 것은 절대 아니지만, 폭력을 사용하는 사람은 적어도 그 행동의 결과 – 그의 **앞에** 놓인 폭력 – 를 인정하는 용기를 가져야 하며 또한 그가 공격한 권력의 반응에 맞서 자신을 스스로 보호하기 위하여 대원칙들, 권리장전, 민주주의 그리고 정의에 호소하지는 말아야 한다는 것이다! 폭력은 폭력을 낳음을 인정하여야 한다. 그리고 이 말을 접할 때 분명히 그 뜻을 파악하여야 한다. 그러나 사람들은 "폭력을 시작한 자가 누구인가?"라고 말할 것이다. 그것은

---

80) [역주] 레지 드브레(Régis Debray, 1940-) : 프랑스의 지식인이자 언론인, 쿠바 아바나 대학의 철학교수로 매개학(mediology)을 이론화하였다. 1967년 그는 볼리비아에서 체 게바라의 마르크시스트 혁명가들과 싸웠다. 그는 『혁명의 혁명』이라는 책을 써서 라틴 아메리카의 호전적인 사회주의 운동의 전술전략을 분석하였고 이 책은 게바라의 매뉴얼을 보충하는 게릴라 복지에 관한 핸드북이 되었다. 게바라가 1967년 볼리비아에서 체포되었을 때 드브레 역시 체포되었으며 30년 형을 선고받았지만 1970년 국제사면운동의 도움으로 풀려난다. 그 후 칠레로 도피하여 『칠레혁명』을 저술하였으며, 프랑스로 귀국하여 미테랑 정권 아래에서 각료를 지냈다.

81) [역주] 레네 바리엔토스(René Barrientos, 1919 - 1969) : 볼리비아의 군인이자 정치가로 군사 쿠데타로 대통령 자리에 올랐다. 1964년 5월부터 대통령 파스 에스텐소로의 밑에서 부통령으로 있었으나 1964년 11월 군사 쿠데타로 에스텐소로가 추방당하자 군사평화회의 수반이 되어 정권을 장악하였다. 정권의 힘으로 좌파 세력을 누르고 1966년 7월 대통령 선거에서 압승을 거두었고 1967년 미군의 도움으로 게릴라전을 벌이던 볼리비아 공산당과 체 게바라 세력을 무찌르고 체 게바라를 잡아 총살시켰다. 그러나 계속되는 불안정한 정국 속에서 헤매다가 1969년 헬리콥터 추락 사고로 사망했다.

잘못된 질문이다. 카인 이래로 항상 존재한 것은 상호성이지 시작이 아니다. "위험한 공산주의 행동가들이 있으므로 우리는 경계하고 스스로 보호하여야 한다…"라든가 "이 체제는 천민제국주의이자 독재이므로 우리는 맞서 싸워야 한다…"라고 하는 것은 유치한 태도다. 한 사람이 세상에 도착할 때 폭력은 "이미 거기 있다." 그것은 그에게 두 가지 의미가 있다.

* * *

폭력이 낳는 것은 폭력일 뿐 다른 아무것도 없다. 이제 폭력의 네 번째 법칙에 대해 말하겠다. 그것은 특히 거짓말의 수단이다. "우리는 훌륭한 결과들, 목적들, 목표들에 대해 검토해 봅니다…. 슬프게도 우리의 목표에 도달하려면 폭력을 (조금) 사용할 수밖에 없습니다. 그러나 물론 우리가 우리 국가에 아주 약간의 폭력을 허용한다면 이 사회가 발전하며 삶의 수준이 향상되고 문화 가치들이 개선되는 것을 보실 수 있을 것입니다. (계란을 깨지 않고서야 어떻게 오믈렛을 만들겠습니까?) 여러분은 정의, 자유, 평등의 지배를 보실 수 있을 것입니다…" 바로 이런 것이 수차례 반복하여 언급한 자명한 논점이다. 그러나 이는 거짓말일 뿐이다. 내가 여기서 내리고자 하는 것은 도덕적 비판이 아니라 실증적, 사실적 비판이다. 폭력적인 운동은 권력을 획득할 때 폭력을 권력의 법으로 세워왔다. 본질적으로 바뀐 것은 폭력을 행사하는 주체일 뿐이다. 그러한 방식으로 세워진 어떠한 정부도 자유 또는 정의를 창조해내지 못했다. 외견상의 자유오직 그 운동을 지지한 사람들만을 위한 자유와 외견상의 정의가 있었을 뿐이며, 내가 언급하고자 하는 것은 1789년 또는 1917년 또는 1933년의 혁명 또는 마오쩌둥, 나세르, 벤 벨라[82], 카스트로 등등의 혁명만은 아니다. 그것이

---

82) [역주] 아흐메드 벤 벨라(Ahmed Ben Bella, 1916-): 알제리 민족해방전선의 전신인 일치와 행

"자유주의" 정부든 "민주주의" 정부든 엄밀하게 보자면 다른 것이 없다. 우리는 미국의 예를 든 바 있다. 때때로 이 미국이라는 나라조차 폭력이라는 수단을 방조하여 승리를 얻어낸다. 공산주의 선전에 맞서 "좋은 선전"을 만들며 싸우는 것, 그것은 사실 상대방에 대한 심리학적 폭력을 통하여 승리를 얻고자 함일 뿐이다. 인종주의에 대한, 무엇보다도 히틀러의 인종주의에 맞선 폭력적인 투쟁은 전 세계에 인종주의를 확산시켰을 뿐이다. 1935년 이전에 인종주의는 드물고 산발적인 사실이었다. 그러나 히틀러의 인종주의에 맞서 선전과 군사력을 동원한 싸움이 진행되면서 싸우는 사람들의 마음속에는 사회적이며 인간적인 환상이 파고들어갔다. 인종주의에 맞선 폭력 투쟁을 통하여 우리는 모두 인종주의자가 되었다.83) 그리고 미국에서 확실하게 드러난 것은 투쟁이 폭력적으로 변하기 시작하면서부터 흑인들이 반인종주의에서 인종주의로 변하였다는 것이다.

반식민주의 역시 정확하게 그런 전철을 밟았다. 반식민주의는 모든 아프리카인에게 필연적인 귀결이 된 민족주의를 낳았다. 이 민족주의는 폭력이 아니고는 자신을 표현할 수 없었다. 나치즘에 맞선 프랑스의 레지스탕스는 자유롭고 정의로운 한 공화국을 창조했다…. 1945년 이 레지스탕스들은 세티프Sétif에서 4만 5천 명을 학살했고 1947년 마다가스카르Madagascar에서는 십만 명을 죽였다…. 그렇게 경험을 하고도 골백번 반복하고도 이번에도 예외 없이 환상이란 존재할 수 없었음은 참으로 심각한 문제다. 어떠한 폭력도 숭고한 결과를 성취해낼 수 없으며 어떠한 자유도 어떠한 정의도 만들어낼 수 없다. 한 번 더 반복해서 말하지만, 결과는 수

동의 혁명위원회(CRUA)의 "역사적 지도자" 9인 중의 한 사람이었던 그는 알제리 전쟁 때 포로가 되었으나 알제리가 독립하자 귀국하여 민족해방전선의 수장이 되었고 초대 알제리 인민공화국의 대통령으로 선출되었다. (1963년 9월15일) 그러나 1965년 부통령 우아리 부메디엔(Houari Boumedienne)이 일으킨 군사쿠데타로 실각하였고 1980년까지 가택 연금되었다. 유럽으로 망명하였다가 1990년에 알제리로 귀국하였다.

단을 정당화하지 못하며 반대로 나쁜 수단은 좋은 결과마저도 부패시킨다. 그러나 동시에 반복해서 말하게 되는 것은 "폭력을 사용하고자 하는 사람은 그것을 만들어내고 다른 수단이 없다고 생각하는 사람은 그것을 사용하지만, 그는 그가 하는 일이 무슨 일인지 안다"는 것이다. 이것이 그리스도인이 그에게 요구할 수 있는 모든 것이다. 그렇게는 어떠한 정의로운 사회도 건설할 수 없으리라는 것을 그는 안다는 것이다. 그렇다. 그는 복수하려는 것이다. 그는 자신을 만족하게 하려는 것이다. 그는 자신의 증오를 채우려는 것이다. 증오와 정의를 혼동해서는 안 된다. "평화는 폭력에서 나올 수 없으며 정의는 일반화된 범죄로부터 채워질 수 없고 인간 존중은 경멸에서 태동할 수 없다고 우리는 믿는다. 그 모두는 미신일 뿐이다. 증오와 범죄는 정의로도 형제적 화해로도 귀결될 수 없고 다만 비통, 비열, 악덕 그리고 범죄로 귀결될 뿐이다…. 이 모든 태도는 정의롭고 인간적인 하나의 사회를 창조하는 데 거의 도움이 되지 않는다…. 그들이 폭력의 내부 논리에 따랐기에 그리고 피비린내나는 이러한 우상 앞에 무릎을 꿇었기에 그것은 정의에 이르는 하나의 수단이 될 수 없고 그 자체로 목적이 될 수 없다…. 이 싸움에서 가장 잔인한 자는 가장 크게 부르짖는 자, 가장 필요한 자, 결국 가장 강경하나 가장 정의롭지는 않은 자다. 그리고 혁명은 새로운 폭군의 독재 아래서 좌절한다…. 인간을 제거하고 파괴하는 것으로 시작한 자가 인간을 보호하고 건설할 수 있는가?"[84] 다시 말해서 절대적으로 그리고 일반적으로 "폭력은 결코 의도한 인본주의적인

---

83) 미국 흑인 폭력의 지도자 중 한 사람이었던 클리지(Cleage)목사가 디트로이트에서 폭력은 구속적 이라고 말할 수 있었던 것은 이러한 특징을 잘 보여준다. (폭력은 곧 정화라는 생각은 1944-45년의 해방에 이은 폭력을 정당화하기 위해 프랑스에서도 수용되었다.) 그러나 그렇게 말하면서도 그는 "지금 (폭동 이후) 우리는 다시는 두려워하지 않습니다. 두려워하는 사람은 백인들입니다."라고 말한다. 매우 정당한 말이지만, 이것은 폭력이 구속적이지는 않음과 또한 클리지 목사가 믿는 것과는 반대로 폭력은 참된 협상의 출발점이 아니라 두려움을 이쪽에서 저쪽으로 옮겨가게 한 것에 불과하다는 것을 입증한다.

목표에 이르지 못한다." 또한 폭력에 의지하는 것은 항상 같은 비극에 머문다. 다음의 본문은 누가 한 말일까? 히틀러일까 아니면 게바라일까?

"우리가 가깝고 찬란한 한 미래를 명상할 수 있는 만큼 죽음과 함께 거대한 비극들과 함께 일상의 영웅주의와 함께 제국주의에 반복적인 타격을 가하며 세계 인민들의 증가하는 증오의 공격 아래 그들의 힘을 흐트러뜨림으로써 지구에 둘, 셋 혹은 여러 베트남이 꽃핀다면…! 죽음이 우리에게 찾아올 자리는 중요하지 않다. 우리 전쟁의 외침이 들을 귀에 도달하며 우리 서로 다른 손들이 무기를 잡으며 하나가 되고 우리 서로 다른 이들이 기관총을 메고 장송곡을 합창하려 함께 일어서는 그 순간부터 전쟁과 승리의 새로운 외침 아래 죽음조차 환영받으리라."르몽드 1967년 4월 27일 자

이것은 베트남에 대한 언급이 아닐뿐더러 여기 그 두 사람을 구별할 근거는 없다. (히틀러 역시 수없이 제국주의를 비난했기 때문이다!) 그러나 어떻게 이러한 말을 하는 지도자가 우리를 정의와 자유로 인도할 것이라고 상상할 수 있겠는가?

* * *

마지막으로 폭력의 다섯 번째 법칙은 그것을 사용하는 사람은 항상 자신을 스스로 정당화하고 폭력을 정당화할 방법을 찾는다는 것이다. 사람들 앞에서 그 도덕적 범주들 안에서 폭력이 정의롭고 정당함을 보여주기 위해 거대한 논증을 건설하여 온 폭력의 사용자들조차 그 정당함을 거의 찾지 못한다. 히틀러, 스탈린, 마오쩌둥, 카스트로, 나세르, 알제리 전쟁 당시의 프랑스의 공수부대원들과 게릴라들, 이 모든 사람이 설명하고자 하는 바는 결국 "순수한" 폭력은 존재하지 않는다는 것이다.

폭력은 항상 증오와 관련되어 있다. 우리는 그리스도인에게 있어 전쟁

은 증오 없이 수행하여야 한다는 권고가 설득력이 없다는 것을 이미 강조한 바 있다…. 오늘날 폭력이 표현하는 것은 오직 증오일 뿐 다른 것이 아니며 다른 근원도 다른 의미도 없다는 이 진실이 터져 나오고 있다. 그리고 우리는 스스로 변명할 것 없이 단순하고 순전하게 그것이 증오에서 비롯된 것임을 인정하여야 한다. 카마이클 또는 랩 브라운Rap Brown,[85]처럼 폭력을 찬양하는 사람들은 대놓고 사람들의 증오를 고취시킨다. "증오는 자신의 역할을 가지고 있고 나는 증오에 가득하며 나처럼 모든 흑인이 그러합니다. 증오는 폭력과 마찬가지로 우리의 혁명에 반드시 필요한 것입니다." 랩 브라운은 그렇게 선언한다.

또한, 증오와 폭력의 관계에 대한 카마이클의 선언들은 셀 수 없이 많다. "체 게바라가 말했듯 인간을 살인기계로 변화시키려면 증오를 발전시켜야 합니다."[86] 증오와 폭력의 풀리지 않는 관계를 강조하는 것이 절대적으로 본질적인 이유는 특히 지식인들이 로베스피에르의 폭력처럼 증오나 적의가 없이 사람을 죽이는 폭력, 피를 흘리지 않는 순수한 폭력, 추상적인 폭력을 너무 자주 입에 담기 때문이다. 그와 반대로 우리는 폭력이 오직 증오라는 동력에 의한 것임을 이해하여야 한다. 그러나 내가 브라운과 카마이클의 텍스트들을 언급한 이유는 그들이 단순한 적의를 가졌기 때문이 아니라 그들이 보편적인 현실을 목소리 높여 명백하게 말할 용기를 가졌기 때문이다. 정부가 하나의 전쟁을 시작할 때 그 정부는 적을 위

---

84) J. LASSERRE, "Révolution et non-violence", in *Cahiers de la réconciliation*, 1967, p.34-36.
85) [역주] 자밀 압둘라 알-아민(Jamil Abdullah Al-Amin, 1943-) : 랩 브라운으로 알려진 그는 1960년대 비폭력학생조합위원회(Student Nonviolent Coordinating Committee)의 의장이었으며 나중에는 블랙판다의 정의실현부장(Justice Minister)으로 활동했다. 그는 "폭력은 체리파이만큼이나 미국적"이라는 연설로 유명해졌고 "미국이 우리를 따르지 않는다면 우리는 미국을 불태워버릴 것"이라고 말하기도 했다. 다음 그의 자서전 제목 역시 그의 성향만큼이나 자극적이다. 『죽어라, 검둥이, 죽어!』(Die Nigger Die!) 현재 그는 풀턴 카운티 셰리프의 의원 둘을 총으로 쏜 혐의로 2000년부터 종신형을 복역 중이다.
86) 아바나 컨퍼런스에서의 연설, 1967년 8월 2일.

하여 그 증오를 내걸거나 선언하거나 선포할 필요가 없다. (히틀러의 경우를 빼고) 그것은 그 정부가 상황을 지배하고 있으며 관용을 보여줄 필요가 있기 때문이다. 그러나 알제리에서 프랑스 정부의 폭력 그리고 베트남에서 미국정부의 폭력은 그 같은 방식의 증오와 관련되어 있으나 개인의 이름으로는 아니다. 정부의 수반이 계속 자신의 선한 감정들, 자신의 목적, 증오 없는 순수함을 내세울 수 있는 것은 그 행위에 관계된 자는 직접적으로 자신이 아니기 때문이다. 그는 루터 킹이 암살당했을 때 존슨 대통령이 비폭력을 호소했던 것처럼 계속 기도하는 것처럼 사람들을 사랑하는 것처럼 행동할 수 있으나… 그것은 가면일 뿐이다. 그는 그가 통치할 때 증오 없는 순수한 한 인간이라는 것을 겉모습만으로 입증하여야 한다. 그는 자신을 정당화하여야 한다. 그렇게 하면서 자신을 스스로 정당화하는 폭력의 특징적 시스템에 속하게 된다. 브라운과 카마이클은 자신들을 정당화할 그때에조차 폭력을 행사하기를 멈추지 않는다! 그러나 그들 식으로 말한다면, "우리에게 그것을 가르쳐 준 사람들은 백인들이다. 폭력은 미국 문화의 일부분이다." "우리의 증오는 백인들이 항상 우리를 향해 가져왔던 증오에서 비롯된 것이다." "흑인은 그 자신을 사랑하기 위해 백인을 증오할 수밖에 없다."87) "백인은 인민을 착취한다. 우리는 그에 맞서 싸워야 한다." "우리를 압제하는 미국의 자본주의를 파괴하려면 폭력 이외의 다른 시스템이 있을 수 없다."88) 일상적인 정당화는 역사적이기도 상호성에 의한 것이기도 다른 방법의 부재 때문이기도 하다. 그들이 내세운 논쟁은 다음과 같은 선언으로 이어진다. 폭력은 역사에 기록되어 있으며 역사를 만드는 것은 폭력이거나 (결국, 우리가 재발견하는 질문이다.) 혹은 "우리는 폭력을 따른다. 우리는 오직 폭력에 의해서만 대답할 수 있다."

---

87) 랩 브라운의 인터뷰, in *Nouvel Observateur*, 1967년 9월.
88) Stokely CARMICHAEL, *ibid*. 이 경우 폭력을 시작한 쪽은 식민지배자들과 백인들이라는 사실에 나는 동의하지만 여기서 내가 주장하는 것은 단지 정당화의 시스템이다.

(그리고 이는 폭력을 행사하는 자들의 관점에서 우리가 하나의 법칙으로 묘사한 폭력들이 서로 얽혀 있음을 확증한다. 하지만, 그들은 그들의 폭력이 그들 차례가 될 때 그들이 창조해내는 것임을 전혀 고려하지 않는다.) 또는 "그러한 시스템은 불의하다. 폭력만이 효과를 낸다. 우리에게는 폭력 외에는 다른 길이 없다."

우리는 너무 자주 증오에 알리바이와 에너지 그리고 정당화를 제공하기 위해 만들어진 이미지의 건축물들을 접한다. 사람들은 이러한 정당화의 배려를 표명하는 텍스트들을 양산해낸다. 폭력이 정당화되어야 한다면 그것이 어떤 폭력이든 더는 행사할 수 없음을 사람들은 매우 빨리 깨닫는다. 존재하는 것은 오직 정당한 폭력이다. 자를로Jarlot 신부는 예를 들어 다음과 같이 말했다. "불의한 폭력은 오직 정당한 폭력에 의해서만 구축될 수 있다."89) 그는 정당한 폭력의 신학을 요청했다. 그러나 그가 그렇게 말할 때 신학자들이 정당전쟁의 이론과 함께 인지했고 다시는 빠져나올 수 없었던 지옥의 서커스로 들어가고 있었음을 어째서 이해하지 못했을까? 그들이 말한 것은 단지 진부함 또는 허영이었을 뿐, 정당전쟁의 문제를 언급하는 순간 그러한 진부함과 허영은 다시 시작된다. 정당한 폭력이라니, 무엇에 의해서? 그 목적에 의해서? 앞선 선전에서 우리가 보았듯 가장 좋은 결말일지라도 폭력에 의해 부패해 버린다. 그것이 실행되는 방식에 의한 정당함? 분명히 말해두지만, 폭력은 제한이 없다…. 우리는 우매 무지의 영역으로 들어간다. 카마이클은 최근 흑인들은 베트남 전쟁을 수행할 의지가 없다고 선언했다. "우리는 암살자들의 세대에 편입되고 싶은 마음이 없다. [우리는 베트남으로 싸우러 갈 생각이 없다.] 우리는 미국을 카오스로 던져 넣어 전쟁에서 벗어나게 할 준비가 되어 있다."90) 그렇게 미국을

---

89) P. JARLOT, 교황의 회칙 『민중들의 진보』 선포 기념 바티칸 기자회견, 1968년 3월 26일.
90) Stokely CARMICHAEL, *Discours à la Mutualité*, 1967년 12월 6일, Paris.

카오스로 던져 넣으려고 폭력을 사용하는 것, 좋다. 베트남에서 전쟁을 수행하는 것, 그것은 암살자가 되는 것이다. 이러한 방식의 "논증"은 가장 보편적인 형태다. 그가 폭력이라는 입장의 약점을 표명한 것은 모든 것이 비이성적인 선택 및 통제되지 않은 증오 위에 세워져 있기 때문이다. (그러나 사람들에게 필요한 것은 스스로 정당하다 느끼는 것이다.) 그런데 그 경우 폭력은 부르주아 또는 보수주의 질서만큼이나 위선적일 수 있다. 가장 적당한 예는 히틀러의 시스템이었다. 1932-1933년 그렇게나 유혹적이었던 히틀러의 폭력은 부르주아 위선에 대한 조롱이자 전통적인 도덕의 파괴, 남성적 공동체의 창조, 온정주의의 거부, 스스로에 대한 엄격함의 찬양, 삶과 죽음의 우의, 고난을 경멸함에서 비롯된 평등의 추구였으며, 최근의 '폭력들'의 평범함과는 다른 모습을 한, 절대적 가치에 목말라하는 젊은이들을 유혹하기에 조금도 부족함이 없었던 하나의 완전한 이상이었다. 그런데 이 모두는 단순한 담론이자 표면이었으며, 이 "순수한 상태의 폭력"의 귀결은 하나의 정통교리, 이전보다 더 준엄한 국가사회주의, 그만큼 위선적인 도덕, 사회의 순응주의, 인민을 눈속임하는 지도자들의 거짓말 등등을 생산해내고 두둔하는 것이었다. 폭력은 위선이다. 그리고 폭력의 정당화 문제가 잘못된 질문이라고 선포할 때 그것은 더한 위선이다. 이 양식을 만들어낸 사람은 사실 폭력의 유일한 정당화는 "혁명적 행동으로서의 인간의 공동체적 행동"[91]이라고 말한다. 그러나 그것이 어떤 인간의 공동체적 행동이건 간에 폭력을 정당화한다면 그는 수많은 전쟁을 받아들이지 않을 수 없다. 싸우는 자들은 열정을 가지고 그 전쟁에 참여할 것이고 세상에서 그 지도자들의 영향이 미치지 않는 곳은 극소수일 것이다. 그리고 혁명적 행동이 그 자체로 폭력을 정당화할지라도 사람들은 맹목적으로 아무 이유도 없이 아무 희망도 없이 혁명을 일으키지는 않기 때

---

[91] ABRIBAT, 보르도 컨퍼런스, 1967년 2월 15일.

문에 그는 가치판단을 재도입하지 않을 수 없다. 사람들은 국가가 악하다는 것을 심판하는 것으로 시작하여 그로부터…. 그러나 이 심판은 가치와 목적 두 가지를 동시에 뜻한다. 정당화를 거부하는 의지에도 불구하고 사람들은 정당한 폭력이라는 이론에 경도된다.

이러한 영속적인 정당화의 의지를 강조하는 것은 매우 중요하다. 나는 폭력적인 사람이 쉽사리 스스로 악하다고 느낀다 말함이 아니며 그것이 그의 양심이 그를 고발하는 증거라고 말함도 아니다. 오히려 폭력적인 사람은 그에게 지적이며 도덕적인 위안을 보장하는 이데올로기적인 건축물이 있어야 한다는 것이다. 그것이 바로 폭력적인 사람이 반드시 선전을 위한 먹잇감으로 선택되는 이유다. 그리고 마찬가지로 폭력은 선전을 위해서는 가장 좋은 주제다. 폭력을 지지하는 사람들은 폭력으로 유도된 사람들의 악한 도덕적 자질에 대하여 또한 선전 없는 (다시 말해 조작 없는, 그들이 해방하고 고양한다고 주장하기까지 하는 인간을 부정함이 없는) 정치적 폭력은 없다는 사실에 대하여 조금은 생각해 보아야 할 것이다.[92]

이러한 것이 폭력의 필연적이고 거부할 수 없는 법칙들이다. 몸을 던지면서 우리가 무엇을 하고 있는지 알려면 분명하게 그것들을 구별할 수 있어야 한다.

폭력은 두 종류인가?

마치면서 우리가 살펴보았던 쟁점은 우리로 하여금 매우 광범위하게 지지받은 처지를 생각해 보게 한다. 세상에는 완전히 다른 두 종류의 폭력이 존재한다는 것이다. 신학교수 카잘리스 Casalis는 알제리 전쟁 때 다음과 같이 선포했다. "해방하는 폭력이 존재하며 노예로 만드는 폭력이 존재한다." 그리고 이러한 양식은 예를 들어 모리스 뒤베르제[93], 장-마리 도므

---

[92] 폭력, 정당화 그리고 선전의 관계에 대하여, J. ELLUL, *Propagande*.

나크[94] 등 수많은 지식인의 입장을 요약하는 것이다. 대략 그들이 하는 말은 다음과 같다. 알제리 민족해방전선이 폭력을 사용할 때 그것은 인민들을 프랑스 식민지배에서 해방하기 위해서였기에 이 폭력은 그 자체로는 비난받을 만할지라도 수용 가능하다는 것이다. 그러나 프랑스 군대가 폭력을 사용할 때 그것은 인민을 옛 노예상태로 묶어두려는 것이므로 그 폭력에는 예속이라는 기본요소가 덧붙여진다고 한다. 마찬가지로 뒤베르제는 폭력은 역사의 뜻 안에서 진행된다고 설명한다. 그는 잘 알려진, 혁명은 역사가 낳는다는 주제를 취한다. 수단과 역사의 일치가 존재하는 한 폭력을 수용할 수밖에 없다. 그렇게 공산주의자들의 폭력은 역사의 뜻 안에서 진행되며, 반면 파시스트, 자본주의자, 식민주의자들의 폭력은 역사의 뜻을 거슬러 진행되기 때문에 비판받아 마땅한 것이다. 마찬가지로 자를로 신부는 전술한대로 "불의한 구조들이 그 자체로 불의한 이유는 그 구조들이 수백만의 사람들이 요구하는 정당한 발전 및 나라에 필요한 경제적이고 사회적인 발전에 그 자체로 심각하게 배치되기 때문이다…"라고 말한다. 그러므로 여기서 두 폭력을 구별하는 기준은 (로스토프Rostow의 발달 분류[95]에 따라) 경제적이고 사회적인 "도약"의 필요다. 레가메 Régamey 신부는 같은 방식의 구별을 통하여 보다 고전적으로 다음과 같이 말한다. "나쁜 폭력은 우리에게 사람들에 대한 외부로부터의 불의의 공격

---

93) [역주] 모리스 뒤베르제(Maurice Duverger, 1917-) : 프랑스의 법률가, 정치학자, 법학교수, 헌법학의 권위자로 양당제의 기원, 다수파와 소수파로 나누는 새로운 권력분립, 半대통령제 등등의 이론을 주창하였다.
94) [역주] 장-마리 도므나크(Jean-Marie Domenach, 1922-1997) : 프랑스의 레지스탕스 활동가, 작가, 가톨릭 지식인. 카탈루냐계 프랑스인인 그는 1943년부터 리옹 대학에서 레지스탕스 활동을 시작하여 1945년까지 프랑스 내부의 프랑스군과 협력하여 무기를 들었다. 1946년부터 그는 에스프리(Esprit)라는 시사지의 비서로 일하면서 프랑스 중도좌파에 힘을 보탰고 인도네시아와 알제리의 독립을 위해 투쟁했다. 그는 이후 여러 시사지를 창간하면서 프랑스의 여론을 형성했다.
95) [역주] 로스토프의 발달단계 모델(로스토프의 도약 모델)은 주요한 경제성장의 역사 모델 중 하나다. 이 모델은 경제성장은 다음의 기본적인 다섯 단계에 따라 일어난다. 1)전통적 사회 2)도약을 위한 예비단계 3)도약 4)성숙으로의 질주 5)고소비 시대

으로 나타난다. 이 불의는 질서라는 핑계를 내세울 것이다. 사람들의 진정한 선을 위해서 사실 다른 여지가 없기에 사람들이 의지하는 수단으로서의 폭력은 선한 폭력이다."96) 그가 한편으로 강조한 다음의 말은 솔직했다. "선한 폭력과 나쁜 폭력을 구별하는 것은 이론적으로는 명료하다. 그러나 그 구별을 적용하는 것은 끔찍하게 모호하다." 정말 그렇다! 누군가 자신이 사용하는 단어들을 숙고한다면 어떤 불의가 문제가 되는지 먼저 알아야 할 것이다! 그리고 이러한 표현은 자를로Jarlot 신부에게 역시 같이 적용될 수 있다. 그러나 내가 보기에 여전히 의심스러운 것은 "사람들의 진정한 선"이다. 우선 진정한 선이란 무엇인가? 그들 삶의 수준, 그들의 참살이, 그들의 정치적 삶으로의 참여, 그들 인간성의 발전, 또는 결국 그들의 "영원한 구원"인가? 결국, 이 사람들이 말하는 것이 내가 보기에 몽상에 다름 아닌 이유는 레가메 신부가 이러한 정당한 폭력을 감내하는 사람들을 의도적으로 간과하고 있기 때문이다. 그것이 그들의 지나간 폭력일 뿐일지라도 알제리의 프랑스인들이 내쫓았든 혹은 바티스타Battista의 빨치산들이 학살하고 고문했던 그들의 선善을 위해서라는 말을 나는 믿지 못하겠다. 슬프게도 폭력은 그것을 사용하는 사람들만의 善을 위한 것이라고밖에 말할 수 없다!

  매우 일반적으로 사람들은 계급이 나뉜 사회에서 계급 간의 유일한 관계는 바로 폭력이라고 말한다. 그런데 더 나은 미래를 간절히 바라는 피압제 계급이 이러한 폭력을 사용하는 것은 정당할 수 있지만 다른 계급은 그렇지 않다. 그리고 그것이 단지 그렇게 형성되는 폭력의 도덕적 자격요건인 것만은 아니다. 그것은 부끄러운 정당화가 아니다. 사실 세상에는 공통점이 전혀 없으며 **같은 성격**이 전혀 없는 두 **종류**의 **폭력**이 **존재**한다고 사람들은 선언한다. 이러한 논리는 매우 일반화되어 있다. 어떤 사람들은 국

---

96) RÉGAMEY, *op. cit.*, p.27.

가 자체에 대하여 말해서는 안 된다고 단언한다. 모든 것이 이 국가가 추구하는 목표에 좌우되며 예를 들어 그것이 사회주의라면 국가는 정당화된다는 것이다. 그러나 사회주의를 지배하고 변질시키며 그것을 결국 사회주의도 무엇도 아닌 것으로 바꾸어버리는 근대국가조차 정당화될 수는 없다. 어떤 다른 사람들은 민족주의또는 국가주의:nationalisme-역주는 인민의 해방을 추구할 때 뛰어난 것이 될 수 있으며 비난받아 마땅한 것은 단지 유럽이 오랜 민족주의일 뿐이라고 단언한다…. 그러나 민족주의의 성격들에는 공통점이 있으며 최근의 해방적인 민족주의 역시 정확하게 독일이나 프랑스의 민족주의와 같은 사회학적 구조로 되어 있고 어차피 그것의 결과는 신속한 비극이라는 것을 사람들은 애써 생각지 않으려 한다. 몇 년 안에 (우리는 중국 또는 알제리에서 확인한다!) 젊은 민족주의는 완벽하게 늙고 경화되어 버렸던 것이다. 그러나 폭력으로 다시 돌아가자. 우리의 연구는 그리스도 신앙에 내재한 현실주의적 관심에 있음을 상기하자. 말 자체에 묻히지 말고 현실을 생각해 보자. 해방하는 등등의 정당한 폭력의 (진짜) 결과에 대하여 구체적으로 자문해 보자. 그러한 폭력의 정당함, 그 가치를 선포하는 매 순간 사람들이 깨닫는 것은 결국 세워지는 것은 더 거대한 폭력이라는 것이다. 그것이 진보주의적일 때 그것은 어디에 도달하는가? 이것이 바로 반드시 짚고 넘어가야 하는 첫 번째 질문이다. 알제리 민족해방전선은 폭력을 사용하고 난 후 어떤 결과에 도달하였는가? 의심의 여지없이 프랑스는 물러갔지만 동시에 경제침체, 독재국가의 출현, 완벽하게 퇴보적인 거짓 사회주의 체제, 폭력적 투쟁에 참여했던 모든 이들에 대한 의무적 단죄라는 결과에 도달했으며, 이는 그들이 합리적 정부의 일에는 맞지 않게 급진적으로 회복되었기 때문이다…. 이 모두는 과연 긍정적인 현상일까? 진보적일까? 해방적일까? 역사의 뜻 안에 있는 것일까? 그러므로 폭력에 대해 말할 때 우리는 그것이 어디로 가는지 측정해

보아야 한다. 그리고 그것이 바로 정당한 폭력이라는 이론이 가지는 극히 작지만 극복할 수 없는 장애물 중 하나다.

도므나크는 (사회 불의의 상황에서 또는 다른 폭력에 대답하기 위해서 그리고 그것이 사람들이 자신만의 이해관계 안에서가 아니라 다른 이들의 이해관계 안에서 행사하는 것이라면) 폭력을 인정해야 한다고 썼다…. 그것은 불가능한 궤변으로 다시 돌아가는 것이다. 그러려면 예상한 결과를 이끌어내기 위해 사용될 폭력을 정확히 측정할 수 있어야 할 것이다. 그러나 전술한 바와 같이 그 예상한 결과는 순전히 이데올로기적이며 결코 폭력을 사용하여 얻어낸 결과와 일치하지 않는 법이다. 그리고 한편으로 전술한 바와 같이 폭력은 본질적으로 제한이 없다. **그러한 결과를 얻어내기 위한 세심한 폭력이라는 처방은 존재하지 않는다.** 우리는 폭력을 계산할 수 있어야 할 것이다. 참으로 내가 (그 자체로 혹은 그 인종적 외양, 계급, 국적, 견해로 보아 악한) 다른 사람에게 가하고자 하는 악은 그가 행한 악 때문에 정당화될 수 있는가? 여기서 내가 요구하는 것은 도덕적이거나 영적인 대답이 아니라 현실적인 대답이다. **정당화**는 존재하는가? 내 폭력이 그들의 것보다 더 나쁘거나 더 심각한 것은 아니어야 할 텐데 말이다. 그것을 내가 어떻게 알겠는가? 누군가 "그건 너 하기에 달렸지."라고 말한다면, 좋다. 하지만, 우리는 짐승의 수준에 머무를 뿐이다. 그렇지 않다면 나는 어떻게 폭력의 양을 측정할 수 있겠는가? 그리고 그 질은 어떻게? 민족해방전선이 저지른 면도칼 고문은 공수부대가 저지른 전기고문보다 너 나쁜가 아니면 더 나은가? 또한, 나는 그 수도 고려해야 할 텐데 말이다! 다수를 압제하는 것은 소수다. (부르주아는 프롤레타리아를, 식민지배 국가는 식민지 인민들을 압제한다.) 다수가 겪는 고난은 지배하는 소수에 대한 폭력을 정당화한다…. 그러나 상황이 반대라면. 다수가 소수를 짓누른다면 폭력은 다수가 소수에게 행사하기 때문에 정당한 것이 되는가? 볼셰

비키 독재정부가 쿨락97)들을 억압했을 때 그것이 이전의 상황보다 더 나았던가? 호치민 정부가 고문, 처형, 강탈, 추방으로 소수 베트남 가톨릭 신자들을 (4백만 명을!) 박해하던 때가 프랑스인들이 가톨릭 신자들을 보호하고 인도차이나 인민들을 압제하던 때보다 더 나았던가? 누가 그 저울을 만들 것인가? 누가 폭력이 한 사람의 무게보다 더 나간다고 말할 것인가? 상황을 구체적으로 바라보면 폭력에서 비롯된 악은 결코 계량화될 수 없음을 알게 된다. 여기서 단 한 가지 진실은 한 사람에게 가해진 폭력은 그 양식, 목적, 원인이 무엇이든 절대적으로 하나의 무게가 나간다는 것이다. 여기에는 일인에 대한 폭력이든 백만 인에 대한 폭력이든 차이가 있을 수 없으며? 역사에 기대는 것은 하나의 거짓말일 뿐이다. 내가 알제리의 '해방'의 결과에 대해 말할 때 사람들이 아마 나에게 이렇게 말하리라는 것을 나는 알고 있다. "그렇지만, 결과를 기다려 보시오…. 알제리가 다시 균형을 찾으면, 사회주의가 자리를 잡으면…." 그리고 나는 대답한다. 그 결과를 기다리는 사람은 누구며, 몇 세대가 걸려야 그렇게 될 것이며 또한 그 사회주의는 어떤 사회주의냐고. 엄밀하게 말해 내가 볼 때 오늘날 알제리가 하나의 "사회주의"로 발전할 가능성은 전혀 없다. 그러면? 이 모든 일에서 오늘날 폭력을 정당화하는 사람은 누구인가? 그 역사의 뜻이란 무엇인가? 결국, 본질이 다른 두 종류의 폭력이 존재한다는 말은 어불성설이다. 사람들은 문제를 여러 측면에서 다루지만, 항상 우리가 다른 법칙을 따르는 같은 모습과 성격을 한 하나의 폭력을 발견한다. 그리고 이는 수단으로서의 폭력이 결코 그들이 그들 수단을 정당화한다고 주장하는 목표를 성취하지 못한다고 우리가 단언할 수 있는 이유다. 사실 제기되는 목적들, 목표들은 항상 인간의 현존, 그 실존, 그 운명 또는 그 조건에 관련되어 있

---

97) [역주] 쿨락(Koulak)은 '주먹'이라는 뜻의 러시아어로 짜르 체제에서 대농장을 소유하고 농업 노동자들을 고용하여 일을 시키던 농민을 경멸조로 부르던 말.

다. 그것은 인간과의 어떤 관련성에 종속되어 있다. 그리고 폭력을 감싸는 사람들이 말하는 것이 바로 그것이다! 인간의 이름으로 인간을 위해 폭력은 정당화된다. 제도들 혹은 추상적 가치들과 폭력은 결코 아무 관계가 없다. 그러한 것들을 내세울 때 폭력은 순수한 모습을 띤다. 그러나 우리가 알다시피 구체적으로 말하자면 폭력을 행사하는 자들 앞에서 제도적 개혁을 할 때 (그들이 요구하는 개혁일지라도!) 그것은 폭력을 결코 만족하게 하지 못하며 폭력이 원하는 것은 항상 그 이상이다. 그런데 이러한 구별은 본질적이다. 제도들 또는 가치들의 수준에서 사람들은 목적과 수단을 구별할 수 있다. 이 전통적인 구별이 지지를 받는 것은 오직 그러한 수준에서다. 제도들은 오직 인간을 위해서 그리고 인간에 의해서 존재한다. 그러나 사람들은 그렇게 보지 않는다. 그것은 사람들에 의해 시작되는 것이다. 제도들은 그것들을 운용하는 사람들에 의해서만 정의롭거나 불의하게, 효과적이거나 비효과적이 된다. 가치들은 사람에 의해서만 경험된 의미가 있다. 사람들은 항상 다음과 같은 결론에 도달한다. 문제는 항상 사람에게 있다는 것이다. 모든 것이 인간과 인간의 관계에 기초한다. 그런데 이 인간과 인간의 관계는 항상 폭력에 의해 단절되고 부패한다. 그리고 별로 중요하지는 않지만, 사람들이 내게 말하는 것은 "하지만, 이미 그 관계를 단절하고 부패시킨, 이전의 폭력이 있지 않소."라는 것이다. 그건 정의의 담지자라고 스스로 주장하는 사람들의 변명거리는 되지 못한다. 식민주의자의 폭력이 모든 인간관계를 단절했음은 알고 또 알아도 부족할 일이지만 슬프게도 그것이 바로 우리 유럽인들의 죄가 아니던가. 카뮈의 모든 작품 또는 몽테를랑Montherlant, 98)의 『모래밭의 장미』La Rose des sables는 프란츠 파농이 '정당화된 분노의 외침'을 말하기 전에 이미 우리 유럽인들의 죄

---

98) [역주] 앙리 드 몽테를랑 (1895-1972) : 파리 태생의 소설가, 에세이 작가, 드라마작가, 아카데미 회원으로 Les jeunes filles(1936), La Rose des sables(1938) 등의 소설과 La Reine morte(1942), Port-Royal(1954) 등의 에세이를 비롯하여 50여 편의 작품을 남겼다.

에 대하여 증언했던 것이다. 학부의 교수들이 학생들과 진정으로 인간적인 관계를 맺지는 않음으로써 관계를 단절시킨 것은 맞다. 식민지배자가 식민지 원주민을 타락하게 하며 인간성을 부패시켜 버린 것도 교수가 학생을 경쟁하는 동물로 만들며 부패시켜버린 것도 맞다. 그러나 우리가 당연히 말할 수 있는 것은 이것이다. "당신들이 이 단절과 부패에 반대한다면 더 나은 일을 하시오. 진정하고 참된 관계를 다시 세우고 인간에게 고기함을 돌려주시오. 그런데 그렇게 하려면 옛 식민지배지, 부르주아 또는 교수를 당신들이 당했던 그대로 모욕하고 고문하고 타락시키는 방식으로는 되지 않을 것입니다. 당신들이 폭력을 사용한다면 그 역시 인간의 인격을 살해하는 것입니다. 당신들은 그렇게 함으로써 부패한 시스템을 다시 세우게 됩니다. 당신들은 당신들 간의 관계뿐만 아니라 인간의 관계를 파괴하게 됩니다. 왜냐하면, 폭력은 (당신의 정당한 폭력은!) 전염되기 때문입니다. 그리고 폭력이 당신들의 적에게 행사되고 난 후에는 당신들 자신에게 행사될 것입니다!" '정당한' 폭력으로부터 세워진 제도들은 더 나은 것이 되지 못할 것이다. 정당한 폭력은 인간의 관계를 어떠한 수준, 어떠한 위치, 어떠한 형태에 위치시키며 그 제도들은 전염될 것이다. 폭력에서 비롯한 이 제도들은 자유를 세우지는 못할 것이다. 제도들은 (아무도 복수할 의사가 없고 아무도 강요하고 질식하는 무거운 기계처럼 느끼지 않을 때) 상대편의 동의가 있어야 자유를 줄 수 있다. 마찬가지로 해방하는 폭력이 사회에 가치들을 세울 수 없는 이유는 이 가치들이 공동체의 가치들로 모두에게 공통되게 받아들여지고 수용될 수 있어야 하기 때문이다. 그것들은 모두에게 단지 다수에게가 아니라 선이자 진리로 경험되어야 한다. 그것들이 폭력에 의해서 강제되거나 폭력에서 비롯될 때에는 결코 그렇게 될 수 없다. 그 잘못이 무엇이든 희생자는 결코 그 가치들을 인정하지 않을 것이다. 암살자가 헌병의 가치들을 인정하지 않는다는 것을 우리는 안다. 그로 하여금 그 가치들을 발견하게 하려면 감옥으로는 안 된다. 알제리 전쟁은 물론 알제리 사람들에게 서구의 가치들을 발견하게 하지 못했다. 그러나 카스트로 또는 나세르의 독재는 사회주의의 가치들을 발견하게 하지 못했다! 우리는 그렇게 간접적으로 목적을 부패시키는 수단의 문제를 다시 발견한다. 왜냐하면, 폭력이라는 수단은 그것을 겪은 사람의 경험 속에서 그 효과를 매우 오랫동안 발휘하기 때문이다. 폭력의 효과는 폭력과 동시에 멈추어버린다고밖에 말할 수 없다. 희생자는 그의 살, 그의 심장, 그의 무의식 속에 오랫동안 아니 아마도 그의 전 생애 동안 그것을 간직하고 있을 것이다.

이것이 바로 전과는 같지 않을 정당한 폭력이라는 것에 대해 말할 때 우리가 반드시 이해하여야 한다…. 그 두 폭력의 구별을 위해서는 (우리가 자주 사실로부터 확인하는바) 폭력의 현실, 폭력의 법을 고려하는 것 자체를 중단하여야 한다. 그리고 내가 보기에 이것을 단언할 만큼 중요한 이유는 현실주의적 행동이 현상의 참된 이해에서 비롯하기 때문이다. 그렇다면, 그것은 이상주의들을 거절함을 뜻하는 것이다.

이상주의들을 거절함

모든 경우에서 폭력의 사용을 정당화하는 것에 이바지하는 사유는 이상주의다. 여기서 이상주의라 함은 폭력 자체가 아닌 어떤 다른 것을 위해 폭력을 추구하는 태도다. 그것은 전술한 바대로 국가에 의한 폭력은 폭력이 아니라 '공권력'이라고 하는 태도와 항상 같은 형태다.

강고하게 폭력을 추천하는 사람들조차 이상주의를 통해 정치적 경제적 철학적 사유 안에 폭력을 숨기거나 폭력에 대한 진정한 신화를 만들어내 소렐이 그랬던 것처럼 폭력에 숭고한 가치를 부여한다. 그리고 물론 가치의 문제가 충돌할 때 피는 흐르지 않는다. 히틀러와 근대의 혁명가들이 폭력을 신화적으로 찬양하면서 사람들은 피가 흐른다는 것과 인간이 고통 및 공포에 아우성친다는 것을 간과하게 되었다. 그러나 요약해서 보건대 이 이상주의는 다양한 얼굴을 하고 있다.

* * *

(최근에는 그렇게 대중적이지 않지만) 가장 대중적인 형태는 혁명적 이상주의다. 이것은 지성인들 사이에 널리 퍼져 있다. 프랑스의 수많은 철학자가 극단적 폭력의 하나였던 체 게바라의 예를 들며 이 입장을 지지한다. 그들은 말로의 다음 반박에 매료되었다 : "한편으로 사람들은 인간의 구원이 게릴라에 달렸다는 것을 진실로 믿고 볼리비아에서는 게릴라 활동에 참여하기도 하지만 한편으로 사람들은 이 주제에 대해 침묵합니다!"[99] 어떤 것이 이러한 이상주의보다 더 널리 알려진 주제이겠는가? 이러한 이상주의의 특징은 해방하는 폭력, 정화하는 폭력을 주장한다는 것이다. 우리 사회에서 억압받는 사람, 거절당함을 깊이 경험하는 사람, 급진적인 방법을 고민하는 사람은 폭력을 말하고 때로 그것을 실행에 옮기게 된다. 폭력을 통하여 그는 순응주의에서 벗어난다. 폭력을 통하여 그는 부르주아 및 그들과의 타협의 관계를 끊어버린다. 그는 확실히 자기 입장을 공개한다. 사람들은 위선적이고 편안한 세상에서 살기를 거부하고 대낮에 진정한 인간조건들을 공표하며 사회를 둘로 나누어 전통적인 삶의 방식들, 그 도덕 및 그 조직이 더는 존재하지 않게 될 때까지 투쟁한다. 폭력, 그것은 구원의 외과수술이자 보잘것없는 사람들 위에 군림하는 권위들을 박살 내는 작두다. 그것은 그 자신을 위한 그리고 사회를 위한 카타르시스적 가치를 지니는 것이다. 폭력을 통하여 인간은 사회가 그에게 부과한 거짓된 역

---

99) 유럽에서의 말로의 인터뷰 nº 1, 1967년 10월 27일 자.

할들로부터 그리고 일상화된 억압에서 벗어나며 결국 완전히 인간이 될 기회를 얻기 위한 모험에 뛰어든다. 게릴라 빨치산에서 발견되고 히틀러의 저술들에 있는 것과 같은 이 폭력의 성격에 대해 나는 끝없이 계속 쓸 수 있다. 그러나 이러한 이상주의는 또한 폭력을 은폐하고 폭력이 세상 어디에나 있음에도 불구하고 그러한 것은 없다고 말한다. 로베스피에르와 생쥐스트는 공포정치는 상황에 따른 완벽하게 정당한 정부의 방식이라고 말했다. 이때부터 모든 정부는 법적인 테두리 안에 폭력을 감추었으며, 마르크스는 노동자들 위에 군림하는 사용자의 지배는 특별한 잔인성을 띠지 않더라도 그 자체로 폭력이며 사용자가 경찰이나 군대를 개입시키지 않을지라도 계급 간의 투쟁은 존재한다고 하는 사실을 만천하에 폭로했다. 군대는 무엇보다도 지배를 공고히 하기 위한 지배 계급의 보증이며 모든 것은 법률적인 허구에 의해 조국의 찬양 속에 정치적인 교리들에 의해 덮여 있다는 것이다. 그리스도인은 이러한 이상주의적 위선의 너울을 벗기고 정화하고 성화하는 폭력이라는 이상주의를 고발하여야 한다. 한편으로 이 두 경우에서 모두 폭력은 고결한 목적을 달성하기에 가장 적합한 수단으로 여겨 사용된다. 그것은 사회정의, 국가의 안녕, 범죄자들의 제거와 관계된 것이며 (왜냐하면, 사회적이거나 정치적 상대방은 항상 범죄자로 표현되기 때문이다.) 경제구조들의 급진적인 수정에 관계된 것이다. 정당한 혁명의 과정에서 폭력이란 항상 "귀환 불가능지점"을 지나게 하며 그 결과 역사에 대한 망각이 시작되는 것이다! 그런데 이러한 사실에 대해 더 말하지 않더라도 내 정치적 사회적 연구에 따르면 폭력은 완전히 피상적인 수단일 뿐임이 확실하다. 다시 말해 폭력은 표면적인 변화들, 외양, 보이는 면들을 변화시킬 뿐 엄밀하게 말하자면 불의의 뿌리는 전혀 건드리지 못하며 사회구조를 바꾸지도 못하고 경제 시스템이나 사회의 기초를 바로 세우지도 못한다. 폭력은 깊이 있는 혁명을 위해서는 결코 적합한 수

단이 될 수 없다.100)

폭력은 방향성을 획일화하며 미움을 받는 이웃들, 불편한 증언을 하는 사람들 및 증오의 대상이 되는 압제자들을 제거해 버리게 하지만 결정적인 어떤 것도 변화시키지 못한다. 하나의 경찰은 다른 경찰을 대체할 뿐이며 하나의 공장장은 다른 공장장을 대체할 뿐이다. 다른 모든 부분에서 역시 마찬가지다…. 그 결과 폭력이 결정적이고 깊이 있는 변화를 위한 유용한 수단이라고 하는 믿음은 위험한 이상주의에서 두드러지고 그럼으로써 폭력은 더욱 자라나며 결국 최악의 환멸을 가져온다.

마지막으로 우리가 거절하여야 하는 이상주의의 세 번째 모습은 "고결한" 이상주의라는 것인데, 이 여러 얼굴을 가진 이상주의는 폭력이 한번 지나가면 화해가 결국 가능하다고 하는 태도를 보인 것이다. 마르크스가 말한 바처럼 인간은 결국 자기 자신과 다른 이들과 그리고 자연과 화해하게 된다고 하는 이러한 종류의 낙원에 대한 환상은 그러나 그 전주곡으로서 피로 물든 설명 및 프롤레타리아 독재가 있어야 한다. 리처드 스나이더 T. Richard Snyder는 이 주제에 관련하여 화해에 대한 기독교적 설교가 필연성으로서의 폭력을 고려하지 않는다면 어떻게 현실성을 가질 수 있는지 묻는다.101) 이 관대한 이상주의에 따라 수많은 젊은이는 전쟁에 참여하지 않음으로써 그들 나라 상대편을 **이상화한다는** 명목으로 감옥에 갇히거나 죽임을 당하는 것을 무릅쓰기도 하고 그것을 지나치게 미화하기도 한다. 이 젊은이들은 한편으로는 영웅들이지만 한편으로는 바보들이다. 그들은 집단적이고 거대하며 끔찍한 폭력에 자극을 받아 그들 행동의 이유를 거기서 발견한다. 그러나 이러한 자명한 폭력이 존재한다는 이유로 그들은 곧바로 폭력을 당하는 사람들을 희생양, 성자 또는 순교자로 만들어 버린

---

100) J. ELLUL, *Autopsie de la Révolution*, 1969.
101) 참고: "Revolution in the Theological Revolution", Christian Century, 1968년 1월호.

다. 왜냐하면, 그들은 그 상대편에 있는 현실, 그들의 잔인성, 그들의 폭력, 그들의 거짓말을 모르기 때문이다. 그들은 또한 그들의 진정한 의도 및 그들이 권력을 가지게 될 때 행사할 무시무시한 폭력이 어떤 것이 될지 알지 못한다. 그러므로 이러한 완전한 무지 속에서 이러한 완전한 몰이해와 맹신 속에서 오직 행동에만 열을 올리는 이 젊은이들은 그 상대편을 위해, 상대편의 폭력을 위해 일하는 것뿐이다. 2차 대전 이전에 프랑스인이면서도 나치즘에 가담했던 사람들이 얼마나 많았던가? 그들은 나치가 가난한 사람들의 권리 및 자본가들에게 착취당하는 실업자들을 변호한다고 선언하였다는 이유로 그리고 체코의 독일인들, 크로아티아인들, 단치히의 독일인들에게 자행되던 폭력에 고결하게 반대했다는 이유로 나치를 지지했다…. 그들은 그들이 존경할 만한 가치가 없는 것에 너무나 많은 정력을 소비했다! 또한, 전후 프랑스에서 "가난한 사람들, 무산자들의 정당"인 공산당에 가담하였지만 곧이어 몇 년 뒤 제20차 공산당대회[102]와 헝가리의 대학살에 아연실색하게 된 사람들은 또 얼마나 많았던가? 이러한 것이 바로 우리가 급진적으로 단죄하고 맞서 싸워야 할 이상주의다.

* * *

그러나 단순히 무시해도 좋을 평화적 이상주의 역시 존재한다. 여기서 우리는 히피에 대해 말하고 넘어가지 않을 수 없다. 여기서 역시 우리는 고결한 젊음과 마주친다. 그들의 마약문제 및 성적 자유에 대해서는 넘어가도록 하자. 그건 대단히 중요한 문제는 아니다. 그들은 전체로서의 사회나 이성을 위한 사회에 이의를 제기한다. 그들은 순응주의적이고 도덕적

---

102) [역주] 소비에트 공산당 제20차 대회 : 1956년 2월 14-25일 모스크바에서 열린 공산당대회에는 소련 공산당 대표들과 전 세계 공산당 대표들이 참여하여 탈스탈린주의를 공식적으로 선언하였다.

으로 아무것도 없는 영혼 없는 사회를 거절한다. 그들은 아마도 블랙 파워에 대항하여 플라워 파워Flower Power를 선언하는 것 같은데 여하튼 그것은 모든 형태의 폭력의 반대편에 서는 것이다. 그들은 이 서구의 유일한 이상이 경제적 성장이 되어버렸다는 이유로 서구의 종말을 선언하는데 어느 정도 일리는 있는 주장이다. 그리고 그들이 주장하는 사랑, (부분적으로) 크리슈나Krishna의 사상을 도입한 것, 국가주의를 거부하고 우주적 양심에 참여하는 것, 그리고 보편저 공동체에 대한 사상은 아름다운 것이다. 결국, 개인 각자가 해야 하는 것의 발견을 위한, 도덕주의가 아닌 새로운 윤리를 창안해 내기 위한 개인주의의 시도는 진정한 기독교적 윤리의 설교가 될 수 있는 좋은 예다. 외적인 표현이야 어떠하든지 간에 이 모든 생각은 진정으로 가치 있고 심오한 것이다. 그리고 우리의 주제를 위해서 역시 무엇보다도 비폭력이라는 절대적 원칙 및 모든 형태의 폭력에 대한 단죄라는 생각은 반드시 붙잡아야 한다. 불행히도 이 커다란 도약은 시작부터 단죄되었으며 출발부터 부패한 것처럼 보인다. 왜냐하면, 히피들은 사회에서 그들의 진정한 자리가 어디인지에 대한 의식이 전혀 없기 때문이다. 내가 보기에 그들이 단죄받을 만한 것은 그들의 악덕도 이의제기도 아닌 그들의 무지와 현실주의의 부재 때문이다! (또한, 이에 대하여 나는 그들이 합리주의적인 우리 문명을 거부하는 그것조차 그 안으로 되돌아가는 것이기에 현실주의자들이 되기를 원하지 않는다고 말하리라는 것을 안다.) 그들은 그들이 이 생산-소비의 사회, 이 기술 사회, 이 폭력 사회의 기초와 현실 위에 존재한다는 사실을 모르기 때문이다. 그들의 존재는 이 사회에서는 단지 부록, 모자에 달린 꽃술, 노래 소절, 꽃잎 장식, 꽃불, 샴페인 마개에 불과할 뿐이다. 그들은 이 사회에 이의를 제기하고 사회를 고발하지만, 심상은 그들은 사치재에 불과할 뿐이다. 그들은 사회가 완전한 생산성을 가지고 기능을 하는 경우에만 실제로 존재할 수 있다. 왜냐하면,

그들이 웬만큼 소비하면서도 거의 일하지 않거나 아예 일하지 않는 한 (그들이 기계문명의 재화를 거절한다 할지라도) 그들은 이 사회에서는 비생산적 인구의 무게, 어느 정도 수준에 도달한 고소비 사회가 비생산적 구성원의 일부분을 사실상 먹여 살릴 수 있는 한 참아줄 수 있는 무게일 뿐이다. 그들은 사실상 고도의 생산성을 가진 한 사회가 허용해 줄 수 있는 사치재이다. 더 열악하거나 성장에 한계를 가진 사회에서 히피 운동이 전혀 존재할 수 없음은 자명하다. 그러한 사회에서라면 단순히 이 모든 젊은이는 징집당할 것이고 강제노역에 징발되거나 굶어 죽을 것이기 때문이다. 그러나 그들이 높은 수준의 사회에 존재한다면 그것은 그들이 사실상 이 경제적 메커니즘, 이 기술사회의 엄정함, 이 사회의 골조를 이루는 드러나거나 감추어진 폭력의 존재 위에 자리하고 있다는 뜻이다. 이 생산성, 착취, 경쟁, '진보'(그들이 이의를 제기하는 바로 그것!)의 도덕이 없다면 그들은 단순히 존재할 가능성조차 가질 수 없을 것이다. 그들 생각과는 달리 그들은 사회 자체의 어떤 깊은 필요에 대답하는 것처럼 보인다. 그러한 형태의 사회는 재미없는 세상, 즐거움의 부재 및 젊음의 부재를 무의식적으로 증명하는 세상이다. 음울하고 잿빛이며 기쁨 없는 이러한 사회는 최선의 총합도 낙원도 아닌 사회로서 자신에게 없는 것을 더듬어 찾는다. 그 사회는 레저와 오락을 제공하지만, 그것으로는 충분하지 않다. 그것들을 이용할 줄을 알아야 한다. 이러한 시화에 소속된 사람들은 행복하지 않고 자유롭거나 더 나은 존재라고 스스로 느끼지 못한다. 그들에게 필요한 것은 이러한 것에 대한 보충이다. (확실히 아무것도 달리 잃지 않은 채!) 그리고 갑자기 히피가 나타나서 이러한 사회가 요구하는 것에 대답한다. 필요는 기관을 창조한다. 그들은 색깔, 젊음, 즐거움을 만들어내며… 그것을 배달한다. 물론 어느 정도 (매우 약하게) 그들은 사회를 화나게 한다. 그러나 그들은 지겨움이라는 악덕에 빠진 사회를 뒤흔들 힘은 없다. 그리고 알아야 할 것은 이 사회에 이의를 제기하는 것과는 별개로 히피 현상은 사회가 가지고 있지 못한 것, 필요한 것, 사회가 사회로서 존속하는 데 반드시 필요한 것을 채워준다는 것이다. 왜냐하면, 그들은 이 생산의 사회, 이성의 사회에 즐거운 보충을 통하여 사회가 지속하게 하고 더 나은 방향으로 발전하게 하기 때문이다. 히피의 오류는 그들이 이 사회의 바깥에 존재한다고 믿는 것이지만 그들은 이 사회의 한 부분이며 또한 이 사회의 열매다. 그들의 비폭력 이상은, 그들이 비폭력 그룹으로 존재할 수 있다면, 이 사회의 질서 및 생산성다시 말해 폭력 덕분이다. 그들의 비폭력 이상은 그들이 사회로서 전체적인 집단으로서 강요 없이 폭력 없이 살아갈 수 있다고 여기는 데서 비롯한다. 그것은 정확하게 말하자면 오직 그들이 편입해서 살아가는 사회의 나머지 범주의 사람들의 덕분이라는 것이다. 그들이 행동으로 옮기는 루소주의는 다른 이들의 조직적이고 의무적인 성장 속에서가 아니라면 가능하지 않다. 그들 자신의 처지, 그들의 진정한 의미, 그들의 전체 사회와의 관계에 대해 이렇게 무지한 채로 나에게는 멋진 히피들은 항상 가장 고결한 이상주의들에 덮인 폭력의 사회에 위험한 호의를 보이는 것 같다.

* * *

마지막으로 우리가 구별하고 거절하여야 하는 이상주의의 세 번째 모습은 기독교 이상주의로서 교회사에서 주기적으로 발전을 거듭해 온 것이다. 이 이상주의는 어떤 방식으로든 세상과 인간의 선함에 항상 관계되어 있다. 그리스도인들의 가장 나쁜 태도는 근원적 악과 근원적 사랑의 이중적인 성서적 확신에 만족하는 것이다. 그리스도인들은 때로는 인간과 세상의 근원적인 악을 강조하였으며 (이것은 청교도주의 및 도덕주의의 냉정한 태도, 용서와 기쁨의 종말 등등으로 나타났다.) 때로는 은혜 및 사랑 외에는 보지 않으려 했다. 지금 그들은 이미 '천국'에 있다고 믿고 있다. 최근 새로운 신학 경향이 그렇다. 우리가 상기하지 않을 수 없는 세 가지 기초는 다음과 같은 것이다. 하나님께서 세상을 이처럼 사랑하사… 사람들은 세상은 현재 속량**되어 있다**고 말한다. 좋다. 구원의 사역이 이루어진 것은 이 세상을 위해서다. 그 결과 이 세상에서 일어나는 일은 앞으로 하나님께 사랑받고 축복받게 된다. 세상일은 축복받은 일이며, 그리스도인들은 세상일에 이바지하여야 한다. 두 번째로, 죄가 넘치는 곳에 은혜는 더 넘치나니…. 물론 이 세상에는 아직 악이 존재하지만, 악에 집중하지 말고 죄에 집착하지 말아야 하는 이유는 어차피 그것을 뒤덮는 은혜는 그보다 더 강하며 모든 것을 덮어버리기 때문이다. 악, 재앙, 사회적 또는 경제적 부패를 분석하는 것은 불필요하며 은혜의 사역이 사람들의 경이적이고 경외할 만한 일들, 그들의 기술, 그들의 정치, 그들의 과학 등등 속에 나타나는 것을 아는 것이 더 낫다. 결국, 세상에 대한 예수 그리스도의 주권에 모든 것을 맡기는 것이다. 예수 그리스도가 진짜로 주님이라면 세상에서 일어나는 모든 일은 그의 주권 속에서 일어나는 것이라는 의미가 된다. 그러므로 사람들이 이 주권에 참여하는 것은 예배와 의식과 기도를 하는 교회 **안에서도** 아니고 성서 연구를 통해서조차 아니다. 그것은 세상에 참여하여 함께 세워가는 그들 사역 안에서 모든 사람과 소통하는 것이다. 그리스도를 아는 사람이든 모르는 사람이든 이 **주님의 나라**는 보잘 것 없는 작은 사람들 각자 안에 나타나는 것이다.마25장 이 신학적 기초들은 그 자체만을 고려하지 않는다면 세상과 인간에게 가치를 부여하며 기술적인 일들, 과학적인 일들, 그리고 정치적인 일들을 찬양하게 하고 그리스도인의 진정한 소명은 인간 문화에 참여하는 것으로 생각하게끔 한다. 그러나 이것은 또한 정치 또는 기술 문제에서 모든 현실주의를 거절하게 하기도

한다. 사람들은 진보라는 것에 긍정적인 평가와 신뢰를 보낸다. 예를 들어 사람들은 다음과 같이 생각한다. "세상은 그 자체로 사실상 기독교의 상태에 있다."103) 그리고 이 사실로부터 세상에 참여하는 모든 참여는 주님의 일을 진보하게 한다. 왜냐하면, 이상하게 들리겠지만, (부분적으로는 세계교회협의회의 신학이기도 하고 어떤 정적주의 운동을 이끌기도 했던) 이 신학은 오늘날 어떤 특정한 행동주의를 이끌고 있기 때문이다. 그 이름으로 사람들은 악이란 당연히 선에 의해 지배당할 수밖에 없다고 믿는 그리스도인들을 거리낌 없이 양심의 가책 없이 정치적 또는 과학적 행동에 참여하게끔 한다. 그러나 그렇게 이 이상주의는 폭력의 현실에 대해 착각하게 하는 것이다. 한편으로 사람들은 폭력이 존재할 수 있다는 것에 화를 낸다. 이 목가적 세상에서 냉혹, 고문, 전쟁은 비정상적이며 거의 이해할 수 없는 것으로 보이기 때문이다. 그러나 여전히 사람들이 부정할 수 없는 거대한 폭력은 분명히 존재한다. 그 앞에서 이상주의적이 이 그리스도인들의 반응은 분노다. 감출 수 있는 한 모든 다른 잠재적이고 은밀하게 숨겨진 다른 폭력은 부정된다. (사람들이 그 존재를 부인할 수 있는 한 국가에 대한 자본주의 기업들의 폭력 또는 스탈린 치하의 중앙집권화의 폭력이 그러하다.) 또한 가난한 자들 억압받는 자들에 의한 반란에서 비롯된 폭력에 대해서 말하자면, 그 폭력은 이 이상주의자들로부터 완전한 동의를 받는다. 그것은 정의의 표현이기 때문이다. 그러나 이 동의는 폭력이 진실로 무엇인지에 대한 무지, 세상에 대한 지식의 부재, 자발적이든 아니든 모든 경우에 뭐라고 합리화하든 간에 폭력의 효과들에 대한 무분별에 근거하는 것이다. 또 한편으로는 그러한 폭력을 그렇게 쉽게 수용하는 이 그리스도인들조차 사람 하나 죽이지 못할 만큼 무능력하다는 것을 강조할

---

103) 브뤼셀에서 있었던 도미니크 수도회의 쉴레벡스(Schillebeeckx)신부의 컨퍼런스에서. 1968년 3월 13일. 이것은 명백히 떼야르 드 샤르댕(Teilhard de Chardin)의 신학 및 "거룩한 질료"(sainte matière)에 대한 그의 사상의 영향을 받은 것이다.

필요가 있다. 내가 아는 한, 그들은 기관총을 손에 쥐어 주더라도 쏘지 못해 난처해할 사람들이다.104)

그러나 폭력을 이상화하는 그들의 기초인 이러한 신학적 오류는 그들을 사회정치적 성격을 가진 새로운 마니교로 이끈다. 그런데 이 마니교는 (형이상학적 이상주의였던 원래의 것처럼) 그 역시 이상주의이며 세상의 권력들이 여러분을 어느 한 쪽 편을 들도록 독촉하는 것처럼 얼른 어느 편을 들지 결정해야 하는 이 복잡한 세상에서 한쪽 편을 들 수 있도록 고민을 덜어주는 단순화된 피난처의 역할을 한다. 그러므로 이 그리스도인들은 더는 기독교적이라고 할 수 없는 참여에 몸을 던지면서 무지를 양산해 낸다.

그렇게 경우, 동기, 기초, 입장이 무엇이든 이상주의는 폭력에 대하여 거짓되고 위험한 처지에 빠지게 한다. 그리스도인의 첫 번째 의무는 이상주의를 거부하는 것이다.

---

104) 여기 매우 흥미로운 예가 하나 있다. "프랑스에서 파리의 젊은이들을 대상으로 한 사역으로 유명한 자우앵(Jaouen) 신부는 **보니와 클라이드**(*Bonnie and Clyde*)라는 영화는 아무에게도 해가 될 수 없으며 거기 묘사된 폭력은 전혀 중요하지 않고 우리 사회에 그러한 종류의 폭력은 존재하지 않으며 젊은이들이 이 영화를 본 이후에도 더 폭력적이 되려고 하지는 않을 것이라고… 단언했다. 왜냐하면, 프랑스 사회에서 존재하는 폭력이라고는 경찰의 폭력밖에 없으며 세상에 존재하는 폭력이라고는 베트남 전쟁밖에 없기 때문이다…." (기독교적 증언 *Témoignage Chrétien*, 1968년 2월 2일자.) 이보다 더한 무지에 빠지기는 쉽지 않을 것이다.

제4장

믿음의 싸움

제4장 믿음의 싸움

필연성과 정당성

그러므로 우리가 지금껏 다룬 것은 기독교 현실주의에 따르며 폭력은 인간과 사회에 자연스럽고 정상적이며 지배자의 폭력이든 지배당하는 자의 폭력이든, 부자의 폭력이든 가난한 자의 폭력이든 필연성으로서의 폭력은 존재한다는 것이다. 이 현실주의는 그리스도인들을 분노하게 할 수도 있다. 그리스도인들이 분노하는 것은 그들이 중대한 오류를 범하고 있기 때문이다. 그들은 **자연스러운 것은 선한 것**으로 생각하며, **필연적인 것은 정당한 것**으로 생각한다. 그것은 내 독자들의 자연스러운 반응일 것이라고 생각한다. "폭력을 피할 수 없다는 것이 입증되었고 폭력은 모든 시도에서 필연적이기 때문에, **그러므로** 폭력은 정당하며 그것을 사용하지 **않을 수 없다**"는 것이다. 그런데 이는 특히 반기독교적인 논증이라고 생각한다. 우리 안의 그리스도의 사역은 무엇보다도 자유를 창조하시는 것이다. 인간은 하나님의 영에 의해 자유로워진다. 그는 회심에 의해서 그리고 주님과의 하나 됨에 의해 자유롭게 된다. 그것이 바로 자유를 얻는 유일한 길이며 그것이야말로 참된 자유다. 그러나 자유는 필연성을 벗어나는데 있으며, 더 나아가 필연성과 싸우게 한다. 그 결과 그리스도 안에서 자유롭게 된 그리스도인에게 있어 가능한 유일한 행동의 방향은 모든 폭력에 맞서 싸우는 것이다. 엄밀하게 말해 그것은 폭력이 그리스도 밖의 인간적이고 평범하며 필연성에 따른 관계들의 표현 형태이기 때문이다. 다른 말로 하자면, 폭력을 필연성의 영역으로 여길수록 예수 그리스도의 주권에 대한 인정은 그러한 폭력을 부수도록 우리를 이끌어야 하며 필연성을 거절하게 한다는 것이다. 폭력에 맞선 기독교적 선택의 거부할 수 없는 엄밀하고 명백한 토대인 동시에 근본적인 토대는 이러하다.

왜냐하면, 필연성의 질서는 하나님과의 분리의 질서임을 이해하여야 하기 때문이다. 하나님 앞에서 창조되고 그와 하나가 되어 살도록 세움을 받은 아담은 자유롭다. 그는 어떤 필연성에도 종속되지 않는다. 그러나 그는 하나님이 그에게 부여한 **하나님의 말씀**인 한 계명에 종속되어 있는데, 바로 그것은 복음이면서도 인격적인 대화의 요소이다. 이 계명은 그의 자유를 제한하며 밖으로부터 인격을 짓누르는 율법이 아니다. 아담은 필연성이니 의무니 불가피니 한 것들을 알지 못한다. 그가 말씀에 순종한다면 그는 자유롭게 순종하는 것이다. 그가 하는 일은 전혀 필연성에 의한 것이 아니다. 그는 아무것도 **만들지** 않아도 되고 누구를 두려워하면서 울타리를 쌓아올릴 필요가 없다. 필연성은 아담이 하나님과의 관계에서 떨어져 나왔을 때 나타난 것이다. 그 이후 그는 의무적인 질서, 피할 수 없는 일의 질서, 기아, 자연과의 투쟁, 고통 등등에 종속된다. 그 이후 나타난 필연성은 자연 일부분이 된다. 그것은 하나님이 의도하셨던 것이 아니라 타락 이후 죽음을 위해 만들어진 자연의 필연성이다. 그리고 죽음은 그 필연성 중에서도 가장 완전한 것이다. 필연성은 인간이 어찌할 수 없다. 그것은 결국 필연성의 정의라 할 수 있다. 그러나 하나님이 자신을 스스로 계시하실 때 필연성은 숙명적인 것 또는 피할 수 없는 것이 되기를 멈춘다. 구약성서에는 금식과 안식일의 의미가 나타나 있다. 금식은 먹어야 하는 필연성으로부터 단절되는 것이고 안식일은 일해야만 하는 필연성으로부터 단절되는 것이다. 바로 그 시간에 인간은 그 자신의 순수한 자유를 되찾는다. 그는 그와의 하나 됨을 다시 세우신 하나님에 의해 재발견되기 때문이다. 그것은 또한 제도적 규범질서 및 소유, 의무, 선견지명 등등으로부터 단절된 사람들인 레위인을 정한 의미이기도 하다. 그리고 이 자유는 예수 그리스도에 의해서 또 그 안에서 완전히 성취된다. 예수 그리스도에게는 죽음조차도 필연성이기를 멈춘다. "나는 내 양들을 위해 생명을 준다. 아무도 나에게서 빼앗아 갈 수 없으나 나는 그것을 준다."

그리고 이 주는 것의 중요성에 대해 한결같이 언급되는 바는 금전의 필연성과의 단절이다. 지금 제시하는 짧은 언급들은 앞으로 길게 발전시켜야 할 것으로 폭력의 문제의 배경을 이해하는데 필수불가결한 것이다. 왜냐하면, 숙명 앞에서 굽히게 하는 유혹은 계속되기 때문이다. 그것은 마야르 신부를 앞서 다룬 바와 같이 극단적 처지에 빠지게 한 것이기도 하다. "모든 삶은 투쟁이다. 삶은 그 자체로 폭력적이다. 그리고 이 투쟁의 내부에 우리 자신이 존재한다는 것을 우리는 깨닫는다. 모든 행동은 필연적으로 불완전하며 순수하지도 못하다…. 우리는 우리 자신의 의지와 상관없이 우리를 폭력의 상황으로 이끌 수 있는 끔찍한 악순환에 사로잡힌다. 순수성 등등의 유혹을 우리는 경멸하여야 한다."105) 그러나 마야르 신부는 이 현실주의적인 이의제기와 하나님의 뜻을 혼동하고 있다.

폭력은 피할 수 없지만, 그것은 중력이나 만유인력의 법칙 같은 그런 자연적인 것이 아니다. 그것은 예수 그리스도 안에서의 하나님의 사랑 표현과 아무 상관없으며 기독교적 소명도 아니다. 내가 자유낙하를 할 때 나는 중력의 법칙에 순복하지만, 그것은 신앙 및 기독교적 삶과는 아무 상관이 없다. 폭력은 같은 질서에서 비롯한다는 것을 이해하여야 한다. 그리고 그리스도의 모든 사역이 (죄로부터, 죽음으로부터, 욕망으로부터, 숙명으로부터, 권력으로부터… 그리고 우리 자신으로부터!) 우리를 해방하는 것임을 잘 이해하는 한 우리는 **폭력은 윤리적으로 유일한 선택이 아님을** 안다. 또한, 우리는 필연성의 질서를 수용하고 거기 포함되며 그것에 순복하

---

105) MAILLARD, *Cahiers de la Réconciliation*, 1967.

지만, 그 동기, 중요성, 우리 성찰 및 참여의 깊이가 무엇이든 간에 그것은 엄격하게 말해서 하나님의 사역 및 하나님을 향한 순종과 아무 상관없다. 또한, 우리는 그리스도의 질서를 수용하지만, 그것은 우리를 매우 엄격하게 폭력을 거절하도록 이끄는 것이다. 왜냐하면, 사회에서 그리스도인의 역할은 사람들 사이에서 명확하게 숙명 및 필연성들을 부수는 것이기 때문이다. 그리고 이 단절은 폭력의 방식으로는 이루어질 수 없다. 폭력은 세상의 질서이기 때문이다. 그것을 사용하는 것은 세상으로부터 **비롯하는 것**이다. 제자들은 어떤 폭력이든 사용하고자 할 때마다 그리스도의 거절과 충돌했다. (제자들이 마을에 하늘로부터 불을 내리자고 했을 때 그리스도는 거절했으며 알곡과 가라지의 비유, 베드로의 검 이야기 등등에서 그러했다….)

이런 식으로 문제를 제기하는 것은 폭력과 사랑 사이의 관습적인 대치보다 더 본질적임을 이해하여야 한다. 왜냐하면, 우리가 알다시피 사랑의 폭력이 존재하고 "도움을 주지 않는" 사랑과 효과적인 사랑 간에 반드시 필연적인 이의제기가 존재하기 때문이다. 흔한 예로 남미의 착취당하는 가난한 사람들을 위해 아무것도 하지 않으면서 그들을 사랑한다고 말할 수 있겠는가? 그런데 우리는 폭력 말고는 아무것도 할 수 없다….

이와 반대로, 필연성의 질서와 그리스도의 질서를 상치시키는 것은 핑계가 될 수 없다. 그러나 우리는 어째서 폭력의 현실에 이의를 제기함으로써 시작하여야 하는지 어째서 폭력이 세상에서 비롯하는 것인지 어째서 그것이 필연성의 질서인지 역시 이해한다. 왜냐하면, 그것은 그리스도인으로서 폭력에 이의를 제기하기 위해 폭력을 모든 면에서 모든 중요성에서 인식하는 것과 관련되어 있기 때문이다. 우리가 그것을 본질적이며 자연적이고[106] 불가피하며 피할 수 없는 것으로 생각하면 생각할수록 더욱더 그것을 거부하고 그것에 이의를 제기하여야 한다. 우리가 그리스도 안에서 자유하다면 그 자유는 우리로 하여금 필연성으로서의 모든 폭력을 거절하게 하는 것이다! 우리가 아니라고 말하는 바로 그것은 폭력이 필연적이다는 바로 그 말이며 단지 그것이 폭력이기 때문인 것만은 아니다. 폭력의 '모든 것'이 거기 관련된다는 것을 우리는 인식한다. 심리학적 조작의 방법들(**그쯤 되면** 집단역학이다!), 교리적인 테러리즘, 경제적 제국주의, 자유 경쟁의 치열한 싸움은 고문, 게릴라, 경찰만큼이나 의도적이다. 자신의 사무실에서 전체 노동자들 또는 시민지 인민들을 압제하고 착취하는 자본주의자는 게릴라만큼이나 폭력을 행사하는 자다. 그는 그리스도인의 겉옷을 입은 것처럼 보이려 애쓸 필요가 전혀 없다. 그가 하는 일은 필연성의 질서, 하나님과 단절된 질서에서 비롯된 것이다. 그가 아주 경건한 사람, 뛰어나게 교양을 갖춘 사람일지라도 그의 안에 자유란 존재하지 않는다.

* * *

그러나 그렇다면 반대로 비그리스도인들이 폭력을 사용한다는 것을 완전히 인정하고 수용하여야 한다. 화를 낼 필요는 없다. 유폐된 인간의 출구 없고 희망 없는 상황을 우리는 이해할 필요가 있다. 바로 그것이 필연성의 질서. 그러할 때 예수 그리스도 안에 있는 희망을 모르는 인간, 사도 바울과 함께 "우리는 이 보물을 질그릇 속에 담고 있습니다. 그것은 이 엄청난 능력이 하나님에게서 나오는 것이지 우리에게서 나오는 것이 아님을 드러내시려고 하는 것입니다. 우리는 여러가지로 환난을 당해도 곤경에 빠지지 않으며 난처한 일을 당해도 절망에 빠지지 않으며 박해를 당해

---

106) 히틀러가 말한 중요한 양식을 상기하자. "나는 어째서 인간이 자연보다 잔인할 수 없는지 모르겠다."

도 버림을 받지 않으며 거꾸러뜨림을 당해서 망하지 않습니다…".고후4:7-10;새벽역 (이 말씀은 필연성의 상황이자 다른 수단을 쓰게끔 바울을 충동질해야 마땅할 상황에서 자유의 말씀 그 자체다)라고 말할 수 없는 인간, 그리고 폭력에 대해서 특히 그렇기에 그리스도를 모른다는 이유로 그 자유를 경험할 수 없는 인간, 바로 그를 우리는 이해하고 수용하여야 한다. 그러나 나는 그리스도를 안 사람과 그리스도인이라고 스스로 말하는 사람 그리고 다른 사람을 분명히 구별하고자 한다. 첫 번째 사람은 자신을 위해 폭력을 사용한다면 변명의 여지가 없는 사람이다.[107]

마찬가지로 경찰 또는 군대의 폭력을 사용하면서 동시에 스스로 그리스도인이라고 말하는 자본주의자, 착취하고 압제하는 식민주의자, 정부의 수반은 급진적으로 단죄를 받아야 한다. 교회가 이들에게 취할 수 있는 유일한 태도는 테오도시우스 황제에 대한 성 암브로시우스의 태도다.[108]

이와는 대조적으로 비그리스도인으로서 극단에 빠진 사람, 폭정 속에서

---

[107] 오늘날 "기독교적 가치들"을 수호하기 위한 폭력 또는 그러한 그리스도인들조차도 수용할 수 없다는 생각이 거의 모두에게 받아들여지는 것 같다. 그렇더라도 이러한 경향은 끊임없이 다시 나타날 수 있다는 것을 상기하여야 한다. 그리고 최근 일어난 일의 예를 들자면, 1968년 1월 함부르크의 한 교회에서는 폴 틸리히만큼이나 유명한 신학자가 한 특공대 사관후보생에게 교회와 논쟁을 벌이려고 하는 좌파 학생들의 위협에서 예배를 보호해 달라고 요청하였다. 그와 마찬가지로 베를린에서는 신자들이 폭력을 사용하여 루디 두츠케(Rudy Dutschke)를 쫓아냈는데 쫓겨난 그는 사실 예배에서 베트남에 대해 말하려고 했다는 것이다. 이러한 도발들은 하나의 박해와 같은 것으로 그에 대답하기 위해 폭력을 사용할 권리가 없는 그리스도인들이 인내해야 하는 것이다.

[108] [역주] 390년에 테살로니카 주민들이 반란을 일으켜 총독을 살해하고 황제와 황후의 초상화를 흙탕물 속에 집어넣고 갖은 모욕을 가한 사건이 일어난다. 이에 격분한 테오도시우스 1세는 군대를 보내 그 지방에 사는 모든 사람을 인정사정 보지 않고 무차별적으로 학살해 버렸다. 이 소식을 들은 암브로시우스는 분개하며 즉시 서한을 황제에게 보내 테살로니카 학살에 대한 책임을 물어 공식적으로 참회할 것과 아울러 당분간 교회 출입을 금지하여 달라고 요청했다. 그러나 이러한 요청을 무시한 황제는 부활절 날에 측근들을 대동하고 교회로 행차하였다. 그러자 암브로시우스는 교회 문을 가로막고 서서 황제가 교회에 못 들어오게 했다. 그의 단호한 태도에 테오도시우스 1세는 하는 수 없이 발길을 돌렸고, 성탄절 날에 다시 교회로 찾아왔다. 암브로시우스는 이번에도 입구에서 황제를 제지하며 그에게 테살로니카 학살에 대한 사죄를 요구하였다. 그러자 황제는 결국 그에게 굴복하여 자신의 잘못을 뉘우치고 자신의 죄를 용서받으려고 예배에 참석하려고 하니 부디 들여보내 달라고 간청하였다. 이에 암브로시우스는 가벼운 보속을 명하고 교회 출입을 허가하였다. 또한, 한발 더 나아

살고 폭군을 살해하고자 하는 사람, 보이는 출구는 전혀 없이 끝없는 불의가 계속되는 사회에서 살고 있어 그 사회를 파괴하고자 하는 사람, 착취와 타락의 식민지배 속에 살면서 압제자를 죽이고자 하는 사람, 인종주의 사회의 피해자이면서 자신의 모욕을 폭력으로 그치게 하려는 사람, 우리는 이 모든 사람을 그 폭력, 그 증오, 그 광기 안에서 받아들여야 한다. 우리는 그들이 연쇄 폭력을 촉발하는 것으로 만족하면서도 아무것도 해결하지 못하며 더 나은 세상을 건설하지 못하리라는 것을 안다. 우리는 이 모든 것이 종속과 공포의 세상에 여전히 속해 있다는 것을 알더라도 그것을 비난할 수 없으며, 폭력이 사람에게 유일한 탈출구로 보일 때 폭력이 그에게 치료제이자 여명일 뿐만 아니라 적어도 불의한 옛 질서에 대한 문제제기로 보일 때 폭력이 그렇게나 오래 우롱당한 자신의 존엄성그의 거만!을 다시 찾을 행동으로 보일 때 그 사람이 정상적인 충동에 따르는 그것은 자연스러운 것이며 적어도 정당하고 진실한 것임을 이해하여야 한다.

왜냐하면, 폭력으로부터 모든 덕목을 치워 버려야 하기 때문이다. 사실 폭력은 있는 것이라고는 불의뿐인 질서에서 필연성으로서의 무질서를 창조할 수 있다. 이 질서는 단죄받아야 마땅하고 단죄받는다. 그것은 파괴되어야 한다. 폭력은 그에 대한 유효한 수단이 될 수 있다. (그러나 항상 필연성의 시스템 안에서 그러하다.)

사회질서가 도덕주의적 순응주의적 시스템 및 위선적인 휴머니즘으로 세워지면 폭력이 이러한 거짓말을 폭로하는 것은 (사회적으로는) 좋다. 그리고 소렐은 그 이유를 밝힌다. 휴머니즘의 위장이 사실상 테러리즘을 가려줄 때 (예를 들어 T.W.I. 즉, **인간과 공적인 관계들의 시스템** 같은 경우) 폭력은 진짜 상황은 어떠한 것인지 표현하기에 유리하다. 노동자, 학생,

---

가 로마 제국 내에서의 우상 숭배를 완전히 철폐하였다. 이 일이 있고 나서 보편적인 교회의 권위가 황제의 권위보다 더 빛나게 되었다.

아이 등등에 대해 상급자가 쉽게 표명할 수 있는 선의가 그의 이해관계의 표현에 불과하며 결국 이기주의와 비열함을 포장하는 것에 지나지 않을 때 폭력은 정상적인 것이 된다. 폭력은 의심의 여지없이 그 표면, 위선, 숨겨진 억압들을 벗겨 내기 위한 유일한 수단이다. 오직 폭력만이 실제로 존재하는 것을 드러낸다. 폭력은 이 "선한 고용주"의 실체를 벗겨 내 그 완고한 착취자인 것을 드러내며 그 휴머니스트 정치인의 실체를 벗겨 내 걸핏하면 폭력을 사용하기를 주저하지 않는 압제자의 면모를 드러나게 한다. 폭력은 상급자들이 상냥하고 친절하고 인간적이고 이해심 많은 모습을 보일 때 그것이 단지 하급자들이 복종적이고 순종하고 두려워하고 다루기 쉬울 때 한한다는 것을 폭로한다. 그렇지 않으면 이 상급자들은 무자비하게 변한다. 기독교 현실주의 및 기독교 급진주의는 겉으로만 폭력을 달래는 거짓된 해법 및 타협을 수용하는 것을 막아야 한다. 반대로 그리스도인은 피압제자들이 이러한 방식으로 속지 않도록 경계해야 한다. 우리는 그런 식으로 미국에서 이루어지는 흑인들에 대한 원조를 (국가가 제공하는 최소한의 소득 보증을 포함하여) 문제의 해법으로는 거의 수용할 수 없다. 오랫동안 원조의 정치는 도덕적, 심리학적 그리고 영적으로 품위를 떨어뜨리는 효과가 있었다. (물론 물질적 비참을 해결하는 데는 도움이 되었다.) 그리스도인은 그러한 것을 경계하여야 한다.

결과적으로 폭력은 그리스도인인 나에게는 선하지도 정당하지도 정의롭지도 않지만, 다음의 두 가지 가정을 전제로 이해가 가능하고 비난할 수 없다. 절망에 빠져 다른 출구가 없는 인간의 폭력, 그리고 우리가 멈추어야 하고 실체를 폭로하여야 하는 위선적으로 정의롭고 평화로운 상황에서의 폭력.

그렇더라도 이러한 폭력조차도 '필연성의 질서'에 머무르는 것이며 그러한 전제에 따르는 것의 결과는 자유로운 기독교적 삶과는 모순된 것임을 상기하자. 한편으로 이 이해 가능하고 수용 가능하고 비난할 수 없는 폭력은 매우 급히 변질할 수 있음을 지적하지 않을 수 없다. 불의한 질서와 싸우는 것, 상황의 변화에 따라 희생의 씨앗이 될 무질서의 수립은 이러한 폭력의 수단을 사용하는 사람들이 그들의 차례에 어떤 질서를 창조한다고 주장하지만 않는다면 수용 가능하다. 그들이 창조하려는 것은 단지 하나의 불의를 더하는 것뿐이다. 그리스도인은 그러한 행동을 통하여 새 질서 해방된 사회를 시작한다고 단언하는 사람들의 선언들을 결코 수용해서는 안 된다. 우리는 즉시 폭력이 폭로하고 쫓아내려고 한다던 그 거짓말에 빠지게 된다. 그것이 우리가 앞서 다루었던 폭력의 위선이다. 마찬가지로 우리에게는 또 다른 제한이 있다. 폭력이 하나의 전략의 요소가 될 때다. 우리는 폭력으로 고통받고 폭발하는 사람에게 가까이 가야 하지만 또한 그만큼 폭력을 마음껏 도구이자 전략으로 삼는 사람을 멀리하여야 한다. 그것이 바로 내가 게바라 또는 카마이클을 비판하고자 하는 이유다. 그들은 전략을 세우고 그것을 위해 폭력을 그들 전략의 한 요소로 이용한다. 다시 말해 그때 그들은 고난당하는 사람들, 그 고난 때문에 분노하고 공격적이 된 사람들을 속이는 것이다. 사람들의 고난과 분노는 그러므로 꼭두각시를 조종하기 위해 달아놓은 줄에 불과하다. 그들이 싸우는 대상만큼이나 그들의 지도자들 역시 인간에 대해 경멸하는 것이다. 자연스러운 폭력은 그리스도인이 즉시 지각할 수 있다. 계산과 내부의 전략으로 촉발되는 폭력은 전혀 다른 것으로, 애국주의 등등을 고양하기 위해 군인들을 죽게 만드는 장군의 폭력과 하등 다를 것이 없다. 그리고 그것은 사실 레닌의 가르침이다.

* * *

폭력이 그리스도인에게 그렇게 이해 가능하고 수용 가능하다면 이 폭력과 그리스도인의 관계가 문제가 된다. 전술한 바와 같이 그리스도인이라면 인간의 분노와 폭력이 수단이 되는 전략적 운동에 참여할 가능성, 폭력으로 어떤 질서를 세우려 하는 이데올로기를 믿을 가능성으로부터 즉시 떠나자. 그러나 이렇게 하더라도 문제는 여전히 그대로 남게 된다. 그리스도인은 인간에 대한 인간의 착취, 억압, 폄하의 상황에서 영적인 가치들 안에 숨어버리거나 (역사적으로 너무 자주 그래 왔다.) 지배자의 편에 설 수 없다. 소명에 따라 그리스도의 부름에 따라 주님의 전례에 따라 "모욕당하고 침해당한" 사람들의 편에 선 사랑의 질서에 따라 작고 가난한 사람들의 편에 서야 하는 것은 당연하다. 그리스도인에게 세상에서 그런 자리 외에는 설 곳이 없으며 사랑을 따르는 길이라면 그 길 외에는 없다. 그가 단호하게 그 길을 선택하지 않을지라도 예수 그리스도와의 하나 됨이 그를 가난한 사람들과 하나 되게 하고 완전한 가난, 완전한 불의, 완전한 폭력을 인식하게 할 것이므로 그는 그 길로 걸어가지 않을 수 없을 것이다. 그러나 그 주님 안에서 그의 믿음을 의식하는 그 순간부터 그는 작은 자들, 주님의 형제들 그리고 마태복음 25장에 따라 주님 자신인 사람들에게로 인도된다. 그러나 그것으로부터 행동하며 자신을 표명하면서 그들을 따라갈 수 있는가? 그는 그들 때문에 폭력의 길로 그리고 증오를 따라 그들과 함께 할 수 있는가? 폭력이 '이해 가능' 하다는 것을 우리가 인식한 상황들에서조차 우리는 촉발된 폭력에 관계할 수 있는가? 너무나 많은 그리스도인이 오늘날 선을 넘어 발걸음을 옮기고 있다. 그리고 내가 이 주제에 대해 제안하고 싶은 것은 세 가지다. 우연히 누군가 가난하고 압제 받는 사람들과의 연대를 통하여 그들의 운동, 그들의 복수, 그들의 반란으로 인도된다면 그것은 그리스도인으로서 할 수 있는 개인적인 폭력의 사용이 될 수 없으며 이 행동은 전적으로 정당화될 수도 없다. 그리스도인이 가난한 사람을 방어하기 위해 살인을 하거나 불을 지르는 것은 용납될 수 없으며 그것이 "그리스도인들이 우리와 함께 하므로" 하나님께서 우리와 함께 하신다는 어떤 도덕적인 보증으로 표현될 수도 없다! 많은 혼동이 있겠지만, 카밀로 토레스 신부가 콜롬비아 신부는 게릴라 활동에 가담했다의 표현은 바로 그러한 질서를 따르는 것이었다. 그는 콜롬비아의 농부와 노동자들의 극단적으로 비참한 현실에는 오직 하나의 출구, 즉 게릴라 활동만 존재한다고 보았다. 그러나 그는 그들의 폭력에 관계할 수 없었다.[109] 그러므로 그는 그들 편에 서서 죽는 것을 받아들였다. 그가 목숨을 바친 것은 가난한 사람들 및 애통해하는 사람들에 가까이 계신 그리스도의 현현에 대한 증언이었다. 의심의 여지없이 거기에 고위하고 심오한 태도가 있다. 그러나 나는 그것이 기독교적 진실의 예라고는 단언하지 못하겠다. 그렇더라도 그것은 여기서 직접적인 폭력에 관계되어 있으며 예수 그리스도에게서 아무것도 기대하지 않은 인간들의 선한 양심이고 선전의 한 요소다.[110] 여기서 유일하게 확실한 것은 가장 위험한 상황들 속에서 주님이시고 구원자이신 예수 그리스도에 대한 증언은 사람들과 고통을 함께 나누는 그리스도인들의 몫이어야 한다는 것이다. 게릴라들 사이에서 예수 그리스도가 증명되는 것은 선하고 필연적이다. 그러나 그것이 영웅적인 일이라 해도 이러한 표현이 다른 한편으로 완전히 모호한 진정한 이유는 바로 그런 것이다.

---

109) 이 주제에 대하여 이의제기가 많은 줄로 안다. 어떤 사람들은 토레스를 무기를 들지 않고 자신을 스스로 방어하지 않고 죽어갔던 성자로 여긴다. 또 어떤 사람들은 그가 사제직을 내팽개쳤고 다른 이들처럼 게릴라가 되었으며 무기를 손에 들지 않고 죽은 것뿐이라고 생각한다. 이러한 불확실성은 그 자체로 이러한 종류의 증언들이 가져올 수 있는 혼동 및 모호성을 입증하는 것이다. 그것이 순수한 양심에서 비롯한 것임에도 말이다.
110) 아무것도 하지 않으면 압제자의 폭력에 동조하는 것이 되고 만다며 사람들이 나에게 반대하리라는 것을 나는 잘 알고 있다.

* * *

　다른 쪽에서 본다면 그리스도인 자신이 폭력을 사용하는 것은 가능한 일일 수도 있다. 그것은 역사적으로 반복하여 일어났던 일이며, 어떤 지점에서 그들이 "순응주의적"인지 모르는 오늘날의 모든 폭력의 전도사들의 정신착란을 확인하는 것은 대단히 흥미로운 일이다. 그들은 십자군과 다르지 않다. 오늘날 혁명적 폭력을 가지고 사람들이 우리에게 설교하는 것은 하나의 역逆십자군이다. 한때 신앙의 이름으로 폭력 운동을 주도하던 지배자들이 있었다. 지금 그것은 그 지배자들에 대한 폭력 운동이 되었다.
　한때 십자군의 대상이 성지인 상황, 경건의 문제인 적이 있었다. 오늘날 십자군의 대상은 사회적 상황이다. 그러나 (사람들이 믿는 것만큼이나 그리 크지는 않은) 그 둘 사이의 차이는 별개로 하더라도 그리스도인들의 운동과 태도에는 동질성이 있다. 그것이 무엇이든 혁명적이 된다는 사실은 (그리고 내 생각에 기독교는 본질적으로 혁명적이라고 나는 말했다.) 그리고 사람들의 고통과 고난을 나눈다고 하는 사실은 그리스도인을 폭력을 사용하도록 이끌 수 있다. 수없이 많은 그리스도인이 전쟁에서 그러했던 것처럼 그는 혁명 도중에 폭력을 사용할 것이다…. 그것은 "그것은 불가능하고 수용할 수 없다."는 문제가 아니다. 중요한 것은 그러한 상황에서 그리스도인은 하나님 앞에서 오류를 범하는 것이며 그것이 악이고 사랑의 하나님에 대하여 죄를 짓는 것이자 겉으로는 세상과 싸우는 것처럼 보일지라도 세상의 무질서를 악화시키는 것임을 아는 것이다. 중요한 것은 여기서 그리스도인이 혁명가들 및 가난한 사람들의 편에서 선한 양심을 가질 수 없다는 것이다. 그는 그가 사용하는 폭력이 하나님의 뜻에 맞는다고 믿을 수 없으며 하나님의 질서에 들어맞는 자리에 서 있다고 믿을 수 없다. 단지 그는 그 자신의 두려움, 감수성에 굴복한다고 말할 수 있을 뿐이다. (전투에서 자신을 스스로 방어하지 않은 것은 차갑게 사형선고를 받는 것만큼이나 혹은 그보다 더 어렵다.) 또는 그 자신의 목숨을 구하기 위해서가 아니라 다른 사람들을 **위해서** 싸운다고 말할 수 있을 뿐이다. 그는 자기의 폭력에서 필연성의 표현이 존재한다고 인식할 수 있을 뿐이다. 예를 들어 혁명에서 피할 수 없는 것들이 있는데, 그것은 반드시 해야 하는 것으로 저항 운동에서는 폭력을 사용하여야만 하는 것이다. 그것이 바로 필연성이다. 그러나 그렇다면 그리스도인은 **그가 필연적으로 떨어진다는 것을** 알아야 한다. 다시 말해서 그는 하나님이 비싼 값을 치르고 사신 당신이 원하는 자유로운 인간이 되기를 그치게 된다. 그는 하나님에 따른 사람이 되기를 그치며 진리에 대한 증인이기를 멈춘다. 물론 하나님이 우리를 부르신 것이 단지 그것만을 위해서는 아니다. 그는 하나님 없는 이 세상의 궤적으로 떨어진다. 물론 성서 전체를 통하여 "역사를 만드는" 폭력적인 사람들을 우리는 만난다. 그러나 그들은 하나님이 사람에게 바라는 바가 아니다. 인간 중에서도 가장 사악한 자와 맞서는 싸움조차도 여전히 한 인간에 맞선 싸움이다. 다시 말해 그것은 하나님의 잠재적인 형상을 한 자와의 싸움이라는 것이다. 그러므로 거기에는 하나님 앞에서 만족이나 폭력의 수용이 있을 수 없으며 단지 다른 길이 없다는, 편리함의 절벽 세상의 압력에 떨어지고 말았다는 굴욕의 인식이 있을 뿐이다. 그리고 그것이 그리스도인이 행사할 수 있는 폭력 중 가장 정당한 것일지라도 그가 스스로 정의롭다고 느끼거나 선언할 수 없는 이유이며 그가 죄인일 뿐이라고 느낄 수밖에 없는 이유, 하나님의 심판에 놓이는 이유 그리고 그로부터 은혜와 용서를 기다려야 하는 이유다. 내가 증거 및 진부한 소리를 많이 주장한다면 그것은 내가 적지 않은 수의 (위의 태도를 보이고 있지 않은) "폭력적인 그리스도인들"을 알고 있기 때문이다. 오히려 그들은 그들 나름의 정의에 사로잡혀 그들 자신에 매우 만족한다. 그들은 선의 편에 서 있다고 믿고 있지만… 그 같은 비극적인 질문에서 중요한 것은 그 당파가 무엇이든 선한 양심을 조금도 가질 수 없을지라도 진리 안에 있다고 스스로 느끼지 못할 때라도 진리를 향해 첫발을 내딛어야 한다는 것이다.

* * *

그리고 여기 평가의 기준이 있다. 그리스도인이 피압제자들을 방어하기 위하여 (그리고 순복할 수 없는 정치적 확신을 거부하기 위하여!) 폭력 운동에 참여한다면 (그가 지배질서의 편이든 혁명가의 편이든) 그는 그 빨치산들 가운데에서도 낯선 자로 남을 뿐이며 그에 따라 그는 양심을 저버리고 진리와는 상관없는 증인이 될 뿐만 아니라 그가 하는 모든 일 (다른 이들과 함께 하는 일들)은 상대화될 뿐이다.

게다가 그는 진영을 갈아타야 할 수도 있다. 그리고 그는 자기 친구들이 승리했을 그때에 그런 일을 해야 할지도 모른다. 사실 혁명 운동 이후에 혁명당이 권력을 잡게 되면 즉시 옛 압제자들을 압제하는 일이 시작된다. 나는 그런 일을 나치에 대항하던 프랑스 레지스탕스에서 경험했다. 그리고 매번 같은 과정은 반복된다. 그로부터 **진정으로** 그리스도인이 빈자들, 무산자들, 피압제자들과 함께 하기 위한 어떤 폭력 운동에 참여한다면 그는 **즉시 진영을 갈아타야 한다**. 그는 옛 자본주의자, 옛 부르주아, 옛 부역자, 옛 나치 등등의 편에 서야 한다. 왜냐하면, 이제 그들이 새 질서의 피해자, 새롭게 가난해진 자, 새롭게 모욕당하는 자가 되었기 때문이다. 그것이 그들이 처음에 약속한 진정성의 표지가 아니던가. 그것이야말로 그가 전에 가졌던 이유가 진실한 것이었음을 보여주는 유일한 근거다. 그가 승리자들의 편에 남는다면 그가 가난한 사람들 및 압제당하는 사람들의 편에 섰기 때문에 그 정파에 머무른다는 말은 진실하지 못한 것이 된다. 섬기려고 그리스도인이 되고자 한다는 그의 말은 틀린 말이 된다. 그 것이 가능한 유일한 수단이기에 그것이 다른 폭력에 대한 유일한 대답이 라는 이유로 몸을 바쳐 폭력의 길로 들어섰다고 하는 그의 말은 마찬가지 로 틀린 말이 된다. 이 모든 것이 거짓말이며, 가장이며 위선이다. 그리고 나는 알제리 전쟁 때 민족해방전선의 편에 섰던 셀 수 없이 많은 그리스도 인에 맞서 이러한 비난을 하는 고통을 말하지 않을 수 없다. 그러나 이 후… 새 정부이 아르키harkis, 111), 알제리 출신의 프랑스인들 그리고 압제 당하던 알제리인들은 그들에게 완전히 무심했다. 그러므로 그들이 그러한 이유에 천착한다면 그것은 순전히 정치적인 확신, 교조주의적이고 지적인 고집을 위한 것일 뿐이며 대개 순전히 그리고 단순히 선전의 결과일 뿐이 라고 말하지 않을 수 없다. 엄격하게 말해서 그 안에 기독교적인 것은 없 다. 그것은 자신과 다른 사람들 앞에서 악에 악을 더하는 것일 뿐인, 자신 을 스스로 정당화하는 척하는 기독교인들의 동기일 뿐이다. 나는 이 그리 스도인 수호자들의 수많은 경험 및 동기들이 끔찍하게 의심스럽다는 것을 말하지 않을 수 없다.

* * *

결국, 마지막 할 말은 이것이다. 폭력은 피할 수 없고 필연성의 질서에 속한 것이지만 그럼에도 불구하고 그것은 하나님 앞에서 결코 정당한 것 이 될 수 없고 우리를 부르신 예수 그리스도 안에서의 삶과 반대되는 것임 을 밝히려고 우리는 시도했다. 이는 결국 그리스도인으로서 우리는 힘을 다하여 폭력에 대한 모든 정당화를 거절하여야 하고 특히 기독교적 동기 들로부터 비롯된 폭력에 대한 정당화를 거부하여야 한다는 의미다. 그리

---

111) [역주] 알제리 전쟁 당시 알제리 현지에서 징발된 알제리인 보충병들.

고 나는 다시 한 번 권력자, 자본가, 식민주의자, 국가의 폭력 및 그만큼이나 문제가 되는 피압제자들의 폭력에 초점을 맞추고 있음을 상기시키고자 한다. 나는 그리스도 신앙에서 수용할 수 없는 것은 폭력일 뿐만 아니라 그만큼이나 그에 대한 정당화도 거기 포함된다는 것까지 말하려고 한다. 폭력은 그 자체로 본질적으로 본능의 직접적인 표현이며 당연히 우리가 사는 죄의 상태를 표현하는 것이고 그 이상도 그 이하도 아니다. 또한, 폭력에 대한 모든 정당화는 (감정적이든 교리적이든 신학적이든 그것이 어떤 것이든 간에) 인간의 타락한 본성에서 비롯된 추가적인 부패다. 그것은 바리새인들에 대한 예수의 공격과 관계가 있다고 나는 말할 수 있다. 그들의 율법 조항들을 지키는 것은 좋다. 예수도 그것을 반대하지는 않았다. 그러나 수용할 수 없는 것은 그들이 율법을 지키면서 스스로 정의롭다고 주장한다는 것이다. 그것은 그들이 진리 안에 있다고 스스로 평가하고 자신을 스스로 정당화하는 것이다. 그러므로 우리는 그리스도인으로서 한편으로는 인간이 그들의 폭력을 행사할 때 가지는 모든 정당화를 공격하고 다른 한편으로는 기독교적 정당화의 근거 제공을 거부하여야 한다. 당연히 그러하여야 하고 더할 것도 없다. 그러나 최근 폭력을 말하는 신학자들이 바리새인들이나 마찬가지이고 그들이야말로 오늘날 기독교적 진리를 가장 나쁘게 변형시키는 사람들이라고 우리는 단언할 수밖에 없다. 이 신학자들은 선의로 인간을 폭력의 불타는 원 안에 가두어 놓는 데 이바지하며, 폭력에 머무르면서 하나님 앞에서 악을 행하는 사람들의 확신으로 인간을 하나님과 단절되게 만든다. 마야르 신부처럼 "하나님께서 마음을 정하셨으므로 우리도 참여하며, 우리의 믿음은 완전하지 않은 현세적인 수단들 안에서 표현될 수밖에 없고 우리의 사랑은 경제적 정치적 용어들로 육화되어야만 한다."고 선언하는 것 그리고 그 원칙들로부터 그리스도인의 행동은 오늘날 폭력 안에서 표현되어야 한다고 결론짓는 것은 인간 조건의 타락 중에서도 최악인 소름끼치는 정당화다. 그리고 그것은 사실상 다른 용어들 및 다른 목표를 가지고 인간 행동들 가운에 개입하는 그것들을 정당화하고 그 일을 하는 이유를 충분히 가지고 있다는 것을 결국 입증하기 위해 그리스도인들의 영원한 오류를 다시 시작하는 것이다.

지난 수 세기 동안 그것은 신학이 국가 및 왕을 위해 만들어온 것이었다. 오늘날 그것을 비판하는 것은 합리적이다. 그러나 다른 폭력을 정당화하면서 사람들은 그와 다른 것을 전혀 만들어내지 못하고 있다. 그리고 폭력에 대한 정당화를 급진적으로 거부함에서 작은 틈도 작은 허점도 내보여서는 안 된다. 특히 그리스도인들은 사람들에게 속은 비었으면서도 모든 잘못된 것들에 권위를 부여하는 일반적이고 관습적인 양식들을 전달해서는 안 된다. 나는 교황들의 세계교회협의회의 우리 교회회의들의 셀 수 없이 많은 선언에 대해서 생각한다. 예를 들면 이런 것이다. "인간 사회에는 어떠한 불의한 위협에 대한 방어가 완전히 정당화되는 경우가 존재한다."112) 히틀러나 스탈린 역시 모든 시도를 '기독교적' 관점으로 정당화하려는 것과 전혀 다르지 않은 필연성을 가졌던 것이다! 그러한 양식들은 구체적인 뜻이 없기에 위험하며 폭력에 틈을 열어주는 것이다. 그렇게 어떤 그리스도인이 폭력 운동에 공감하게 될 때, (그리고 전쟁에 참여하고자 할 때!) 비판적 동의라는 이름으로 그렇게 할 때, 다른 이들과 함께 불의를 선포하며 우리가 하는 일의 불가피성을 선포하는 자가 될 때, 그 동지들이 하는 일의 공포를 지켜보는 진리의 거울이 될 때, 그 운동의 비판적 양심이 될 때, 믿음이 없이 주님을 모욕하건 주님을 믿고 회개하고 기도하건 그 어떤 투쟁동지들에게라도 그들의 심부름꾼이 될 때 그리고 사람들이 악을 통해 스스로 영광을 얻는 것을 제지할 때조차도 그는 폭력에 틈을 주

---

112) 1948년 크리스마스에 반포되었던 교황 비오 12세의 서신. 나는 이 언급을 통하여 「민중들의 진보」라는 헌장이 그렇게 새롭지는 않다는 것을 보여주고자 한다!

게 된다. 그러므로 우리는 그것이 유일한 열린 틈이라는 것을 인식하여야 한다. 다시 말해 누군가가 우리의 적이기 때문에 폭력으로 다른 이를 심판하는 것은 아무 가치도 아무 의미도 아무 중요성도 없다는 것이다. 어떤 '좌파' 그리스도인이 고용주들 및 파시스트들의 폭력을 단죄하는 데에는 어떤 이해관계도 없다. 어떤 그리스도인 고용주가 노동자들과 게릴라들의 폭력을 단죄하는 데에 역시 어떤 이해관계도 없다. 그것들은 선의와 자기 정당화의 행동이다. 중요한 것은 동지들과 함께 일하는 좌파 그리스도인은 그 내면에 있는 연대, 동지애, 공동체 의식으로부터 그가 참여하는 폭력의 비판을 주장한다는 것이다. 그리고 그리스도인 고용주의 경우에도 마찬가지다. 그는 이렇게 말할 수 있을 것이다. "우리는 착취하며 압제하고 있고 지금은 달리 어떻게 할 수 없지만 우리는 그 때문에 하나님 앞에서 정죄 받고 고통을 겪고 있습니다."

그런데 그러한 태도는 폭력에 묶이는 것에 대해 예수 그리스도가 유일하게 증언한 것이자 매우 사실적이고 구체적인 결과들을 낳는 것이다. 나는 두 가지를 알리고자 한다. 첫 번째로, 물질적 폭력에서 인간은 폭력에 직접적이자 계속해서 연루되는 것이 아니라는 것이다. '근원적인' 증오로 달려가는 사람이나 살인 의지가 있는 사람에게 외에는 날 것으로의 거친 폭력 상황은 거의 존재하지 않는다. 가장 나쁜 폭력들은 대부분 "나는 이유가 있다." 또는 "나의 이유는 정의에서 비롯하는 것이다"라는 확신에서 촉발되는 것이며 이는 다시 말해 누군가 어떤 가치, 어떤 이상을 도입하는 그 순간부터 그리고 싸울 동기를 제공하는 순간부터 그것은 자주 선전의 주제가 된다는 것이다. 이 '가치들'에 맞서 이 정의에 맞서 이 동기들에 맞서 싸우는 것은 폭력을 줄이는 싸움이다. 사람은 그의 선한 이유를 더는 그렇게 확신하지 않게 되는 순간부터 살인을 주저하게 된다. 그의 있는 그대로의 상태 즉 '필연성'의 현실에 폭력을 도입하는 일은 자동으로 줄어들게 된다. 그리고 이것이 바로 피압제자들을 위한 사실 및 이유를 가지고 자신의 폭력을 정당화하는 그리스도인들이 그들의 선의 및 자선의 외양에도 불구하고 순한 사람도 자비로운 사람도 평화를 가져오는 사람도 정의를 추구하는 사람도 아닌 이유다.

그러나 다른 쪽 즉, 기득권자, 권력자 착취자의 쪽에서 생각해 보자. 사안의 중대함을 아는 사람만이 정당화에 이의를 제기할 수 있을까? 실제로 신진은 정당화를 제공하는 것 외에는 다른 목적이 있다고 보아야 한다. 정부로부터 또는 자본가로부터 그가 정의와 진리 안에 있다고 하는 그 선한 양심 및 확신을 벗겨 내는 것은 그의 폭력적인 권력의 가장 큰 부분을 벗겨 내는 것이다. 그것은 그의 정당성을 벗겨 내는 것이기 때문이다. 그가 날 것으로의 순전하고 단순한 폭력을 행사하고 있다고 생각하게끔 함으로써 이 폭력을 사용하는 것을 주저하게 할 수 있다. 그러나 다시 한 번 그렇게 함으로써 우리는 이러한 문제제기가 내부로부터 비롯된 것인지 다시 말해 국가에 소속된 인간이 "물론 X, 그는 공산주의자니까 그렇게 말하는 것"이라면서 문제를 회피하는 것인지 알아볼 수 있다. 반대로 이의제기는 정치 또는 경제 체제의 핵심에서 비롯된 것이어야 하고 소비에트 연방의 공산주의 체제를 받아들이는 그리스도인이 그 체제의 폭력에 이의를 제기하는 것 역시 그러하여야 한다. "나는 모두에게 모든 것이 되었다…." 그리스도인이 어떤 것에도 동의한다는 것을 보여주기 위해서가 아니라 몇이라도 그리스도에게로 인도하기 위해서…. 다시 말해 여기서 그것이 의미하는 바는 폭력을 포기한다는 것이다. 그리고 권력이 자본가가 식민주의자가 폭력을 계속 사용한다면 그것은 **진정으로** 폭력 자체를 위한 것이다. 말콤 X의 암살과 마르틴 루터 킹의 암살 사이에는 그러한 거대한 차이가 존재한다. 전자는 폭력과 증오를 말하였을 뿐이다. 증오와 폭력이 대답한 것이다. 그것은 아무도 놀라게 할 수 없었다. 사람들이 거기서 볼 수 있었던 것은 우리 사회가 그러한 교감 위에 세워져 있다는 확신이었다. 그 이상은 아무것도 없었다. 그러나 마르틴 루터 킹의 죽음은 망연자실한 세상을 때렸던 것이다. 증오는 그 같은 행동에서 자신의 참 얼굴을 드러냈고 킹의 죽음은 인종주의 및 아파르트헤이트에 맞선 여론을 더는 길들일 수 없었다. 사람들은 흑인들의 비참한 현실을 진지하게 받아들이기 시작했다….113)

왜냐하면, 여기서 본질적인 이중의 사실이 고려되어야 하기 때문이다. 그것은 선한 양심 및 여론의 영향력을 가지려고 정부가 요구하는 것이다. 우리 사회 같은 하나의 사회에서 정부들이 그들 마음대로 선택하는 모든 수단이 그들이 선한 양심을 가졌을 때에만 사용 가능하다고 말하는 것은 매우 중요하다. 그 수단들의 풍부함과 그 압도적인 결과들은 사용자 편에서 보면 충분히 합리적이라는 확신을 준다. 그리스도인은 폭력의 무기들을 사용해서가 아니라 그의 심리학적이고 도덕적인 정당성과 유효성으로 불의한 체제를 공격하여야 한다. 그는 그 체제를 지탱하는 사람들의 양심을 공격하여야 한다. 물론 그렇게 하는 것은 그리스도인들에게 시간이 오래 걸릴 뿐만 아니라 비싼 값을 치러야 하는 일이 될 수 있고 눈에 띄는 개선이 일어나지 않는 것처럼 보일 수도 있으며 외적으로 드러나는 뛰어난 것이 없을 수도 있다. 그러나 길은 그것뿐이다. 그 차가운 감미로움으로 증언의 일관성으로 그리스도인들이 체제가 주장하는 정당화를 부수는 데 성공할 때 체제는 입장을 수정하지 않을 수 없다. 미국에서 흑인들에 대한 주요한 진보는 말콤 X로 인해서가 아니라 마르틴 루터 킹으로 인해서 일어난 것이다. 마찬가지로 스페인 그리스도인들이 프랑코 체제에 반대하기

---

113) 그리고 그것이 바로 내가 라이트(R. Wright)의 딸 쥘리아 에르베(Julia Hervé)의 선언들 - 마르틴 루터 킹이 실패했다고 하는 - 을 받아들일 수 없는 이유이다. 그것은 비그리스도인의 관점, 영적이지도 않고 전략적일 뿐인 관점에서 비롯된 것이며 효과만을 중시하는 편견에서 비롯된 것이다.

시작하던 그 순간부터 프랑코 체제는 물러서고 스스로 온건해질 수밖에 없었다. 내가 말하는 것은 '비폭력적 행동'이 그 자체로 효과적이라는 뜻이 아니다. 체제의 도덕적 정당화를 파괴하는 그리스도 신앙의 증언은 테러나 게릴라활동보다 더 확실하게 문제를 제기할 수 있다는 것이다. 그리고 우리의 성찰을 넘어서는 영역에서는 (그에 대해 나는 암시를 하는 것으로 만족하고자 한다.) 역시 우리 사회의 여론의 무게를 측정해 보아야 한다. 나는 두 가지 주요한 예를 들고자 한다. 알제리에서 프랑스 군대는 알제리 해방 전선을 실질적으로 제거함으로써 전쟁을 끝냈다. 그들은 군사적으로 그리고 잠재적으로 승리했다. 그러나 한편으로는 프랑스 여론이 이 전쟁에 맞서는 쪽으로 또한 정부에 동조하지 않는 쪽으로 움직였고, 다른 한편으로는 한목소리를 낸 미국과 소련에 의해 세계 여론 역시 프랑스에 적대적이었다. 상황이 이러했으니 군사적으로는 승리했으나 진정으로 이겼다는 것은 확인할 수 없었다. 그리고 이것은 베트남에서 미국에 닥친 일과 비교할 만하다. 군사적으로는 의심의 여지없이 미국은 이미 승리한 전쟁이었지만 세계 여론은 그렇지 않았고 (1960년 당시 프랑스 여론만큼의 폭력성을 띠지는 않았지만) 미국 내부에서조차 강한 여론에 역풍이 일었던 것이다. 미국은 결국 철수할 수밖에 없었다. 결과적으로 그리스도인이 불의한 체제를 편드는 것을 거부하는 것이 시간과 정력을 요구하는 일이라는 것을 내가 말할 때 그것은 그러한 확신을 내게 주는 이러한 세상 이치에서 비롯된 것이다.

기독교 급진주의[114]

그러나 이러한 태도의 효과는 필연적으로 내가 기독교 급진주의라고 부를 수 있는 것에서 비롯되며 다시 말해서 폭력이 어디서부터 오는가에 대

---

114) 모든 오해를 피하고자 나는 이 용어를 흔히 그렇듯 앵글로색슨 신학에서 쓰는 의미로 쓰지

한 그리스도인의 신앙 안에서의 이의제기는 어떠한 조정 또는 타협에서가 아닌 비타협에서만 가능하다는 것이다. 그리스도 신앙은 모든 혁명적 폭력에 대한 거부, 단죄를 포함하며 동시에 기존 권력들의 폭력에 대해서도 거절하고 단죄하는 것이다. 우리는 "살인하지 말지니라."는예수 그리스도가 말한 가장 넓은 의미에서 계명을 하나의 율법이 아니라 **인간의** 최고 행위œuvre suprême로 이해하여야 한다. 인간이 인간인 것은 이 말들에 의해서라고 나는 말할 수 있다. 물질주의적인 우리 시대의 관습에 따르면 인간은 **호모 파베르**homo faber라는 성격으로 정의되며 인간이 돌이나 나무를 가지고 도구를 만든 그 순간부터 인간은 동물과 구별되며 그러므로 그의 특징을 규정하는 것은 그의 실천이성, 그의 **프락시스**praxis다. 내 생각에는 그건 그렇지 않다. 어느 정도 머리가 좋은 동물은 물건들을 사용할 줄 알며 어느 정도까지는 인공적인 수단을 사용한다. (유인원은 막대기를 사용할 줄 안다.) 그러나 인간을 본질적으로 나머지와 구별한 것은 "살인하지 말지니라"는 진술이다. 왜냐하면, 그렇게 말함으로써 인간은 세상의 자연적 흐름에 거스르도록 훈련되었기 때문이다. 동물은 필요하다면 다른 동물을 죽인다. 그것은 아무런 문제도 되지 않는다. 자연의 모든 것은 힘과 죽임이고 모든 생명은 다른 생명의 죽음과 더불어 발전한다. 인간이 "살인하지 말지니라"고 했을 때 그는 동물과 자신이 다르다는 것, 자연의 일상적인 법칙에 더는 따르지 않는다는 것, 완전히 새로운 길을 걸어간다는 것을 입증했으며 바로 그 자리가 인간이 자신을 스스로 인간으로 발견한 자리였다. 그 말은 인간이 참된 존재임을 표현하는 말이다. 예수 그리스도 안에서 신앙의 표현으로서의 모든 것은 바로 그로부터 비롯된 것으로 원수 사랑 및 사랑으로 악을 넘어서는 것은 가장 절대적인 비타협으로부터 확

않음을 일러둔다.(BISHOP, *Les Théologiens de la mort de Dieu*) 여기서 내가 말하고자 하는 바는 그것이 가장 비타협적인 방식의 또한 문화적 철학적 등등의 조정 및 타협이 없는 계시의 총체성 안에서의 기독교와 관련 있다는 것이다.

인되고 안내되고 경험되어야 한다. 거기에는 어떠한 조정도 있을 수 없다. 그리스도인이 더 잘 받아들이고 더 잘 이해하고 더 진정한 만날 수 있다는 등등으로 주장하는 모든 조정은 반쪽짜리 기독교 또는 타협에 그치는 것이 아니라 기독교이기를 완전히 포기하는 것이다. 타협 및 인본주의적인 해석이 들어서는 순간 계시는 아무것도 남지 않게 된다. 그리스도 신앙은 하나님의 말씀처럼 날이 선, 급진적인 것으로 그것이 없다면 아무것도 아니다. 그러므로 신학의 근대적 오리엔테이션을 규정짓는 것은 타협과 급진주의의 부재이며 이는 틸리히의 문화신학, 불트만의 비신화론화, 사신 신학자들의 신학에 관련되어 있고 이 모든 경우에 기독교는 인간 또는 근대사회를 상상하는 그것에 적응하려고 하는 시도가 된다. 이러한 지적인 모든 시도는 예수 그리스도의 주권에서 그 내용 및 힘을 완전히 사라지게 한다는 것을 우리는 이해하여야 한다. 그것은 새로운 내용, 새로운 해석 등등을 제공한다는 문제가 아니며 현실은 그러한 조정이 계시의 본질을 흐리게 만든다는 것 그리고 그로부터 그리스도인은 다시는 폭력에 맞선 투쟁에서 아무 힘도 쓰지 못하게 된다는 것이다. 사람들이 조정을 추구하며 복음이 그 급진성 안에서 전달되지 않는 그 순간 사람들은 한편으로는 가톨릭의 세속적 성공을 보장하였고 다른 한편으로는 가톨릭으로부터 그 참됨을 사라지게 한 (가톨릭을 봉건사회, 왕정시대 그리고 오늘날 **그와 같은** 혁명운동들에서 위대한 정당화의 주인공으로 만든) 그 길로 들어선다. 사람들이 폭력에 관하여 그 같은 것을 추구하는 순간, "침략자에 대한 효과적인 선 및 권리의 수호에 대한 효과적인 선" 사이의 조정을 추구하는 순간, 또는 어떨 때 군대의 반란이 정당한지 연구하는 순간, (예를 들어 폭력으로 말미암은 손실이 현존하는 손실보다 더 크지 않다고 말하는 순간, 그러나 그 입장은 그대로 지켜질 수 없다는 것은 전술한 바와 같다.) 또는 그 같은 종류의 궤변을 늘어놓는 순간 기독교는 명백히 자신의 영역에서 말할 것이 더는 아무것도 없게 된다는 것을 우리는 알아야 한다.

* * *

그러나 그렇다면 필연적으로 다음의 문제가 제기된다. 그렇게나 비타협적인 기독교 급진주의를 따른다면 결국 그것은 세상을 퇴보하게 하지 않겠는가? 이는 폭력을 옹호하는 그리스도인들의 가장 커다란 이의제기다. 여기에는 두 가지 논쟁이 있다. 첫 번째는 페기[115]가 말한 것을 되풀이하는 것이다. "깨끗한 손을 보존하고자 하는 사람은 결국 손을 잃게 된다." 세상에 섞여 들어가는 것은 더러운 손을 가지는 것이므로 결국 타협하는 것이다. 세상과 분리되어야만 비타협적인 그리스도인의 삶을 살 수 있다. 기독교 급진주의는 삶이 지저분하다는 이유로 삶에 섞여 들어가지 못하게 막는 추상화이며 엄격함이라는 외양 아래에 있는 하나의 틈새다. 두 번째는 기독교 급진주의는 오직 개인에 관계된 것이며 중요하지도 않고 효과도 없다는 것이다. 그러한 부자 또는 그러한 국가수반의 회심이 인간 세상의 진정한 조건 중 무엇을 변화시킬 수 있겠는가? 그것이 피압제자들의 문제를 해결할 수 있는가? 참된 형제사랑은 그들을 압제하는 부자의 불확실한 회심과는 아무 관계없을 것이다. 나는 우선 행동하기 위하여 기독교 급진주의를 폐기하는 것은 아마도 행동에 목마른 사람들에게는 몹시도 구미가 당기는 일이겠지만 그것은 기독교 자체를 폐기하는 것과 같다고 얼른 대답하고자 한다. 정치적이고 노조에 관련되어 있으며 과학적이고 혁명적이며 기술적인 등등의 길을 선호하는 사람에 나는 절대 반대하지 않

---

115) [역주] 샤를 피에르 페기(Charles Pierre Péguy, 1873-1914) : 프랑스의 작가, 시인, 에세이스트이자 사회 참여적 지식인. 호전적 사회주의자이자 반성직주의자였던 그는 드레퓌스 사건에 대한 재조사를 촉구하는 지식인들의 서명에 동참했다. 그러나 1908년부터 가톨릭주의와 보수주의에 경도되었으며 근대성을 거부하였다. 대표작으로는 *Le Mistère de la charité de Jeanne d'Arc*(1910), *L'Argent*(1913), *Éve*(1913) 등등이 있다.

지만 단지 그가 그러한 방식으로 기독교적 진리를 표현한다고 주장하지는 않았으면 한다. 그에게 그런 정도로 최소한도의 정직함을 요구할 수는 있지 않을까. 한편으로 기독교 급진주의가 행동을 막는다는 말은 완전히 틀렸다. 그것은 **같지** 않다. 그것은 확실히 시장을 정복하는 자본가 또는 게릴라의 행동을 막는 것이다…. 그러나 그것은 하나의 행동을 가진다. 그리고 엄밀하게 말하자면 기독교가 다른 모든 것의 계시인 한 그 행동은 (노조에 관련되어 또는 정치저으로) 다르고 특정하며 단일하고 비교 불가능한 것일 수밖에 없다.

물론 기술 또는 정치 외의 다른 행동은 없다고 생각하는 사람들은 계속 그렇게 믿을 것이다. 그들에게는 안 된 일이다. 그러나 여하튼 오늘날 기독교적 행동의 특정한 양식을 발견하는 데 있어 기독교를 그러한 사회학적 양식에 결부시킬 수는 없다.

두 번째 논쟁은 매우 심각한데 회심이 우리에게 복음을 알려 달라고 요구하며 이 알림은 사회를 개혁하는 것도 정의가 통치하게 하는 것도 아니며 사람을 주 예수 그리스도에게로 회심하게 하는 것이라는 사실이다. (이것은 오늘날의 유행이다.) 최근의 논의가 어떠하든 성서가 말하는 변형되지 않고 추측되지 않는 설교는 오직 그에 관련된 것이다. 내 입장은 모든 (특히 하나님 나라의 우월함으로부터 출발하여 집단적이고 사회적인 의미로 해석되는) "기독교 집단주의" 체계에 대해 이의를 제기하는 것이 아니다. 나는 다만 두 가지를 말하고자 하며 이는 이미 앞서 언급한 것이다. 그가 말한 바로는 부자는 친구가 될 수 없음을 우리는 알게 된다…. 그는 적이며 우리는 그의 회심을 계산에 넣을 필요가 없다. 중요한 것은 그를 제거하는 것뿐이다. 우리의 형제인 그들 '작은' 자들에 대한 감상주의에도 불구하고 기독교적 관점인 그러한 선언을 통하여 진리의 급진적인 부재를 심판하는 것으로 충분하다…. 두 번째 언급은 이러한 계시된 모든 것에 대한 타협, 그리스도의 성육신을 표현하기 위해 폭력에 정치적 경제적 방법들에 의지하는 것은 결국 하나님의 급진적인 개입의 가능성을 더는 믿지 않는다는 성령을 더는 믿지 않는다는 표현이다. 하나님의 급진적인 개입이 신자의 급진적인 태도가 없을 때 절대 나타나지 않음은 당연한 일이다. 그것은 정치적 수단으로서가 아니라 신앙에서 비롯된 급진주의, 다시 말해 다른 수단들을 폐기하는 급진주의다. 기독교 사상, 기독교적 행동에서 폭력이 증가하는 것은 **정확하게 신앙이 감소하는 것에 비례한다**.116) 그리스도인이 경건의 맹세와 명상에 갇혀 있을 수 없으며 기도는 하나님이 우리 자리에서 행동하고 만드는 우리 편에서는 단순하고 수동적인 기다림이 아니라고 하는 완전하고 분명한 의견으로부터… 그러나 반대로 기도는 우리 **역시** 행동하여야 한다는 요구와 제안을 함의하고 있다는 의견으로부터 사람들은 다른 편의 극단으로 치닫는다. 우리 편에서 모든 것을 해야 한다. "스스로 도우라. (그러면 아마 하늘도 너를 도울 것이다…!)" 사실 이러한 인간적 수단의 강조는 보통 폭력으로까지 진행되며 내가 이 수단들에 모든 것을 맡긴다는 것을 뜻하는 것이다. 그리고 내가 다른 이들의 봉기, 분노, 증오에 참여하는 것을 통해서만 그들에게 다다를 수 있다고 생각한다면, 내가 예수 그리스도의 위로가 환상이자 거짓말이며 화해는 위선이라고 생각한다면 그것은 사실 나 자신이 도래하는 나라(그러나 **둘로** 존재하며 이 땅에 속하지 않은 나라)의 실제적인 현존도 부활도 믿지 못함을 뜻하는 것이다. 그리고 말하고 싶지 않은 내 마음 깊은 곳에 더는 신앙

---

116) 물론 나는 그러므로 모든 인간의 행동 수단은 정죄의 대상이 된다거나 아무것도 하지 않고 기다리기만 해야 한다고 말하려는 것이 아니다. 그러나 폭력은 인간의 편에서 완전한 정당화의 확신을 뜻하는 수단이다. 그리고 그 확신은 하나님에 맞선 테러. 예를 들어 한편으로는 존경할 만한 돔 헬더 카마라(dom Helder Camara)의 선언은 나에게 인상적이었다. 그는 이렇게 말했다. "우리는 [혁명 투쟁에서] 모든 선의를 고양하면서 승리하든가 모든 것을 잃고 아무것도 구원하지 못하든가 둘 중 하나다." 그리스도인이 어떻게 이렇게 말할 수 있을까? 예수 그리스도의 구원 말고 다른 구원이 있다는 것인가? 그리고 사회정치적으로 패배한다는 사실이 이 구원을 재검토하게 하는 것인가?

이 없어서 (예를 들어 우리에게 모범으로 주어진 그 작은 아이의 연약함을 확신하고 믿을 수 없어서) 나는 부활의 신화적인 이미지들로 그것을 대체하는 것이다. 그리고 나는 그 나라를 땅 위에서 내 손으로 만들어야 한다고 주장한다. 내가 이제는 그것을 믿지 않기 때문에 나는 다른 사람들 역시 그것을 믿을 수 없다고 생각한다. 나는 내 적들부자, 권력자과 화해하지 않았기 때문에 그러한 화해를 설교할 필요가 없다고 여기며, **모든 일**이 이 땅에서 행해지고 있고 나머지는 헛되다고 믿기 때문에 그리스도의 **재림**에 대한 희망을 알릴 수 없다고 생각한다. 거기로부터 그러한 불신에 그리스도인이 폭력에 천착하는 진짜 근거가 자리 잡는 것이다. (슬프게도 그 근거는 사회학적이며 우리 문화에 붙어 있는 것이다!) 나머지 모든 것은 환상이다. 그리고 그것이 우리가 자리한 곳 앞에 놓인 결정적인 선택이다.

* * *

그러나 이 기독교 급진주의는 그것이 어떤 폭력이든 폭력에 참여하지 못하게 한다면 가난한 사람들 그리고 압제 받는 사람들에게 수용될 수 없다. 역사적으로 이는 너무나 자주 권력자들에게 **섬김**을 종용하지 않은 채 보잘것없는 사람들이 양보하라고 설교하던 기독교의 배신 중 하나였다고 나는 믿는다. 왜냐하면, 성서의 운동은 다음과 같은 것이기 때문이다. 힘이 없는 그리스도인은 요구하거나 반란을 일으킬 필연성이 없으나 높은 자리에 앉은 그리스도인은 그에 대한 보상으로써 그의 종이 되어야 한다. 그런데 교회는 수용하라고 설교하면서 다른 부분을 일반적으로 잊어왔으며, 따라서 압제자의 편에 자리 잡았다. 교회는 부자들과 권력자들이 무기를 들고 폭력을 행사할 수 있게끔 도덕적 권위를 인정해 주었다. 상황이 그러했으니 교회가 가난한 사람들로부터 배척받은 것은 정당하고 또 당연한 일이다. 오늘날 교회는 가난한 사람의 교만을 찬양할 필연성은 없음을 기억하지 못한 채 권력자들에 맞선 투쟁이라는 또 다른 부분에 천착하는 오류를 범하고 있다. 그러나 오늘날 그리스도인의 중심 되는 의무는 가난한 사람들의 요구를 평화적으로 전달하는 것이자 비참한 현실에 대한 증인, 정의의 요구를 선포하는 자가 되는 것이다. 그는 중재자, 권력자들과 피압제자들 사이의 중재자로서 섬겨야 한다. 그는 이 피압제자들을 위해 하나님이 선택한 말씀의 전달자다. 감옥에 갇힌 사람은 변호사를 가져야 한다. 아무도 대변해 줄 사람이 없고 (어떤 이집트 작가의 무서운 표현대로) "하나님으로부터 잊힌" 사람들은 중재자를 가져야 한다. 무엇보다 아브라함의 역할은 하나님과 소돔을 중재하는 것이 아니었던가? 그리스도인은 당연히 가난하고 모욕당하는 사람의 편에 서야 하지만 그것은 그들의 반란, 증오, 폭력을 부추기기 위함이 아니라 모든 권력자, 모든 권위 앞에서 그를 대변하기 위함이다. 그는 이 문을 열어젖히고 사랑과 정의의 요구를 대변할 용기를 가져야 한다. 그것은 게릴라 또는 노조의 우두머리가 되기보다 더 어렵고 더 볼품없고 덜 자극적인 역할이다! 거대고용주에게 받아들여지고 노동자들의 조건에 대해 치열하게 대화하는 것은 길거리에서 시위하기보다 더 어렵다. 그것은 더 현명하고 더 능력 있고 더 엄격하며 더 영혼의 힘이 필요한 일이다. 그리고 우리가 그렇게 받아들여지도록 요구하여야 한다면 그것은 우리가 가난한 사람들의 편에서 온 그리스도의 대사들이기 때문이다. 모든 불의와 억압의 상황에 대하여 폭력으로 대답할 수 없는 그리스도인은 **희생자들의 대표**로서 참여하여야 한다. 그는 영적인 무기를 지니고 이 요구를 자신의 것으로 만들고 다른 이가 그것을 발견하도록 하는 사람이다. 그는 앞서 우리가 말했던 나쁜 양심, 불안정, 의심의 기후를 만들어야 한다. 그는 자기의 지성, 그의 권위, 그의 손, 그의 얼굴을 권위도 손도 얼굴도 없는 군중에게 제공하는 사람이다. 그러나 다음의 두 조건에서다. 첫 번째는 명백히 기독교 급진주의다. 권력 앞에서 대표자가 될 수 있는 것은 균열 없는 비타협에 머무를 때뿐이다. 한편으로는 요구할 것을 가진 가난한 사람들 앞에서 전술한 바와 같이 그들이 폭력에 경도되지 않도록 거리를 유지할 줄 알아야 하며 (친구들 및 가까이 있는 사람들에게 저항하기는 쉽지 않다. 사회학적 조류에 휩쓸리지 않도록 다른 곳에 단단히 닻을 내리고 있어야 한다) 다른 한편으로는 권력자들과의 접촉이 항상 부패의 원인이 되기 때문이다. 그러한 고용주, 그러한 관리의 '이해', '개방', '선의' 앞에서 그 요구들에 대한 분명한 성격을 보존하는 것은 어려운 일이다. 그들은 상대와 "대화"를 시작하는 순간 조금씩 그들 폭력, 그들 비타협의 힘을 잃게 된다. 그리스도인이 중재자, 변호사, 비참한 사람들의 대표로 나서야 한다면 그것은 작은 몫의 양도를 이끌어내기 위해서나 관점의 타협을 이끌어내기 위해서나 다양한 이해관계의 합일점을 찾기 위해서가 아니라 반대로 절대 권력 앞에서 절대 비참을 대표하기 위해서다. (그것은 항상 그러하다!) 적의 없이, 원한 없이, 폭력 없이 그러나 침착하게 사랑에 찬 비타협으로 그렇게 할 때 그는 그 자신을 대표하는 것이 아니라 하나님에 의해 보냄을 받은 것이기에 (파라오 앞에서 아무것도 양보할 수 없었던 모세처럼) 아무것도 양보할 수 없다. 그리고 그의 믿음은 위협, 부패, 친절, 영예에 맞서 그를 보호할 것이다. 그러나 그것이 바로 그를 유일하게 정당한 중재자로 만들 수 있는 기독교 급진주의다. 어느 한 편에 서지 않는 데 필요한 것은 무엇보다도 예수 그리스도의 총체적인 요구의 대표자가 되는 것이다. 그런데 이 급진주의는 (이 주님 안에서의 신앙과 관계된다고 하는 같은 사실로부터) 한편으로는 모든 상황에 대한 총체적인 이해를 (고용주의 상황, 또한 국가의 상황 : "나는 모든 이들을 위해 모든 것이 되었다.") 다른 한편으로는 양쪽에 대한 동등한 사랑을 포함한다. 그것은 명백히 이러한 이중의 개방을 보증하는 급진주의이며 중재자의 역할로부터 가능한 것이다. 그것을 유토피아라고 말하지 않기 바란다! 그것은 신앙의 표현이다. 그리고 우리가 믿는 주님이 언어장애인의 입을 열고 산을 옮긴 분이라는 것을 우리가 믿지 않는다면 우리는 기독교 전부를 버리는 것밖에는 할 것이 없다.

두 번째 조건은 다음과 같은 것이다. 그리스도인은 **진정으로** 가난한 사람들 및 잊힌 사람들의 목소리가 되어야 한다. 그런데 그리스도인들이 참여하는 정치적 사회적 운동들에서 진정으로 가난한 사람들을 향한 발견, 발명, 주의의 정신을 나는 거의 보지 못하였다는 것을 나는 말하지 않을 수 있다. 오래전부터 그러한 비참한 현실을 다른 이들이 이미 보여주었을 때 또는 싸움에서 거의 승리하였을 때 비로소 참여하는 그리스도인들은 많이 보았다. 그리스도인들은 거의 끝난 싸움, 다른 이들이 수없이 이미 수호해 온 데에 참여하는 전문가들이다. 다시 말해서 그들은 무엇보다도 선전에 민감한 사람들이라는 것이다. 대부분은 (내가 아는 사람들의 총체성은 말할 것도 없고 마르틴 루터 킹은 거의 유일한 예외였다.) 그리스도인들은 그러한 '가난한 사람들'을 위해 다른 사람들이 만들어 놓은 거대한 선전이 이미 존재하는 곳에 모여든다. 민족해방전선은 북베트남, 프롤레타리아 등등을 위해서 그러했다. 그러나 첫 번째 질문은 이것이다. 어떤 집단이 국제 여론에 의해서 어떤 강한 기관에 의해서 세상에서 가장 강한 국가들소련, 중국에 의해서 보호될 때 그들이 여전히 끔찍한 고통을 겪고 있을지라도 그들이 진정으로 버려지고 잊혔다고 말할 수 있는가? 두 번째 질문은, 그리스도인들은 이미 구성되고 연주된 음악회에 그들의 목소리를 얹었다는 것으로 만족한다는 것이다. 그들은 특별히 하는 것이 없으며 새로 이바지하는 바가 없고 (다시 말해 기독교적으로!) 다른 이들이 이미 세워놓은 방식 – 주로 폭력– 에 들어가기를 강요당한다. 그리스도인들의 그러한 참여는 아무 가치도 없으며 거대한 선전 캠페인으로 드러나 보호를 받게 된 사람들은 마태복음 25장이 말하는 진정으로 가난한 사람들이 아니라는 것을 나는 말하고자 한다. 나는 오히려 그리스도인들이 진정으로 잊히고 억압 속에 놓인 사람들의 수호에 몸을 던지기를 바란다. 수단인들, 쿠르드족, 티베트 사람들에 대해 전술한 것을 상기해 보자. 이 모든 사람을 위한 그리스도인들의 목소리가 일어나는 것을 나는 듣지 못했다! 이는 그들을 위한 광범위한 선전 운동이 존재하지 않기 때문이다. 이들 중 죽임을 당한 사람들은 베트남 희생자들의 열 배나 되고 그들의 순교 역시 열 배는 더 무시무시했다…. 그러나 그리스도인들은 거기 관심을 두지 않았다. '평화활동'에 몸을 던지는 그리스도인들은 그들의 신앙의 동기에서가 아니라 더욱 정치적인 동기에서 그러한 일들을 하기 때문이다. 그리고 내가 막 언급한 사람들은 정치적으로 "중요하지" 않다. 진정으로 가난한 사람들의 편에 서는 그리스도인이라면 그 수많은 수호자가 모이는 이유에 대해 즉시 의문을 가져야 마땅하다. 개인의 차원에서 본다면 그것은 동등한 문제다. 모든 사람은 "레지 드브레Régis Debray 사건"을 알고 그를 방어하기 위해 수백만이 모여들었고 그리스도인들 역시 그에 합류했다. 그런데 1963년, 알제리의 마드무아젤 클르지우Mlle Cleziou라고 하는 한 젊은 여성 농업기술자가 벤 벨라Ben Bella에 반대하는 지하운동에 참여한 적이 있었다. 그녀는 체포되었다. 그의 몇몇 동료는 그것을 알고 있었다. 그 일은 아무의 관심도 끌지 못했다. 그녀는 실종되었고 죽은 것이나 마찬가지였다…. 어떤 그리스도인도 관심을 두지 않았다. 그리고 물론 미국에서도 흑인문제는 대단히 중요하지만, 오늘날 모든 사람은 그들에 대해 민감한 반응을 보인다. 나는 그리스도인들이 차라리 푸에르토리코 사람들 및 그곳에 사는 **젖은 등을 가진 사람들**Wet-backs의 문제에 몰두하는 것이 낫다고 생각한다. 나에게는 그들이야말로 진정으로 억압받고 버려지고 잊힌 사람들이다. 나는 "그러나 사람들은 그 문제들을 모릅니다…."라고 하는 반론을 알고 있다. 그러나 명백히(!) 그리스도인들이 진정으로 억압받는 사람들의 대변자, 잊힌 자들의 증인 역할을 하려면 그 진정한 할 일은 그들을 **발견하는** 것이며 사람들의 비참한 현실에 충분히 귀 기울여 너무 늦기 전에 세상 구석구석에서 진정으로 버려진 사람들을 찾아내고 구별할 줄 아는 것이다. 그리고 그것은 다음 두 경우에 의해 너무 늦을 수도 있다. 마드무아젤 클르지우의 경우처럼 죽어버렸거나 (이는 완전히 사라질 위기에 놓인 수단인들의 경우이기도 하다.) 미국 흑인들의 경우처럼 총체적인 분노로 들고 일어서고야 말 피압제자들의 불의와 증오를 그냥 지나쳐 버리는 경우다. 그리스도인들이 예언자적 소명을 가졌다면 그것은 오늘날 아무도 관심을 두지 않는 사람들에게 목소리를 빌려주는 것이며 성령이 그리스도인들을 진정으로 비참한 현실로 안내하기에 그 사람들은 반드시 알려져야 한다. 성령께서는 우리가 모든 선전을 곧이곧대로 추종했기에 우리를 떠나신 것이다!

그러나 우리는 다음의 분명한 사실을 알아야 한다. 그리스도인들이 그 역할을 다하지 못한다면, 그들이 참으로 가난한 사람들의 변호사, 수호자, 증인이 되지 못한다면 필연적으로 언젠가 폭력의 고삐는 풀려버리고 말 것이다. 어쨌거나 "그들의 피가 하늘에 호소할 것"이며, 폭력은 유일한 출구, 유일한 대답으로 보일 것이다. 그 에너지를 진정시키려 애쓰고 화해를 구축하려는 노력은 너무 늦은 것이 될 것이다. 그리고 아마도 미국 흑인들을 위해 마르틴 루터 킹은 십 년은 늦게 나타난 듯하다. 폭력의 씨앗은 이미 뿌려져 있었다. 그러니 폭력을 정당화하기 위한 선동적인 연설에 동조하는 것보다 차라리 너무 늦게 도착한 것을 그리스도인들은 회개하여야 했다. 왜냐하면, 지금 사람들이 절망하여 폭력 외의 다른 가능성을 생각할 수 없을 때 그것은 그리스도인이 있어야 할 자리에 있지 않았기 때문인 까닭이다. 폭력이 어딘가에서 풀려난다면 그 잘못은 항상 그리스도인들에게 돌아간다. 그것은 우리의 죄 고백의 기준에 포함되어야 한다. 폭력이 풀려난 것은… 항상 그리스도인들이 가난한 사람들에게 주의를 기울이지 않았고 권력자들 앞에서 그들의 대변하지 않았으며 정의를 위해 "피를 흘리기까지 투쟁하지" 않았기 때문이다. 그러나 폭력이 거기 있을 때 너무 늦었다 할지라도 그리스도인들은 거기 참여하면서 스스로 죄책을 없애려고 애쓸 것도 그렇게 스스로 선한 양심을 가진 척할 것도 없다.

* * *

나는 어떤 부분에서 그리스도인의 일이 특정하여야 하고 유일하여야 하는지 강조하려고 했다. 그것은 하나의 중요한 결과를 이끌어낸다. 그리스도인들은 다른 사람들에게 그리스도인에게처럼 처신과 윤리를 요구할 수 없다. 나는 여기서는 이 본질적인 주제를 발전시키거나 이 질문[117]에 대한 나의 다른 연구를 인용할 수 없다. 어떤 윤리가 기독교적이라면 그것은 믿음에서 비롯된 것이며 믿음을 위해서만 수용 가능한 것이자 믿음에 의해서만 가능한 것이다. 그러므로 다른 사람들에게 그것을 따르라고 요구하는 것은 엄격하게 말해 불가능하다. 다시 말하면 믿음이 없는 사람에게 마치 그리스도인인 것처럼 살라고 하는 것은 불가능하다는 말이다. 그것은 그들에게는 근거도 가능성도 없는 목표이자 요구가 될 것이다. 반대로 그리스도인들에게도 비그리스도인들에게도 동등하게 유효한 윤리에 대한 성찰, 다시 말해 그리스도인들에게 특화되지 않은 비그리스도인들에게 수용될 수 있는 윤리에 대한 성찰은 결과적으로 윤리를 비기독교적으로 만든다. 예를 들면 존 로빈슨 [118]의 초라한 연구는 무엇을 위한 것인가.[119] 그러나 그가 말한 바로는 특정한 기독교적 행동은 존재하지 않으며 결과

---

[117] J. ELLUL, *Le Vouloir et le Faire, Introduction à l'Éthique*, t.1.

적으로 신앙으로부터 가능한 어떠한 육화된 것도 존재하지 않는다는 말이다.[120] 내가 반대로 특정하고 유일하고 단일하고 예수 그리스도 안에서의 믿음에서 비롯된 어떤 행동이 존재한다고 굳게 믿는 한 나는 예수 그리스도 안에서의 믿음에서 비롯된 폭력에 관한 명령들이 믿음에 관계되어 있다는 것과 그렇더라도 예수를 주로 믿지 않는 사람들에게는 아무 의미도 없다는 것을 인정하여야 한다. 예를 들어 우리는 다른 이들에게 그리스도인처럼 억압과 불의를 감내하라고 요구할 권리가 없다. 그러므로 우리는 교회가 (거의 그리스도인이 아니었거나 사회학적으로 순수한 형태의) 피압제자들을 대했을 때 그들에게 "기독교인의 의무"를 부과하고 머리를 숙이게 하고 순복하게 하고 포기하게 하면서 너무나 자주 가져왔던 태도와는 반대의 태도를 견지하여야 한다.

우리는 반대로 그러한 설교가 적당하지 않다는 것을 이해하여야 한다. "불의에 의한 고통을 하나의 은혜로" 받아들이고 인내하여야 하는 것은 우리 그리스도인들의 몫이지만,벧전2:18-20 우리는 그것을 모든 사람을 위한 율법으로 적용시킬 필요가 없다. 우리는 우리를 위해 어떠한 불의를 받아들여야 하지 다른 사람들에게 그처럼 참으라고 말하거나 우리의 예를 제시하거나 무엇보다도 그들을 위해서 그것을 참으라고 말할 수 없다. 다

---

118) 존 아더 토마스 로빈슨(John Arthur Thomas Robinson; 1919-1983) : 신약학자이자 작가이며 영국 성공회 주교였다. 또한, 트리니티 칼리지와 케임브리지에서 교수하였고 1983년 암으로 죽기 전까지 트리니티 칼리지의 학장이었다. 그는 기독교 자유주의 신학을 형성한 주된 인물로 평가받고 있다. 하버드 신학부의 하비 콕스와 함께 세속 신학을 주창했고 윌리엄 바클레이처럼 보편적인 구원을 믿었다. 논란이 된 그의 저서 『신에게 정직함』(Honest to God)에서 그는 "저 멀리" 존재하는 분이자 "우주적인 지고의 존재"인 "저 위에 계신 늙은" 하나님 개념을 폐기하고 하나님을 "사랑"으로 재정의한다. 틸리히의 모티브를 따라 하나님을 "모든 존재의 근거"라고 설명하면서 그는 이렇게 말한다. "그는 자신을 아무것도 아닌 자로 만드시고 사랑 안에서 다른 이들에게 스스로 엎드리셨다. 그는 예수 그리스도 안에서 인간 존재의 근거를 보여주신다. 하나님을 한마디로 정의하면 사랑이다."
119) ROBINSON, *Christian Morals Today*.
120) 로빈슨이 정의한 "사랑"은 어떤 구체적인 뜻도 가지고 있지 않은, 완전하게 무의미하고 특정화되지 않은, 기독교인의 감상주의적 사랑의 가장 나쁜 순간을 상기시키는 것일 뿐이다.

시 말해서 우리는 다른 사람들이 겪는 불의를 용납할 필요가 없다는 것이다. 그리스도인 편에서의 첫 번째 비폭력 행동은 그런 것이라고 나는 말하고자 한다! 다른 사람들에게 그리스도인인 것처럼 행동하라고 요구하지 않는 것이다! 폭력의 이러한 부분에서 우리는 폭력적이 되지 말라고 권고하기 위해 가르침을 선사할 필요가 없다. 물론 내가 자주 말한 것처럼 우리는 폭력이라는 수단을 취할 수 없으며 더 나아가 억압과 불의의 편에 설 수 없다. 그러나 폭력이 아니고는 해결될 수 없는 극한에 도달하기 전에 어떤 비극적인 상황을 해결하려고 애써야 한다면 (앞선 문단에서 우리가 다루었던 상황) 비그리스도인들이 폭력에 의지하는 것을 막으려고 그들을 가르칠 수는 없는 노릇이다. 무슨 명목으로 그렇게 한다는 말인가? 또는 누구의 이름으로? 비그리스도인들은 그들의 인간적인 동기를 당연히 따른다. 그들은 모든 것을 걸고 그들의 이해관계를 추구하며 다른 사람들을 지배하려고 하고 어쨌거나 비인간적인 상황으로 달려가며 권력과 오만의 정신을 풀어놓는다…. 우리가 **오직** 예수 그리스도만이 주님이자 구원자라고 믿는다면 그것은 우리가 그러한 일들이 일어날 때 놀라거나 화날 것까지는 없음을 뜻하는 것이다. 그러한 상황들이 일어나지 않을 때, 인간적인 수단들에 의해서 어떤 질서가 어떤 평화가 어떤 정의가 지배할 때 우리는 오히려 놀라야 하고 감사하여야 하고 하나님을 그리고 그러한 일을 하는 사람을 찬양하여야 한다. 그것이야말로 기적이기 때문이다. 그러므로 만일 우리가 진지하다면 우리는 사람들이 효과들을 제한하고 이유를 경감시키고 그러나 권력을 통해서가 아닌 방법으로 사람들을 돌려놓으며 폭력에 투신하는 것을 받아들여야 한다. 그리스도인들이 결코 폭력과 관계를 맺을 수 없다 해도 거기 몰두하는 사람들을 정죄하지 말아야 한다. 그리고 그러한 관점에서 볼 때 브라운 또는 카마이클의 태도는 완벽하게 정직한 것이다. 예전에 그리스도인들은 폭력을 선택했고 **그 결과** 기독교를 저버렸다. "내 종교는 내 인민인 흑인들이다. 나는 그리스도인이 아니다. 그리스도가 검은 피부를 가졌다면 기독교는 서구에서 의미가 있을 수 있었을 것이다. 흑인들이 학살을 당할 때마다 그들 가운데에는 자기 십자가를 진 한 사제가 있다. 우리는 학살에는 학살로 대답할 필요가 있다…. 우리 가운데 다수는 신을 믿는다. 그러나 2년 전, 사람들은 신은 죽었다고 말했으며 우리는 우리 자신을 믿기 시작했고 우리가 살인을 배운 것은 신과 기독교가 아니라 우리 자신을 믿으면서였다."[121] "우리에게는 너무나 많은 선교사가 있다. 우리는 더는 그리스도인들이 아니다. 선교사들이 아프리카에 도착했을 때 우리는 땅을 그들은 성서를 가지고 있었다. 지금 그들은 땅을 우리는 성서를 가지고 있다."[122]

이러한 선언들은 더 한없이 신뢰할 수 있는 것으로 폭력을 설교하고 그것을 정당화하려고 하는 그리스도인의 선언들보다 더욱 한없이 나의 공감을 불러일으킨다. 적어도 여기서는 실제적인 선택을 하고 모든 것을 평범하게 조정하려 하지 않으며 폭력과 예수 그리스도 안에서의 신앙의 본질적인 불일치를 잘 인식한 사람들을 우리는 목격하게 된다. 그들은 폭력을 선택한 것이다. 그것은 좋다. 그리스도인이 할 수 있는 모든 것은 그들을 진정으로 예수 그리스도에게로 회심하게 하는 것이다. 그러나 그것은 분명히 위선적인 방법으로 그들을 화해시키거나 그들의 길이라고 그들이 생각하는 것을 포기하게 하거나 신학적인 축복으로 그들을 정당화하는 것이 아니라 바로 그것을 거부하는 양심을 가지는 것이다. 그것으로 우리는 우리가 어느 곳에서 왔는지 안다.

그러나 그리스도인이 아닌 사람들에게 기독교 신앙에 따른 행동을 부과(제안이 아니라)할 수 없다면 (우리가 지금까지 다루어 온) 혁명가들을 향

---

[121] Rap BROWN, *Le Nouvel Observateur*, 1967년 9월 11일자.
[122] Stokely CARMICHAEL, *Conférence de La Havane*, 1967년 8월 2일.

해서와 마찬가지로 국가를 향해서도 같은 태도를 견지하여야 한다는 것을 명심하여야 한다. 자신에 대해서는 오직 그리스도 신앙으로부터 비롯한 입장을 가지고 다른 곳에서는 책임질 수 있는 어떠한 정치적 기능도 행사하지 않는 그리스도인이 아닌 하나의 국가에 폭력의 수단을 쓰지 말라고 요구하는 것은 완벽한 위선이다. 국가에 혁명에서 비롯된 문제 앞에서 경찰력을 사용하지 말라거나 국제적으로 위험한 상황에서 군대를 사용하지 말라고는 말할 수 없다. 그것은 국가에 항복을 요구하는 것이다. 방어 및 국가 공동체에 책임이 있는 하나의 국가는 그러한 것을 수용할 수 없다. 지식인들은 그들의 원칙으로부터 결정하지만, 밖에서 보기에는 너무나 아름다운 게임을 하고 있으며 그들에게는 어떠한 정치적 부담도 없다. 기독교적 정직성 및 겸허함으로부터 우리는 다음과 같은 질문을 하여야 한다. "**실제로** 내가 그러한 직무의 자리에 있다면 감히 무엇을 할 수 있겠습니까?" 그리고 권력을 맹렬하게 비판하는 지식인들이 그 자리에서 그것을 행사하게 될 때 다른 사람들보다 더 잘할 수 있을 것인가! 비기독교적인 국가 앞에서 그리스도인이 할 수 있는 모든 것은 국가에 도덕적인 가르침들을 제공하거나 어떤 완벽한 요구에 대한 비판을 가하는 것이 아니라 국가가 세속화되었을지라도 위정자들은 무신론자들이라는 것을 국가에 상기시키는 것이다. 그들은 **그럼에도 불구하고** "**하나님의 종들**"이며 그들이 그 사실을 알든 모르든 그들이 그것을 원하든 원하지 않든 선을 위한 하나님의 종들이라는 것, 그리고 그 종의 할 일을 성취하기 위해 주님 앞에 부름을 받는다는 것이다. 당연히 그리스도인의 이 책무는 그리 유쾌한 일은 아니다. 그리스도인은 바보 같아 보이고 다른 정치 운동들과 동떨어져 외로우며 울부짖는 사람들과 함께 울부짖을 수도 없다.

다른 한편으로 한 위정자가, 공화국의 대통령이 공개적으로 그리스도인이라고 선언한다면 그리스도인들은 그에게 또한 그를 위해 믿음에서 비롯한 총체적인 요구를 할 수 있다. 그러나 그것은 그 자신의 믿음에 기초한 것이어야 한다. 그리스도인들은 드골 장군에게 그의 믿음에 따라 그의 결정들에 영향을 미치는 마키아벨리즘, 냉소주의, 경멸, 정치적 현실주의를 거절하도록 요구할 수 있어야 했다. 그리스도인들은 존슨 대통령에게 그의 믿음에 따라 다양한 형태의 폭력을 사용하지 말도록 그의 기독교 신앙에 따라 십자군이라는 표현을 진실로 사용하지 않도록 요구할 수 있어야 했다. 이 사람들과 함께 그리고 이 오직 이들과 함께 또한 **오직 이들**의 신앙의 확신에서 출발하여 그리스도인들과 교회는 그 땅에서 대화를 시도할 수 있었다. 그러나 여기서 역시 그것은 그리스도인들이 대중운동에 참여하고 비그리스도인과 일치하며 인본주의적인 오십 가지 이유로 욕심에 사로잡혀서 자칭 그리스도인이라고 하는 위정자에 이끌려 그러한 정치를 비난하기를 또는 지지하기를 포기한다는 것을 뜻한다. 여기서 중요한 것은 그에게 자기 믿음의 결과들을 끌어내게 하는 것이며 아마도 그리스도인이면서도 동시에 폭력의 여러 면면 중 하나를 필연적으로 사용하는 효과적인 정치를 이끄는 것은 불가능함을 입증하게 하는 것이다.

사랑의 폭력

그렇더라도 기독교가 **모든** 폭력을 배척한다고 말하는 것은 완전히 정확한 표현은 아니다. 구약성서가 얼마나 많은 폭력에 대해 말하고 있는가. 그러나 그 본문들의 해석에서 매우 신중하여야 한다.[123] 어차피 우리가 이해하여야 하는 영적인 폭력이 존재한다는 것은 분명하다. 예수는 모순

---

[123] 나는 간단히 세 가지 예를 제시하려고 한다. 1) 헤렘 : 정복당한 외국인들을 멸절시키는 데 이르는 저주를 뜻한다. 당연히 이 본문들은 율법의 당위가 아닌 어떤 문화에 관련된 제도를 묘사하는 것이자 그 의미의 중요성에 따라 이해되어야 한다. 그것은 하나님이 선택한 거룩한 백성과 거짓된 신들에게 바쳐진 백성 사이의 엄격한 분리를 뜻하는 것이다. 그것은 헤렘이라는 이 무시무시한 수단에 의해 우상으로부터 자신을 지키는 것과 관련되어 있다. 2) 부자들에 맞서 예언한 예언자들 : 그들은 가난한 사람들이 스스로 정의롭다고 여기고 폭력을

의 상징이다. "나는 땅에 평화를 가져다주려고 온 것이 아니라 검을 주려고 왔다. 나는 땅에 불을 던지러 왔으며 이미 불이 붙었다. 하늘나라는 그것을 차지하는 폭력적인 자들의 것이다. 살아계신 하나님의 손에 떨어지는 것은 무서운 일이다. 너희의 싸움은 혈과 육에 대한 것이 아니다…." 다른 본문들 역시 그러한 갈등, 투쟁, 폭력의 상황에 대해 말한다. 그러나 그것은 혈과 육에 대한 싸움이 아니라 권력에 대한 싸움과 관련되어 있음을 우리는 저시하여야 한다. 이 본문을 흔히들 그러듯 우리이 경향들, 우리의 몸들, 우리의 죄들…을 생각하면서 개인주의적인 금지의 의미로 이해하지 말도록 하자. 그것은 또한 집단주의적이다. 그것은 모든 것에 해당한다. 그것은 단지 혈과 육에 대한 것, 다시 말해 누구나 구별할 수 있고 누구나 맞서 싸울 수 있는 모든 물질적이고 가시적이며 구체적인 것에 대한 말이 아니다. 바울은 우리에게 요약하여 다음과 같이 말한다 : 너희는 더 나은 할 일이 있다. 모든 사람은 혈과 육에 맞서 싸울 수 있다. 도덕적으로 보자면 그만한 도덕으로 그것을 할 수 있다. 정치적으로는 그만한 시스템이 있다. 그리고 오늘날에는 사회주의가 그렇다. 다른 사람은 이 싸움에 투신한다. 다른 모든 사람은 인간적으로 지혜와 효용을 통하여 (상대적으로) 더 나은 제도들을 만들 능력이 있다. 그러나 그리스도인이 다른 사람과 다르지 않고 모든 사람이 하는 일을 한다면 성육신, 십자가, 부활은 무슨 소용인가? 당신들은 더 어렵고 더 심오하며 덜 가시적이고 덜 자극

행사하도록 종용하는 사람들이 아니었다. 그들은 언제나 이 부자들에게 하나님의 심판이 있을 것이라며 그들에 맞서는 예언을 한 사람들이자 정의를 행하시는 분은 하나님이며 그에게 돌아와야 한다고 말하는 사람들이었다. 3) 바알의 예언자들을 학살하게 한 엘리야의 유명한 예 : 나는 매우 요약적으로 세 가지 쟁점을 강조하고자 한다. 엘리야가 그러한 폭력을 사용한 것은 예언자로서 그리고 기적이 일어난 직후의 일이었으며 (그러므로 제한적인 상황이었다.) 정치지도자 또는 군사지도자로서 그렇게 한 것이 아니다. 그것은 권력자들, 우상들, 거짓된 신들에 맞선 싸움에 관련된 것으로 인간의 복지 또는 정치적인 정의를 위한 것이 아니었다. 그는 단지 국가에 맞서서가 아니라 백성 자체에 맞서 홀로 자신을 표현하였다. 그는 반체제적으로 행동했고 그것은 이스라엘에 신실한 백성이 남아 있다고 하나님이 그에게 계시한 이후의 일이었다.

적이며 덜 영광스러운 싸움을 위해 마련되었으며 전체 인류는 당신들이 한 일을 이해할 수 없을 것이다. 그들은 당신들이 하는 일의 낌새조차 알아차릴 수 없을 것이다. 이와 반대로 싸움의 가장 깊은 곳에 있는 사람들이 당신들이며 그리스도인의 행동이 없이는 싸움의 나머지는 큰 의미가 없을 것임에도 그들은 자주 당신들이 속았다고 생각할 것이다. 바로 모세가 아말렉과의 전투에서 그러했다. 여호수아가 이끈 백성 전체가 싸우고 죽이고 죽임을 당하는 동안 모세는 전투에서 떨어져 있는 것처럼 보였지만 싸우는 사람들 위로 손을 쳐들고 있었으며 사람들은 그 두 사실의 직접적인 관계를 알아볼 수 없었지만 싸움의 결과는 축복하고 저주하는 펼쳐진 그 손에 달렸었던 것이다.출17:8-13 그리고 마르틴 루터 킹이 한 일에 대한 합리적인 비난들이 절대적으로 무의미한 것은 바로 이러한 비폭력의 행동 및 그 사랑의 폭력으로 인해서다. 말콤 X와 쥘리아 에르베Julia Hervé처럼 "비폭력은 역사적으로 지나간 조류다."라고 하는 것은 엄격하게 말해 아무 의미가 없다. 왜냐하면, 그러한 비난은 비폭력을 폭력에 비교되는 하나의 전술이 되게 하는 사람들과 협력하는 것은 불가능하다고 하는 근본적인 몰이해에 기초하기 때문이다….

권력에 맞서 싸우는 것…. 나는 마술적인 방식으로 말하는 것에 관련된 전통적인 최근의 비판에 대하여, 그리고 **엑수시아이**exousiai에 대해 말한 바울이 신화적 세계관을 가지고 있었다는 것과 거기에 중요한 의미를 부여할 수 없음을 매우 잘 알고 있다. 여기서 그 해석학적 문제에 대해 논할 수는 없다. 나는 단지 그것은 문화 해석자들의 입장이자 나에게는 완전히 피상적으로 보이는 비신화론화 해석자들의 입장이라고 말하고자 한다. 나는 권력들에 대한 바르트와 쿨만의 주해에 여전히 설득되어 있다. (물론 대중적이고 단순화된 의미로 이해하는 비평가들이 저지른 오류인 천사들과 피상적으로 동일시할 수는 없다.) 나 자신이 말하고자 했던 것은 한편으로는 돈에 대해 예수가 말한 맘몬이야말로 정확하게 이 권력들의 일부분이라는 것이며[124] 다른 한편으로는 국가, 돈, 섹슈얼리티, 권리 등등 같은 현상들에 또 다른 접근을 통해서 사람들은 그 사실 너머에 합리적 요소로 돌릴 수 없는, 인생의 수준에서는 완전히 설명할 수 없는 더 심오한 존재가 있다고 생각하기에 이르렀다는 것이다.[125] 그런데, 우리가 국가 또는 사회 불의에 맞서 단지 인생의 수준에서 투쟁한다면 몇몇 외양은 바뀌겠지만, 근본적인 것은 공격받지 않은 채 남을 것이다. 사람들 편에서는 결정적인 것은 아무것도 얻지 못하게 될 것이다. 물질적인 투쟁 그 이상으로 그 너머로 그것과 함께 그 현상들의 '영혼'을 만드는 것과의 영적인 투쟁이 동반되어야 한다. 그러나 그것 때문에 우리가 물질적인 투쟁을 게을리하거나 경멸하게 되어서는 안 된다. 수백만의 흑인들이 그 경제적인 삶에서 통합되지 않는데 인종 갈등에서 "마음을 통합하는 것"에 대해 말하는 것이 헛되다고, 얼마나 많은 이유를 가지고 사람들은 말하고 있는가. 여기서 그리스도인들은 한편으로는 경제적 통합의 중요성을 강조하여야 하고 다른 한편으로는 심리학적 통합을 거부하여야 한다. 그러나 그들의 특정한 사역은 인종주의 망령에 맞서 영적인 투쟁을 이어나가는 것이다. 왜냐하면, 권력들은 매우 구체적인 형태로 효과적으로 육화하기 때문이다. 그들의 권력은 제도들, 기관들에서 표현된다. 우리는 단지 영적인 전투로 우리의 싸움을 국한해서는 안 된다. 국가의 **엑수시아이**는 정부에, 경찰에, 군대에 육화하기에 주님의 승리에만 연관 짓는 것으로는 충분하지 않다. 물론 우리가 이끌어야 할 그 물질적 권력들에 맞선 싸움이 존재한다. 우리는 그것을 잊어서도 부인해서도 안 된다. 그러나 내가 말할 것은 일의 분배가 있어야 한다는 것이다. 사람들이 이의를 제기할 때는 전체로

---

[124] J. ELLUL, *L'Homme et l'argent*, 1948.
[125] J. ELLUL, *Le Fondement théologique du droit*, 1946.

서 참여하게 된다. 모든 다른 사람들은 그 정치적 또는 경제적 투쟁을 이끌 수 있고 필요하다면 폭력적 수단을 동원한다. 그러나 오직 그리스도인들은 하나님 사랑의 계시를 받아들일 뿐만 아니라 창조의 심오한 현실의 계시를 받아들이기에 다른 투쟁을 이끈다. 이 투쟁은 문제의 핵심에 자리한 권력에 맞선 투쟁이다. 왜냐하면, 국가는 아무도 거기 살고 있지 않다면 어떠한 권력도 어떠한 중요성도 가지고 있을 수 없기 때문이다. 그리고 제도들 또는 제도들을 섬기는 사람들예를 들어 경찰에 맞서 투쟁할 때 핵심을 때리지 못하면 아무것도 이룰 수 없다. 그런데 다른 사람들은 이 모든 것에 대해 아무것도 모르기 때문에 오직 그리스도인들만이 이 싸움을 이끌 수 있다. 그리스도인들만이 성령의 능력을 받기 때문에 오직 그들만이 이 방향에서 하나님으로부터 힘을 얻기 때문이다. 나는 그 유혹을 잘 알고 있다! 사람들은 이렇게 말할 것이다. 그리스도인들은 혼자 좋은 쪽을 차지한다고. 그들은 진지하고 힘들고 위험한 싸움을 회피한다고. 그들은 방에 처박혀 평화롭게 기도만 한다고. 그리고 물론 그러한 비난은 당연히 그것이 무엇에 관련된 일인지 모르는 사람들이 하는 것이다! 사람들은 말할 것이다. "그리스도인들은 선한 말씀밖에 모르고 소위 우리의 싸움에 참여하면서도 자기들의 손을 더럽히지 않으려고 하니 선한 양심은 지킬 수 있을 것이다…." 그리고 물론 영적으로 싸워본 적이 전혀 없는 사람들에게 그것은 아주 민감한 현실이다!

반대로 "영적인 투쟁 역시 사람들의 전투만큼이나 격렬하다"고 랭보 Rimbaud는 우리에게 말했다! 그리고 오직 영적이기만 한 싸움을 위해 예수가 치른 값이 얼마인지 모르는가? 그러나 이 영적인 싸움은 오직 육화된 권력들에 관계된 것이다. 우리는 추상적이고 하늘의 천구에 감춰진 어떤 사탄과 싸우지 않아도 된다. 그것이 신비이든 그노시스든 우리를 초대하는 영적인 싸움은 거짓된 싸움이다. 그것은 반대로 사람들의 현실, 불의, 억압, 독재, 돈 또는 국가의 지배, 성적 자극 또는 과학에 대한 찬양…에 관련된 영적인 전투다. 그것은 물질적 육화에 맞선 그러한 싸움을 동반하는 영적인 싸움이다. 우리는 그것으로부터 도피할 이유가 없다. 그리고 사실 우리는 그러한 사람들, 그들의 동료에 – 그들이 알든 모르든 – 매우 관련되어 있다. 그것은 겸허함과 인내, 조롱과 고발을 참는 기독교적 비폭력이다. 그러나 그것은 바울이 말한 것처럼 기도, 하나님의 말씀, 하나님의 정의, 평화의 복음이 제공하는 열심[126], 성령의 검…이라고 하는 독점적인 무기들과 함께 하는 믿음의 싸움이다. 그리고 우리가 그것을 아무것도 아닌 것으로 여긴다면 그것은 우리가 그리스도 안에서의 삶에 대해 아무것도 알지 못하기 때문이며 우리 안에서 하나님이 하신 일의 의미를 완전히 잊어버린 채 그리고 세상에서 무엇을 향해 부름 받았는지 잊어버린 채 우리의 물질주의적 문화에 너무 침잠해 있기 때문이다. 왜냐하면, 그러한 무기들을 지닌다는 것은 이야깃거리가 없는 평화로운 소소한 일상을 산다는 의미가 확실히 아니기 때문이다. 믿음의 싸움은 그의 삶, 그의 성공, 그의 돈, 그의 시간, 그의 선입견을 희생한다는 뜻이다. 믿음의 싸움은, 예를 들어 미국에서라면, 제한 없이 흑인들을, 그들의 평등을, – 의심의 여지없이 그들은 피압제자들, 모욕당하는 자들이었으므로 – 그들의 불손함, 그들의 폭력, 그들의 모욕, 그들의 증오를 용납한다는 것을 뜻한다. 믿음의 싸움은 주님의 명령들을 적용한다는 의미에서 완벽하게 평화적이다. 그러나 그것은 인간적인 연약함과 헐벗음의 상징을 적용함으로써 우리가 맞서 싸워야 할 영적인 힘을 파괴하고 벗겨버리는 것이다. 그것은 소소한 기도를 드리려고 골방에 유폐되는 것이 아니라 그러한 입장에서 삶

---

[126] 이 용어는 특별히 매우 중요하다. 열심, 그것은 군사적인 용기이자 열심당의 특징이었다. 또한, 바울은 그것을 평화의 복음에 직접 연결한다. 그것은 예수 그리스도 안에서 모든 사람을 위해 성취되었으나 땅에서 세워져야 하는 평화를 위해 전쟁의 때와 같은 용기를 가지는 것이다.

을 바꾸는 것이다. 그리고 그것은 하나의 **투쟁**, (우리의 열정, 우리의 이해관계, 우리의 선입견에 대해서만은 아닌) 하나의 참, 자기 자신의 반대되는 것에 의해서만 정복당할 수 있는 힘에 맞선 싸움이다. 예수는 국가, 권위, 지배, 율법 등등의 힘들을 꺾었다. 그것은 그들보다 더 힘이 있어서가 아니라 죽기까지 자신을 스스로 버림을 통해서였다. 여기 매우 중요한 한 예가 있다. 돈의 영적인 "힘"을 이기는 것? 그것은 더 돈을 가지거나 그것을 선하게 사용하거나 그것으로 일들을 정의롭고 적절하게 처리하는 데 있지 않다. **돈의 법**은 구매의 법, 판매의 법, 축재의 법이기 때문에 돈의 영적인 힘을 이기는 유일한 방법은 그것을 **내어주는 것**donner이다. 내어줌don은 돈의 신성함을 제거하며 우리 위에서 군림하는 그것의 지배를 무력화한다. 그것은 비단 우리에게만이 아니라 모든 사람에게 적용되는 사실이다. 각각의 내어줌은 우리를 짓누르는 영적인 힘에 대한 각각의 승리다. 여기 그리스도인들만이 알고 적용할 수 있는 자신을 내어줌과 특정한 무기의 사용을 가정하는 믿음의 싸움의 예가 있다.

* * *

그러나 랭보가 말하듯 이 싸움은 하나의 폭력을 함의한다. 바로 영적인 폭력, 사랑의 폭력이다. 왜냐하면, 사랑의 폭력이 존재하기 때문이다. 그것은 공포의 폭력, 강요의 폭력이 아니라 자기 자신에 대한 비타협의 폭력이며 다른 사람이 살게 하기 위한 요구의 폭력이다. 나는 다음과 같이 말하고자 한다. "다른 사람이 인간으로 살도록 의무를 지우는 것." 인간이 인간답게 사는 것은 자연스럽게 일어나는 일이 결코 아니며 자연의 결과도 아니다. 그것은 자연의 방향과는 반대되는 현상이다. 다른 사람에게 인간이 되게 하는 의무를 지우는 것은 완전히 절대 사랑 안에서 또 그것에 의해서만 가능한 절대적인 요구에 의해 가능하다. 그리스도의 사랑 안에 진리가 있다면 그리고 우리가 그것을 믿는다면 이 사랑이 우리가 그것을 경험할 수 있도록 모든 것을 성취하였다면 우리는 이 길에 참여하는 것 외에는 다른 길이 없다. 그러나 그것은 허무, 증오, 죽음 및 다른 어떤 것으로부터 비롯된 거부도 금지하는 것이다. 그와 동시에 그것은 우리가 사회학적 유행을 따르거나 일반 여론에 순응하는 것을 금지한다. 다른 이들에게 인간으로서 살아갈 의무를 지우는 것은 어떤 관점으로부터도 그것(사랑-역주)에 아무것도 요구하지 않는 것이며 그것의 우두머리, 그것의 후견인, 그것의 인도자, 그것의 조언자로 보이지 않는 것이다. 그것은 결코 소유하거나 이윤을 추구하거나 지배하려 하지 않는 하나의 사랑의 폭력과 함께 너른 바다를 항해하게 하는 것이다. 왜냐하면, 세상에는 두 종류의 사랑이 있음을 잊어서는 안 되기 때문이다. 취하고 지배하려는 **에로스**와 주고 또 자신을 내어주는 **아가페**가 그것이다. 근대적 사고와는 달리 에로스는 아가페의 상징 중 어떤 것도 가지고 있지 않다. 가난한 자에 대한 사랑의 이름으로 폭력을 설교하는 그리스도인들은 사실상 **에로스**의 제자들이며 그리스도의 **아가페**를 더는 알지 못하는 것이다. 다른 이들에게 인간으로서 살도록 의무를 지우는 것은 예수 그리스도의 희생 안에서만, 또한 그리스도가 우리에게 보여준 길을 따름으로써, 그리스도 자신이 헐벗은 것으로 이루어지는 것이다. 그리고 카뮈Camus는 희생자와 형리를 묶은 끈을 보여주면서 그리고 그 희생자가 어떻게 형리로 하여금 그 희생자를 알아보며 사람이 되게 할 수 있었는지 보여주면서 그것을 놀랍게 잘 이해했다. 십자가에 못 박힌 예수 앞에서 백인대장은 이렇게 말했다. "확실히 이 사람은 정의로웠다." 화형을 당한 잔 다르크 앞에서 영국의 백인대장은 이렇게 말했다. "우리는 성녀를 화형에 처했다." 그 시점에서 그들은 사람이 된 것이다.

우리는 사랑의 폭력에 대해 말할 때 이 확인되고 선포되고 겸허한 상징들로 입증되고 시도되고 경험된 사랑은 주목할 만한 혼란을 일으키는 하나의 힘이라는 것을 인식하여야 한다. 전술한 바대로 권력들에 맞선 싸움은 가시적이지 않을 수도 있는 비밀스러운 싸움이다. 그 보이는 형태는 사랑이다. 그러나 바울이 우리에게 보여준 것처럼 효과적으로 사랑을 적용하고 "너희는 살인하지 말지니라."는 단순한 계명을 급진적으로 적용하려고 애쓰며 사회단체 속에서 용납하기 어려운 혼란과 씨름하며 스스로 훈련하라. 그것이 이천 년 동안 신학이 현실을 바로잡으려고 애써온 이유다. 그리고 최근 로빈슨 주교는 **산상수훈**을 당연히 적용 가능한 삶의 모범으로 받아들일 수 없다고 말했다. 그것은 사랑의 비유들에 대한 상징들일 뿐이며 예수는 "결코, 모든 경험된 상황들에 내재하는 갈등의 요구들에 몰두하지 않았다"는 것이다. 대단히 편리한 해석이다. 반대로 엄격하게 그러한 육화된 사랑을 적용하고자 하는 의지는 (당연히 율법, 법령, 교훈처럼 적용하는 것은 아니다.) 사람들 사이의 관계를 뒤집어엎으며 사회단체의 매우 완고한 반응들을 유발한다. 나는 의심의 여지없이 충분히 상상할 수 있는 이로히토 카가와Irohito Kagawa의 특별한 경험을 상기시키고자 한다.

이 사랑의 폭력은 영적인 폭력의 한 표현이다. 영적인 폭력은 어쨌거나 다음의 세 가지 조건에서 수용할 수 있고 또 가능하다. 첫 번째, 영적인 폭력은 효과적인 승리를 위한 모든 인간적 수단의 사용을 배제한다. 나는 구약성서의 수많은 본문에서 하나님이 그 백성이 처한 갈등과 투쟁의 상황들 속에서 무기, 전차, 기병, 정치적 동맹, 외교, 혁명 등의 "정상적인" 수단들의 사용을 주님의 말씀과 신실함에 대한 배타적인 확신과 비교하였다고 말하고자 한다. 그러한 태도는 하나의 급진적인 영적 폭력이다. 그리고 하나님은 우리를 선택하게 한다. 그러나 바울 역시 철학의 지혜도 웅변가의 능숙함도 사용하지 않겠다고 했을 때 그것은 그의 설교가 성령의 능력을 감추게 하지 않겠다는 뜻이었다. 나는 우리가 인간적인 수단들을 사용하는 것이 금지되었다고 말하려는 것이 아니다…. 내가 말하려는 것은 우리가 그렇게 할 때 (그리고 우리가 그로 말미암아 정죄 받지 않을 때에라도!) 우리는 우리에게 맡긴 말씀의 모든 능력, 효과, 폭력을 잃게 된다는 것이다. 그것은 현명한 분별, 설명, 겸손한 도덕이 된다. 우리가 정치적 수단들 또는 혁명적 수단들을 쓸 때, 우리가 폭력을 통해서 사회관계들을 변화시킨다고 주장할 때, 우리가 **그렇게** 무산자들을 위해 투쟁할 때, 우리는 그렇게 함으로써 기도의 영적인 힘과 성령의 개입을 무력화시키게 된다. 왜 그러한가? 그것은 하나님의 행동에 대한 모든 계시와 같은 논리이기 때문이다. 아브라함은 방랑자였고 모세는 말더듬이였으며 예수는 가난한 사람이었다. 그것은 우리의 영적인 개입이 하나의 효율적인 영적인 폭력이 되게 하려고 인간적인 수단들을 버리게 하는 급진적인 조건이다. 그것은 하나의 도박이다. 그러나 그렇게 하지 않는 한 고작 중간이나 될 뿐이며 극단적이고 폭력적인 무장혁명에 투신한다 해도 미지근한 사람 중 하나가 될 뿐이다. 내가 이렇게 쓸 때 그것은 경건하고 자기 자신에 대해 닫혀 있는 교회들의 전통적인 헛소리 및 – 엄밀하게 말해 사랑의 폭력이나 성령의 능력 같은 것은 전혀 없는 – 그 보잘 것 없고 역겨우며 도덕적이고 내향적인 그리스도인들의 삶들을 옹호하려 함이 아니다. 폭력이 가능하려면 그리고 정당성을 가지려면 반드시 영적인 행동을 선택함으로써만 가능하며 그것은 강렬한 요구나 영적인 진지함에서 비롯하는 것이다.

그러나 이것은 단순한 중요성이 있는 두 번째 조건을 이끌어낸다. 영적인 폭력 및 사랑의 폭력은 물리적 폭력 또는 심리학적 폭력을 완전히 몰아낸다. 여기서 폭력과 함께 개입하는 존재는 성령, 즉 하나님의 영이다. 그러나 성령은 인간이 그에게 완전히 자리를 내어 드렸을 때, **오직 그만이**

개입하실 때, 폭발적인 능력으로 임한다. 명백히 그리스도인은 그 싸움에서 특별한 역할을 가지고 있고 다른 아무도 그 역할을 대신할 수 없기에 그는 어떤 다른 역할을 수용할 수 없으며 그가 정치인, 혁명가, 게릴라, 경찰, 군인…이라고 주장할 때 그는 단순히 우스꽝스러워지고 만다. 영적인 폭력은 물리적 폭력 및 이러한 형태의 폭력적인 행동에 참여함을 배제하는 것이다. 그렇지 않다면 그것은 진정한 영적인 폭력이 될 수 없다. 그것은 아브라함과 야곱의 경우처럼 어떤 다른 폭력으로도 경도되지 않으면서 하나님과 함께한, 하나님 앞에서의, 하나님에 대한 폭력의 구실을 하는 것이다. 그리고 이러한 배제는 성서에서 우리가 맞닥뜨리는 하나님의 결정의 표현일 뿐만 아니라 그리스도인이 **최후의 수단**ultima ratio으로 결코 폭력을 생각할 수 없다는 것이다. 지금까지 줄곧 우리는 폭력을 정당화하기 위한 오백 가지 이유가 있음을 논했다. 폭력은 폭력 외에 다른 출구가 전혀 없는 그러한 상황에 있을 때 정당하다. 그리스도인에게는 이 "마지막 근거"조차 이유가 될 수 없다. 다른 사람들의 희망은 오직 이 땅 위에 있고 이 땅의 수단들을 쓸 수밖에 없으므로 그들이 그럴 수밖에 없다는 것을 그리스도인은 이해할 수 있다. 그러나 그에게 그것은 기껏해야 끝에서 **두 번째** 근거가 될 뿐이다. 그리고 그 사실로부터 폭력은 – 그것을 정당화하려는 것은 마지막이자 더는 의지할 수 없는 선택이 되는 만큼 – 그리스도인의 삶에서 결코 정당화될 수 없다. 그리스도인에게 **최후의 수단**ultima ratio은 기도이며 하나님을 의지하는 것이다. 그리고 여기서 필연성의 논쟁을 되풀이하는 것은 아무 가치가 없다. "우리가 기도하는 것은 그것을 하여야 하기 때문이다. 우리는 다른 이들에게 빵을 주지 않으면서 일용할 빵을 달라고 할 수 없다." 물론 영혼의 치료 및 기도를 중시하는 관점을 나는 받아들인다. 그러나 그것은 기도의 의미가 될 수 없으며 반대로 기도는 하나님의 손에 그의 결정에 그의 선의에 내맡기는 것이며 인간들의 불의한 심판을 하나님의 정의로운 심판에 호소하는 것이다. 결코, 폭력은 **최후의 수단**으로 허용될 수 없으며 그리스도인은 그러한 데 관련될 수 없다. 그는 폭력적인 사람들 한가운데서 행동주의와는 다른 수단, 다른 희망, 다른 진지함, 다른 효율성, 다른 중대함을 증언하여야 한다. 확실히 폭력적이거나 혁명적인 사람들 한가운데서 그렇게 할 때 그리스도인은 조롱을 받고 민중의 아편을 판매하는 자로 매도당할 수밖에 없다. 우리 사회에서는 정의를 위해 싸우러 콜롬비아로 떠나거나 흑인 세력의 팽창에 맞서 싸우려고 KKK 단에 참여하는 것보다 그 진리를 유지하기 더 어렵다. 그러나 그리스도인이 그렇게 할 수 없다면 그 역시 상업 활동을 정당화하기 위해 그리고 사회질서를 유지하기 위해 기독교를 이용한 아버지들의 위선과 다를 바 없다. 그 두 경우에서 중요한 것은 사회정치적 활동이며 거기서 그리스도를 믿는 믿음은 단지 하나의 수단에 불과할 뿐이다. 오늘날 어떤 그리스도인이 폭력이 **최후의 수단**이라고 선언하는 것은 그리스도인의 불신앙을 뜻하는 것이자 말 그대로 믿음의 부재를 의미하는 것에 지나지 않는다.

 그리고 이는 우리를 영적인 폭력의 세 번째 조건으로 인도한다. 그것이 진정한 폭력이 되려면 어떤 진지한 믿음, 기적의 가능성을 믿는 믿음, 예수 그리스도의 주권을 믿는 믿음, 우리의 노력에서가 아니라 하나님의 행동에 의해 하나님의 나라가 오리라는 믿음, 하나님 약속의 총체성을 믿는 믿음_{혁명신학자들처럼 그 약속을 조각내기를 거부하는 믿음}이 있어야 한다. 그것은 믿는 사람의 구원에 관계된 믿음이자 다른 사람들, 비신자들 그리고 그들을 인도하는 사람들과 그들을 맡은 사람들을 포함하는 믿음이다. 그것은 다른 사람들에게도 혁명적 행동보다 더 큰 진리와 희망이 존재한다고 믿는 (그것이 모태에서부터 비롯된 것이 아닐지라도) 확신을 보존하는 믿음이다. 그리고 이는 우리에게 진정한 선택이 놓여 있음을 의미한다. (또한,

그것은 의심의 여지없이 믿음의 삶을 살고자 하는 그리스도인에게 더 무거운 선택이다.) 우리는 그 두 탁자를 놓고 유희를 즐길 수 없다. 그것은 우리를 위해서도 다른 사람들을 위해서도 아니다. 그러나 우리가 이 다른 사람들 앞에서 영적인 폭력을 입증한다면 우리는 우리 자신의 이익, 우리 자신 또는 우리 사회의 이해관계를 위해 물질적 폭력 속에서 살아가서는 안 된다. 그것은 폭력과 부활 사이의 선택이다. 부활을 믿는 믿음은 가장 지고한 영적인 폭력으로 죽음의 필요를 이긴 승리이기에 모든 다른 폭력의 사용을 몰아내는 것이다. 그리고 이 부활로부터 우리는 위로와 화해를 전할 수 있고 전하여야 한다. 왜냐하면, 이 시대의 사람들은 경제성장의 시대보다 더 진정한 위로가 필요하기 때문이다. 그들은 증오와 폭력에 호소하는 것보다 화해를 더 필요로 한다. 이렇게 말하는 것이 자연히 다음의 비난을 불러일으키리라는 것을 나는 잘 알고 있다. "그것은 가난한 자들을 혁명으로부터 돌아서게 하기 위한 교란이자 자본주의 및 부르주아 질서를 지키는 개의 설교다…." 알고 있다. 나는 두 가지로 대답하려 한다. 이 설교는 우리가 말한 것처럼 피압제자들의 말씀을 전하는 사람이자 모든 비폭력적인 수단으로 불의한 질서를 공격하는 사람의 설교다. 그리고 또한 이 설교가 이해관계들을 수호하기 위해 일하는 거짓말쟁이들의 설교와 같은 것이었을지라도 그렇게 사용되는 것이 이 말씀의 진실을 막을 수는 없다.127) 그러나 이 비난은 항상 그리스도인 앞에 놓여 있어야 한다. 그것은 그가 이 말씀들을 가벼이 하지 않기 위해서다. 그러한 비난이 비그리스도인의 통찰력 있는 주의에서 비롯된 만큼 그리스도인은 그것을 경계하는 마음으로 수용하여야 한다. 그것은 우리가 하나님 앞에서 우리 가운데 있는 가난한 사람들에게 진실로 전할 수 있는 것이 무엇인지 알기 위해

---

127) 그 같은 사람들에게 대답하기는 너무나 쉽다. 마르크스주의 연설은 스탈린에게 사용된 순간부터 더는 진지한 것으로 받아들여질 수 없고 독재자 중 최악의 인물을 만들어낸 만큼 사람들은 더는 마르크스주의자가 될 생각이 없다.

서다. 그러나 반대로 엄격하게 그리스도인으로서 우리가 붙잡는, 폭력에 대한 모든 설교는 바로 우리 믿음의 부재에 대한 설교임을 우리는 알아야 한다.

*　*　*

사랑의 폭력은 진적으로 악으로 악을 갚지 말고 선으로 악을 극복하라는 바울의 명령에 포함되는 것이다. 롬12:17-21 그것은 산상수훈의 일반화다.128) 이는 사랑의 폭력이라는 명령에 대한 것임을 깨달아야 한다. 사실 바울은 이렇게 말하면서 시작한다. "악에게 **정복**당하지 마라." 그러므로 그것은 이론적인 부분에만 관련된 말씀이 아니라 하나의 싸움에 관련된 것이다. 왜냐하면 (매우 현실주의적인) 바울과 성서 전체가 악의 육화를 지속적으로 직면하고 있기 때문이다. 그러나 악에 정복당하는 것은 가장 약한 자가 되는 것, 열등해지는 것, 패배하는 것, 제거되는 것이 아니다. 그것은 악에 의해 그 게임 안으로 이끌려 들어가는 것, 악과 같은 수단을 사용하여 대응하는 것, 악을 행하는 것이다. 여기 악에 의해 정복당함이 있다. 다시 말해 폭력에 정확히 폭력으로 대응하는 것이다. 그리고 바울이 우리에게 선으로 악을 **극복하라**고 말할 때 그것은 한 싸움의 이미지이기

---

128) 나는 이 부분에서 레가메(RÉGAMEY, 본문 71 페이지 이하)가 (교훈들과 권면들 사이의 구분에 대한 가톨릭 전통에 따르면서) 오류를 범하고 있다고 생각한다. 그가 우리에게 "그것을 절대화시키고 자선의 명령을 무시하게 될 때 원수사랑은 단념과 배신으로 퇴화할 수 있다. '엄격주의자' 다시 말해 산상수훈을 진지하고 급진적으로 받아들여야 한다고 생각하는 사람들은 하나님의 요구들을 유지 불가능하게 만드는 것이다."라고 말할 때 그러했다. 그리고 그는 말한다. "우리가 가는 쪽은 그 방향이 아니며 그것을 절대화시키기 원했다면 우리는 그것을 무력화시킨 것뿐이다." 그러한 길은 예외적임을 (그러므로 그는 그것을 의무화시켜서는 안 된다고 한다!) 알아야 하며 예를 들어 살인하지 말라는 명령의 기초는 인간 생명의 신성한 성격(?)이고 원수사랑은 주께서 우리에게 "인간 본성의 속박되는 불가피를 허용하는 것"(?)을 금지하는 것 외에는 뜻하는 것이 없다고 생각하기에 이른다. "다양한 경우에 권리를 침해하는 자와 수호하는 자 사이의 효과적인 선(善을 잘 조정할 필요가 있다." 내가 보기에는 이는 충분히 오류들이며 바로 기독교의 모든 연약함의 원천인 그러한 완화라고 나는 믿는

도 하다. 그것은 비겁함도 굽힘도 악 앞에서 물러섬도 아무것도 할 수 없는 무기력한 자처럼 행동하는 것도 아니다. 우리는 악을 극복하고 넘어서야 할 뿐만 아니라 더 나아가 악이 도달할 수 없는 땅에 있어야 하고 악이 되돌려 줄 수도 다시 사용할 수도 없는 수단들을 사용하여 악이 자부할 수 없는 승리를 원하여야 한다.

이러한 다양한 수단들을 선택하는 것, 어떤 다른 승리에 대한 의지, 승리처럼 보이는 것을 포기하는 자세는 연쇄폭력을 끊는 유일한 수단들이자 증오와 공포의 끝없는 악순환을 끊는 유일한 가능성이다. 모든 그리스도인이 간디의 이 말을 받아들일 수 있기를 나는 바란다. "두려워하지 마십시오. 두려워하는 사람은 미워하게 되고 미워하는 사람은 살인하게 됩니다. 여러분의 칼을 부수고 버리십시오. 그러면 두려움도 사라질 것입니다. 나는 욕망과 두려움을 내보내고 나서 하나님의 능력을 알게 되었습니다." 129) 간디의 이 말은 그리스도를 지칭하는 이러한 특별한 길이 본보기가 될뿐더러 악에 대한 선의 이러한 승리는 비그리스도인에게조차 의미가 있다는 것을 입증한다. 다시 말해 그리스도인이 믿음의 싸움은 그러한 승리를 뜻한다는 것을 안다면 그것은 오직 그만의 승리가 아니라 다른 사람들의 승리이기도 하다는 것을 알아야 한다. 또한, 다른 사람들이 폭력에 집착하면서 살고 그 길을 보지 못하는 것을 이해하여야 한다면 그는 그 다른 사람을 위해 그리고 그 다른 사람들과 함께 다른 카드를 꺼내 들어야 한다. 오늘날 미국의 흑인 갈등에서 백인 그리스도인들은 흑인 그리스도인들에게 비폭력의 특성을 어떻게 보여줄 수 있을 것인가? 흑인들의 폭력 앞에서 그들은 어떻게 회개와 조정의 길로 들어갈 수 있을 것인가? 과거 백인들이 저지른 폭력들에 대하여 회개하는 것은 오늘날 촉발된 흑인폭력 앞에서 절대적으로 한 평화추구의 길이 될 수 있다….

다.

백인 그리스도인들이 폭동의 악을 극복하는 방법은 방어 없는, 보존 없는, 계산 없는, 거래 없는 전적인 사랑뿐이다.

요약

들어가는 글

모든 폭력은 대응폭력이라는 이름으로 정당화된다. 그리고 세상의 누구도 누가 그것을 시작했는지 알아낼 도리가 없다. 사실상 우리는 그렇게 폭력의 보편화 앞에서 이번 게임은 내 차례라고 하는 유혹을 경험한다. 그리스도인은 어떻게하면 반드시 비폭력적이 될 수 있을지 그리고 어떻게 폭력적이 될 수 밖에 없는지 자문한다.

I. 전통적인 견해들

타협

주 후 314년 아를르Arles 교구회의에서 이미 교회는 국가가 전쟁할 가능성을 제거하는 것이 불가능함을 이해했다. 그리고 그것을 하나님의 뜻으로 간주하였다. 따라서 전쟁은 불가피한 것이 되었다. 그때로부터 사람들은 정당한 전쟁이라는 궤변에 빠지기 시작했다. 하지만, 지배적인 것으로 간주하는 이러한 신학적 입장은 타협에 의한 해법인 것으로 보인다. 우리는 그것을 필연적인 것으로 이해할 수도 있다. 이러한 입장은 일반적으로 신학자들에 의해 교회 인사들에 의해 그리고 제도로서의 교회에 의해 지지가 된다.

비폭력

비폭력의 입장은 4세기까지 그리스도인들의 일반적인 입장이자 교회의 공식적인 입장이었고 공적인 영역에서도 – 예를 들면 군 복무 – 그러했던 것으로 보인다. 폭력에 대한 거절의 흐름은 교회 안에 항상 남아 있었다. 그것은 순종 안에서의 희생이며 하나님의 행동이 스스로 나타날 것을 믿으며 드리는 희생이자 악한 자에 대한 무저항이다. 확실히 비폭력주의자들은 그들의 사례와 메시지를 통해 기독교인 다수의 심리적 정서를 바꾸어 놓았다. 그러나 안타까운 사실은 최근의 비폭력주의가 정치화되고 있다는 것이다.

폭력

주 후 3-4 세기 광야의 은자들 및 머리를 길게 기른 사람들은 잠시 알렉산드리아 같은 대도시에 내려와 그들의 매듭 묶은 긴 지팡이로 모든 것을 부수고 사람들과 싸우기 시작했다. 그것은 정화淨化를 의미하는 폭력의 행사였다. 그리고 이후 그것은 압제자들에 대항하는 가난하고 억압받는 사람들의 폭력의 문제가 된다. 우리는 중세 시대에의 모든 사회운동이 추구했던 것이 대개 기독교적 정당화와 소명을 가지고 전 유럽의 농민을 선동해서 봉기하게 한 것이었음을 고려하지 않을 수 없다. 기독교적인 동기로 말미암은 이러한 폭력적인 봉기는 16세기에 특히 증가했다. 입장이야 다양하겠지만, 그것이 무엇이건 이러한 견해는 우선 "정치적"이다. "혁명신학"은 우리 현대신학사상의 가장 주목할 만한 발명이며 결국 그 덕분에 교회의 순응주의에서 벗어날 수 있게 되었다는 선언을 우리는 곳곳에서 듣는다. 절대 그렇지 않다. 그것은 전통적인 시도들을 다시 붙잡은 것일 뿐이다.

수렴과 확산

첫 번째 입장(타협)은 로마 교회와 "기독교 세계"의 몇몇 개신교 국가의 주된 사상이었던 만큼 오늘날에는 그다지 중요한 입장으로 평가받고 있지 않다. 두 번째 입장(비폭력)은 오늘날 그들의 교리가 대체로 공교회에 의해 정당한 것으로 인정을 받음에 따라 점차 소멸해갔다. 세 번째 입장(폭력)은 열렬한 사람들의 태도다. 이들은 비타협적이며 확고하고 대화를 거부하며 절제도 없다. 하지만, 이 세 가지 입장들 사이에는 근본적인 유사점이 존재한다. 그것은 그들이 일원론자들이라는 것이다. 이 그리스도인들은 기독교적 "해법" 및 정당한 사회구조 또는 세계구조가 있어야 한다고 생각하는 사람들이다.

II. 오늘날 폭력에 우호적인 그리스도인들

삼십 년 전 교회의 "관심사"는 비폭력 및 양심에 의한 거부였고 그것은 의문의 여지가 없었던 예언자적 입장이었다. 오늘날 그리스도인들이나 신학자들은 폭력을 수용하며 이는 우리가 다룰 중심주제다.

가난한 사람을 선택함

가난한 자의 인생현실에 마음이 움직이는 것은 완벽히 정상적이며 인간적이지만, 이는 가난한 자에게 어떤 가치 자체를 부여하며 가난한 자로 하여금 그 자신이 예수 그리스도를 생각함이 없이도 어떤 진정한 것을 소유하고 있다고 생각하게 한다. 그러나 사람들이 가난함과 사회주의, 사회주의와 기독교를 동일시하는 그 순간부터 그들은 폭력이라는 주제를 도입한다.

근본적인 전제들

교회가 빈자들에 대하여 구제, 부분적인 대답, 개인적인 도움, 임시방편 같은 전통적인 역할을 더는 수행할 수 없다는 확신을 사람들은 얻어가고 있다. 문제가 개개인들의 가난이 아니라 체제의 문제라는 것, 몇몇 빈자들의 상황을 개선하는 것만으로는 결과적으로 체제를 더 공고히 해줄 뿐이라는 것, 그리고 한 사람을 위해 불의를 끝장내는 것만으로는 사회의 불의 자체에 대한 투쟁이 되지 못한다는 것을 사람들이 알게 되었으므로 이 모든 것을 종합하면 결국 폭력의 필연성, 폭력에 참여할 필연성에 귀결되고 만다.

세 가지 가능한 입장들

첫 번째 경향에서 사람들은 하나님의 뜻인 것으로 생각되는 이상적인 모범으로서의 인간행동을 추구한다. 두 번째 경향은 혁명운동들의 면전에서 옛 순응주의 및 국가, 자본, 식민주의 등등과의 관련되어 있던 기독교의 명예를 회복시키고자 하는 것이다. 세 번째 입장은 혁명적 기독교의 극단적 경향이다. 참된 인간은 혁명에 참여하고, 해방된 인간성에 대한 희망은 혁명을 통하여 존재한다.

그리스도인의 폭력 참여의 성격들

폭력에 호소하는 것은 사실 진짜 문제들을 이해할 능력 및 행동할 능력의 결여를 의미한다. 사실 시대를 통틀어 폭력적 운동들에 관여한 그리스도인들이 그렇게 한 것은 그리스도인이었기 때문이 아니라 단지 사회의 지배적인 이데올로기를 공유했기 때문이다. 폭력적인 그리스도인들의 선택은 가난한 자에 대한 사랑과는 아무 관계가 없다. 그들은 사회주의자, 반식민주의자, 반제국주의자 등등이기 때문에 그들의 혈족, 그들의 진영 그리고 그들의 행동을 선택하는 것뿐이다. 내가 동의하지 못하겠는 것은 기독교적 동기라고 스스로 주장하는 사람들의 위선이다. 불의에 맞서 투쟁한다는 그 말이 위선이며, 그들의 참여가 가난한 사람에 대한 사랑에서 비롯한다고 말하는 바로 그것이 위선이란 말이다. 폭력을 인정할 수 없다는 주장에 맞서 폭력을 수용하는 것은 기독교적 삶에는 패배의 표지이며 오늘날 믿음의 표현이라는 어려움을 모색하며 살아가기를 포기하는 것이다.

신학적 성찰들

받아들일 수 없는 것은 그들이 기독교적 동기들을 가지고 그리스도인으로서 폭력에 참여하여 결국 하나의 기독교적 질서를 추구한다고 주장한다는 것이다. "폭력 혁명을 통하여 화해로"라고 말하는 것은 하나의 위선이자 가장 기본적인 기독교적 진리를 무시하는 것이다. 사신신학 전체의 체계는 결국 사회에서 그리스도인들의 어떤 행동양식, 즉 근대세계에서 대한 순응주의라고 하는 그들의 행동양식을 정당화하려는 것이다.

III. 폭력 앞에서 선 기독교 현실주의

　현실주의 없이 사회에 대하여 기독교적으로 성찰할 수는 없다. 첫 번째는 현실을 존재하는 것으로 보는 것, 그것을 가장 정확한 방식으로 붙잡는 것, 그리고 어떤 방식으로든 그것을 감추려 하지 않는 것, 이러한 정치적 또는 사회적 현실을 검증하면서 어떤 환상도 가지지 않는 것, 앞으로 닥칠 어떠한 결과를 알고도 두려움 때문에 물러서지 않는 것이다. 두 번째로, 기독교 현실주의는 사람들이 무엇을 하고 있는지 정확하게 아는 분명함을 전제로 하며 그 결과들만큼이나 그 원인도 고려하는 것이다.

필연성으로서의 폭력
　나는 인간이 폭력에 자신을 방임할 때 그는 필연성의 체계로 들어간다고 말하고자 한다. 오늘날 폭력을 정당화하는 사람들이 거의 배타적으로 이 필연성이라는 근거에 의지하는 것은 기이하게 보인다. 그들은 모두 폭정 및 노예화의 똑같은 필연성 즉, 필연성으로서의 폭력의 질서를 추종한다.

폭력의 법칙
　우리는 피할 수 없는 폭력의 법칙이 존재한다는 것을 받아들여야 한다. 폭력의 첫 번째 법칙은 지속성이다. 사람들이 폭력을 사용할 때 그들은 다시는 거기서 빠져나올 수 없는 지경에 처한다. 폭력의 두 번째 법칙은 상호성이다. 폭력은 폭력을 낳는다. 폭력의 세 번째 법칙은 동일성이다. 정당한 폭력과 부당한 폭력, 해방하는 폭력과 속박하는 폭력을 구별하는 것이 불가능하다. 폭력의 네 번째 법칙은 그것이 거짓말의 수단이 된다는 것이다. 사실 그는 복수하려는 것이다. 증오와 정의를 혼동해서는 안 된다. 마지막으로 폭력의 다섯 번째 법칙은 그것을 사용하는 사람은 항상 자신을 정당화하고 폭력을 정당화할 방법을 찾는다는 것이다.

폭력은 두 종류인가?

전술한 바와 같이 폭력은 본질적으로 제한이 없다. 참으로 내가 다른 사람에게 가하고자 하는 악은 그가 행한 악 때문에 정당화될 수 있는가? 민족해방전선이 저지른 면도칼 고문은 공수부대가 저지른 전기고문보다 너 나쁜가 아니면 더 나은가? 다수가 겪는 고난은 지배하는 소수에 대한 폭력을 정당화한다. 그러나 상황이 반대라면. 다수가 소수를 짓누른다면 폭력은 다수가 소수에게 행사하기 때문에 정당한 것이 되는가?

이상주의들을 거절함

여기서 이상주의라 함은 폭력 자체가 아닌 어떤 다른 것을 위해 폭력을 추구하는 태도다. 가장 대중적인 형태는 혁명적 이상주의. 그리고 두 번째 형태의 이상주의는 해방하는 폭력, 정화하는 폭력을 주장한다. 그리스도인은 이러한 이상주의적 위선의 너울을 벗겨야 하며 정화하고 성화하는 폭력이라는 이상주의를 고발하여야 한다. 이상주의의 세 번째 모습은 "고결한" 이상주의라는 것인데, 이 여러 얼굴을 가진 이상주의는 폭력이 한 번 지나가면 화해가 결국 가능하다고 하는 태도이다. 또한, 단순히 무시해도 좋을 평화적 이상주의 역시 존재한다. (예를 들면 히피) 그들의 비폭력에 대한 이상은 그들이 사회로서 전체적인 집단으로서 강요 없이 폭력 없이 살아갈 수 있다고 여기는 데서 비롯한다. 마지막으로 기독교 이상주의는 세상과 인간에게 가치를 부여하며 기술적인 일들, 과학적인 일들, 그리고 정치적인 일들을 찬양하게 하고 그리스도인의 진정한 소명은 인간 문화에 참여하는 것으로 생각하게끔 하는 것이다. 가난한 자들 억압받는 자들에 의한 반란에서 비롯된 폭력은 이 이상주의자들로부터 완전한 동의를 받는다. 그러나 이 동의는 폭력이 진실로 무엇인지에 대한 무지, 세상에 대한 지식의 부재, 폭력의 효과들에 대한 무분별에 근거하는 것이다. 그리스도인의 첫 번째 의무는 이상주의를 거부하는 것이다.

IV. 믿음의 싸움

필연성과 정당성

폭력을 필연성의 영역으로 여길수록 예수 그리스도의 주권에 대한 인정은 그러한 폭력을 부수도록 우리를 이끌어야 하며 필연성을 거절하게 한다. 왜냐하면, 필연성의 질서는 하나님과의 분리의 질서임을 이해하여야 하기 때문이다. 필연성은 아담이 하나님과의 관계에서 떨어져 나왔을 때 나타난 것이다. 그것은 하나님이 의도하셨던 것이 아니라 타락 이후 죽음을 위해 만들어진 자연의 필연성이다. 필연성은 인간이 어찌할 수 없다. 그러나 하나님이 자신을 계시하실 때 필연성은 숙명적인 것 또는 피할 수 없는 것이 되기를 멈춘다. 바로 그 시간에 인간은 그 자신의 순수한 자유를 되찾는다. 그리고 이 자유는 예수 그리스도에 의해서 또 그 안에서 완전히 성취되는 것이다. 그에게는 죽음조차도 필연성이기를 멈춘다. 그리스도의 모든 사역이 죄로부터, 죽음으로부터, 욕망으로부터, 숙명으로부터, 권력으로부터… 그리고 우리 자신으로부터 우리를 해방하는 것임을 잘 이해하는 한 우리는 폭력은 윤리적으로 유일한 선택이 아님을 안다. 그리스도인으로서 우리는 힘을 다하여 폭력에 대한 모든 정당화를 거절하여야 하고 특히 기독교적 동기들로부터 비롯된 폭력에 대한 정당화를 거부하여야 한다.

기독교 급진주의

기독교 신앙은 모든 혁명적 폭력에 대한 거부, 단죄를 포함하며 동시에 기존 권력들의 폭력에 대해서도 거절하고 단죄하는 것이다. 타협 및 인본주의적인 해석이 들어서는 순간 계시는 아무것도 남지 않게 된다. 그리스도 신앙은 하나님의 말씀처럼 날이 선, 급진적인 것으로 그것이 없다면 아무것도 아니다. 폭력적인 정치적 경제적 방법들에 의지하는 것은 결국 하나님의 급진적인 개입의 가능성을 더는 믿지 않고 성령을 더는 믿지 않는다는 표현에 지나지 않는다.

오늘날 그리스도인의 중심 되는 의무는 가난한 사람들의 요구를 평화적으로 전달하는 것이자 비참한 현실에 대한 증인, 정의의 요구를 선포하는 자가 되는 것이다. 그는 이 피압제자들을 위해 하나님이 선택한 말씀의 전달자다. 그리스도인은 당연히 가난하고 모욕당하는 사람의 편에 서야 하지만 그것은 그들의 반란, 증오, 폭력을 부추기기 위함이 아니라 모든 권력자, 모든 권위 앞에서 그를 대변하기 위함이다. 그는 영적인 무기를 지니고 이 요구를 자신의 것으로 만들고 다른 이가 그것을 발견하도록 하는 사람이다. 그리스도인은 **진정으로** 가난한 사람들과 잊힌 사람들의 목소리가 되어야 한다.

사랑의 폭력

그리스도인이 다른 모든 사람과 다르지 않고 모든 사람이 하는 일을 한다면 성육신, 십자가, 부활은 무슨 소용인가? 믿음의 싸움은 주님의 명령들을 적용한다는 그러한 의미에서 완벽하게 평화적이다. 그러나 그것은 인간적인 연약함과 헐벗음의 상징을 적용함으로써 우리가 맞서 싸워야 할 영적인 힘을 파괴하고 벗겨버리는 것이다. 이 싸움은 하나의 폭력을 뜻한다. 바로 영적인 폭력, 사랑의 폭력이다. 그것은 공포의 폭력, 강요의 폭력이 아니라 자기 자신에 대한 비타협의 폭력이며 다른 사람이 사람으로 살도록 요구하는 폭력이다. 그리스도의 사랑 안에 진리가 있다면 그리고 우리가 그것을 믿는다면 이 사랑이 우리가 그것을 경험할 수 있도록 모든 것을 성취하였다면 우리는 이 길에 참여하는 것 외에는 다른 길이 없다. 그것은 폭력과 부활 사이의 선택이다. 부활을 믿는 믿음은 가장 지고한 영적인 폭력으로 죽음의 필연성을 이긴 승리이기에 모든 다른 폭력의 사용을 몰아내는 것이다. 그리고 이 부활로부터 우리는 위로와 화해를 전할 수 있고 전하여야 한다. 사랑의 폭력은 전적으로 악으로 악을 갚지 말고 선으로 악을 극복하라는 바울의 명령에 포함되는 것이다.

엘륄의 저서 연대기순

- *Étude sur l'évolution et la nature juridique du Mancipium*. Bordeaux: Delmas, 1936.
- *Le fondement théologique du droit*. Neuchâtel: Delachaux & Niestlé, 1946.
- *Présence au monde moderne: Problémes de la civilisation post-chrétienne*. Geneva: Roulet, 1948.
  ⋯▸ 『세상 속의 그리스도인』, 박동열 옮김(대장간, 1992, 2010(불어완역))
- *Le Livre de Jonas*. Paris: Cahiers Bibliques de Foi et Vie, 1952.
  ⋯▸ 『요나의 심판과 구원』, 신기호 옮김(대장간, 2010)
- *L'homme et l'argent* (Nova et vetera). Neuchâtel: Delachaux & Niestlé, 1954.
  ⋯▸ 『하나님이냐 돈이냐』, 양명수 옮김(대장간. 1991, 2011)
- *La technique ou l'enjeu du siècle*. Paris: Armand Colin, 1954. Paris: Économica, 1990.
  ⋯▸ (E)*The Technological Society*. Trans. John Wilkinson. New York: Knopf, 1964.
- *Histoire des institutions*. Paris: Presses Universitaires de France, plusieurs éditions (dates données pour les premières éditions);. Tomes 1-2, L'Antiquité (1955); Tome 3, Le Moyen Age (1956); Tome 4, Les XVIe-XVIIIe siècle (1956); Tome 5, Le XIXe siècle (1789-1914) (1956).
  ⋯▸ (『제도의 역사』, 대장간, 출간 예정)
- *Propagandes*. Paris: A. Colin, 1962. Paris: Économica, 1990
  ⋯▸ 『선전』, 하태환 옮김(대장간, 2012년 출간 예정)
- *Fausse présence au monde moderne*. Paris: Les Bergers et Les Mages, 1963.
  ⋯▸ (대장간, 2011년 출간 예정)
- *Le vouloir et le faire: Recherches éthiques pour les chrétiens*: Introduction (première partie). Geneva: Labor et Fides, 1964.
  ⋯▸ 『원함과 행함』(솔로몬, 2008)
- *L'illusion politique*. Paris: Robert Laffont, 1965. Rev. ed.: Paris: Librairie Générale Française, 1977.
  ⋯▸ 『정치적 착각』, 하태환 옮김(대장간, 2011)
- *Exégèse des nouveaux lieux communs*. Paris: Calmann-Lévy, 1966. Paris: La Table Ronde, 1994. [reproduction de la couverture].
  ⋯▸ (대장간, 출간 예정)
- *Politique de Dieu, politiques de l'homme*. Paris: Éditions Universitaires, 1966.
  ⋯▸ 『하나님의 정치 인간의 정치』, 김은경 옮김(대장간, 2012년 출간 예정)
- *Histoire de la propagande*. Paris: Presses Universitaires de France, 1967, 1976.
- *Métamorphose du bourgeois*. Paris: Calmann-Lévy, 1967. Paris: La Table Ronde, 1998. [reproduction de la couverture]
  ⋯▸ (대장간, 출간 예정)
- *Autopsie de la révolution*. Paris: Calmann-Lévy, 1969.
  ⋯▸ 『혁명의 해부』, 황종대 옮김(대장간, 2012년 출간 예정)
- *Contre les violents*. Paris: Centurion, 1972.
  ⋯▸ 『폭력에 맞서』, 이창헌 옮김(대장간, 2012년 출간 예정)
- *Sans feu ni lieu: Signification biblique de la Grande Ville*. Paris: Gallimard, 1975.
  ⋯▸ 『머리 둘 곳 없던 예수-대도시의 성서적 의미』, 황종대역(대장간, 2012년 출간 예정).
- *L'impossible prière*. Paris: Centurion, 1971, 1977.
  ⋯▸ 『불가능한 기도』, 신기호 옮김(대장간, 2012 출간 예정)
- *Jeunesse délinquante: Une expérience en province*. Avec Yves Charrier. Paris: Mercure de France, 1971.

- *De la révolution aux révoltes*. Paris: Calmann-Lévy, 1972.
- *L'espérance oubliée*, Paris: Gallimard, 1972.
  ⋯▸ 『잊혀진 소망』, 이상민 옮김(대장간, 2009)
- *Éthique de la liberté*,. 2 vols. Geneva: Labor et Fides, I:1973, II:1974.
  ⋯▸ (대장간, 출간 예정)
- *Les nouveaux possédés Paris*: Arthème Fayard, 1973.
  ⋯▸ (E)*The New Demons*. Trans. C. Edward Hopkin. New York: Seabury, 1975. London: Mowbrays, 1975..
  ⋯▸ (대장간, 출간 예정)
- *L'Apocalypse: Architecture en mouvement*. [Paris:] Desclée 1975.
  ⋯▸ (E)*Apocalypse: The Book of Revelation*. Trans. George W. Schreiner. New York: Seabury, 1977.
  ⋯▸ (대장간, 출간 예정)
- *Trahison de l'Occident*. Paris: Calmann-Lévy, 1975.
  ⋯▸ (E)*The Betrayal of the West*. Trans. Matthew J. O'Connell. New York: Seabury,1978.
- *Le système technicien*. Paris: Calmann-Lévy, 1977.
  ⋯▸ 『기술 체계』, 이상민 옮김(대장간, 출간 예정)
- *L'idéologie marxiste chrétienne*. Paris: Centurion, 1979.
  ⋯▸ 『기독교와 마르크스주의』, 곽노경 옮김(대장간, 2011 출간)
- *L'empire du non-sens*: L'art et la société technicienne. Paris: Press Universitaires de France, 1980.
  ⋯▸ 『무의미의 제국』, (대장간, 출간 예정)
- *La foi au prix du doute: "Encore quarante jours.."* . Paris: Hachette, 1980.
  ⋯▸ 『의심을 거친 신앙』, 임형권 옮김 (대장간, 2012년 출간)
- *La Parole humiliée*. Paris: Seuil, 1981.
  ⋯▸ 『말의 굴욕』(가제), 한국자끄엘륄협회 공역(대장간, 2011년 출간예정)
- *Changer de révolution: L'inéluctable prolétariat*. Paris: Seuil, 1982.
  ⋯▸ 『인간을 위한 혁명』, 하태환 옮김(대장간, 출간 예정)
- *Les combats de la liberté*. (Tome 3, L'Ethique de la Liberté) Geneva: Labor et Fides, 1984. Paris: Centurion, 1984.
  ⋯▸ 『자유의 투쟁』 (솔로몬, 2009)
- *La subversion du christianisme*. Paris: Seuil, 1984, 1994. [réédition en 2001, La Table Ronde]
  ⋯▸ 『뒤틀려진 기독교』, 박동열 이상민 공역(대장간, 1990, 2011년 불역 완역판 출간 예정)
- *Conférence sur l'Apocalypse de Jean*. Nantes: AREFPPI, 1985.
- *Un chrétien pour Israël*. Monaco: Éditions du Rocher, 1986.
  ⋯▸ 『이스라엘을 위한 그리스도인』(대장간, 출간 예정)
- *Ce que je crois*. Paris: Grasset and Fasquelle, 1987.
  ⋯▸ 『내가 믿는 것』 대장간 출간 예정)
- *La raison d'être: Médutation sur l'Ecclésiaste*. Paris: Seuil, 1987
  ⋯▸ 『존재의 이유』(규장, 2005)
- *Anarchie et christianisme*. Lyon: Atelier de Création Libertaire, 1988. Paris: La Table Ronde, 1998
  ⋯▸ 『무정부주의와 기독교』, 이창헌 옮김(대장간, 2011)
- *Le bluff technologique*. Paris: Hachette, 1988.
  ⋯▸ (E)*The Technological Bluff*. Trans. Geoffrey W. Bromiley. Grand Rapids: Eerdmans, 1990.
  ⋯▸ 『기술의 허세』(대징간, 출간 예정)

- *Ce Dieu injuste..?: Théologie chrétienne pour le peuple d'Israël*. Paris: Arléa, 1991, 1999.
  ⋯▸ 『하나님은 불의한가?』, 이상민 옮김(대장간, 2010)
- *Si tu es le Fils de Dieu: Souffrances et tentations de Jésus*. Paris: Centurion, 1991.
  ⋯▸ 『네가 하나님의 아들이라면』, 김은경 옮김(대장간, 2010)
- *Déviances et déviants dans notre societé intolérante*. Toulouse: Érés, 1992.
- *Silences: Poèmes*. Bordeaux: Opales, 1995.
  ⋯▸ (대장간, 출간 예정)
- *Oratorio: Les quatre cavaliers de l'Apocalypse*. Bordeaux: Opales, 1997.
  ⋯▸ (E)*Sources and Trajectories: Eight Early Articles by Jacques Ellul that Set the Stage*. Trans. and ed. Marva J. Dawn. Grand Rapids: Eerdmans, 1997.
- *Islam et judéo-christianisme*. Paris: Presses universitaires de France, 2004.
  ⋯▸ 『이슬람과 기독교』, 이상민 옮김(대장간, 2009)
- *La pensée marxiste*: Cours professé à l'Institut d'études politiques de Bordeaux de 1947 à 1979 Edited by Michel Hourcade, Jean-Pierre Jézéuel and Gérard Paul. Paris: La Table Ronde, 2003.
- *Les successeurs de Marx*: Cours professé à l'Institut d'études politiques de Bordeaux Edited by Michel Hourcade, Jean-Pierre Jézéquel and Gérard Paul. Paris: La Table Ronde, 2007. ⋯▸ (대장간, 출간 예정)

기타 연구서
- 『세계적으로 사고하고 지역적으로 행동하라』(*Perspectives on Our Age*: Jacques Ellul Speaks on His Life and Work.), 빌렘 반더버그, 김재현, 신광은 옮김(대장간, 1902, 2010)
- 『자끄 엘륄 -대화의 사상』(*Jacques Ellul, une pensée en dialogue Genève*), 프레데릭 호농(Fréderic Rognon)저, 임형권 옮김(대장간, 2011)
- *A temps et à contretemps: Entretiens avec Madeleine Garrigou-Lagrange*. Paris: Centurion, 1981.
- *In Season, Out of Season: An Introduction to the Thought of Jacques Ellul*: Interviews by Madeleine Garrigou-Lagrange. Trans. Lani K. Niles. San Francisco: Harper and Row, 1982.
- *L'homme à lui-même: Correspondance*. Avec Didier Nordon. Paris: Félin, 1992.
- *Entretiens avec Jacques Ellul*. Patrick Chastenet. Paris: Table Ronde, 1994

대장간 『자끄 엘륄 총서』는 중역(영어번역)으로 인한 오류를 가능한 줄이려고, 프랑스어에서 직접 번역을 하거나, 영역을 하더라도 원서 대조 감수를 원칙으로 하고 있습니다.
이 일은 한국자끄엘륄협회의 협력으로 이루어지고 있으며, 총서를 통해서 엘륄의 사상이 굴절되거나 왜곡되지 않고 그의 삶처럼 철저하고 급진적으로 전해지길 바라는 마음 가득합니다.